CÓMO PENSAR COMO UN FILÓSOFO

JULIAN BAGGINI

CÓMO PENSAR COMO UN FILÓSOFO

Los 12 principios clave para un pensamiento más compasivo, equilibrado y racional

Traducción de Pablo Hermida Lazcano

PAIDÓS Contextos

Obra editada en colaboración con Editorial Planeta – España

Título original: *How to Think Like a Philosopher: Essential Principles for Clearer Thinking*, de Julian Baggini
Publicado originalmente en inglés por Granta Books. Esta edición se ha publicado por acuerdo con Casanovas & Lynch Literary Agency.

Composición: Realización Planeta

Bajo el sello editorial PAIDÓS M.R.
Avenida Presidente Masaryk núm. 111,
Piso 2, Polanco V Sección, Miguel Hidalgo
C.P. 11560, Ciudad de México
www.planetadelibros.com.mx
www.paidos.com.mx

Primera edición impresa en España: mayo de 2025
ISBN: 978-84-493-4391-9

Primera edición impresa en México: enero de 2026
ISBN: 978-607-639-120-4

Impreso en los talleres de Grafimex Impresores S.A. de C.V.
Av. de las Torres 256, Colonia Valle de San Lorenzo,
Iztapalapa, C.P. 09970, Ciudad de México.
Impreso en México - *Printed in Mexico*

SUMARIO

INTRODUCCIÓN

> Precisamente en esos detalles sin importancia es donde tropieza la gente astuta. Cuanto más astuta es la persona, menos se imagina que puedan atraparla en un detalle sencillo. Por eso, al más astuto hay que atraparlo en lo más sencillo.
>
> FIÓDOR DOSTOIEVSKI, *Crimen y castigo*

¿Los humanos hemos perdido la razón o es que nunca la hemos tenido? En todas las épocas escuchamos lamentos de declive, pero hoy en día parecen más fuertes, frecuentes y desesperados. No obstante, cuesta pensar en alguna era precedente en la que haya resultado significativamente más fácil razonar bien. Imaginémonos intentando pensar con rigor cuando era mucho más probable que fuésemos analfabetos que capaces de leer; cuando lo que se publicaba estaba estrictamente controlado por la Iglesia o el Estado y los libros eran prohibitivamente caros; cuando las herejías políticas o religiosas podían llevarnos a la horca, y cuando nuestros conocimientos científicos eran mínimos e imperaban las teorías espurias. Hace tan solo cincuenta años, las principales fuentes de información de la mayoría de las personas eran periódicos muy partidistas y un puñado de canales de televisión y emisoras de radio. Las bibliotecas públicas eran la Wikipedia de su tiempo, pero mucho peor surtidas y de más arduo manejo.

Los entendidos siempre se han sentido tentados a declarar que la suya era una época de excepcional decadencia o irracionalidad, pero los filósofos se hallan bien posicionados para ver que los fracasos de nuestra razón son permanentes e innumerables. Existe de hecho una necesidad apremiante de pensar mejor ahora, pero solo porque siempre es necesario pensar mejor y porque siempre es ahora. Nuestra actual abundancia de pensamientos torcidos necesita enderezarse tanto como en el pasado. Las insensateces antaño marginales han ocupado el centro de la escena: teorías conspiratorias, negacionismo del cambio climático, escepticismo respecto de las vacunas, remedios de curanderos, extremismo religioso. Al mismo tiempo, la corriente dominante antes respetada parece despistada. La reina del Reino Unido nunca pareció representar mejor a su pueblo que cuando preguntó a los desconcertados economistas por qué no habían visto venir la crisis financiera de 2008. Como ha demostrado la joven activista sueca Greta Thunberg, no hace falta gran experiencia para señalar que los líderes mundiales han estado reorganizando las tumbonas mientras se despliega ante sus propios ojos una catástrofe climática. En numerosos países industrializados, ricos y educados, como Estados Unidos, Brasil y Hungría, millones de personas han renunciado a la política convencional y han votado a detestables demagogos populistas.

Más esperanzadora resulta la infinidad de ejemplos de lo que sucede cuando prevalece el buen pensamiento. Hemos visto numerosos signos de ingenio e inteligencia humanos, como el rápido desarrollo de vacunas contra la covid-19, la reducción masiva del número de personas que viven en la pobreza y una comprensión más profunda de la irracionalidad y el daño del racismo, la misoginia y la homofobia.

Si deseamos promover un razonamiento de más calidad, podemos aprender mucho de los filósofos que son especialistas en el pensamiento sensato desde hace milenios. En una época que fetichiza la novedad y la innovación, necesitamos reaprender las mejores lecciones del pasado y apreciar que lo que es intemporal es siempre oportuno. Por supuesto, no todos los filósofos estarán de acuerdo con todo lo que yo diga, ya que estos discrepan incluso —*especialmente*— sobre asuntos fundamentales. Tampoco posee la filosofía el monopolio del razonamiento riguroso ni es inmune al pensamiento chapucero. No obstante, se centra de un modo singular en la necesidad de pensar bien, por encima de todo. Las demás disciplinas cuentan con algo más concreto en lo que basarse. Los científicos tienen los experimentos; los economistas, los datos; los antropólogos, la observación participante; los historiadores, los documentos; los arqueólogos, los artefactos, y así sucesivamente. Los filósofos no disponen de ningún acervo especial de información. Su destreza singular es la capacidad de pensar sin una red de seguridad. Si queremos saber cómo pensar mejor sin recurrir al conocimiento especializado, resulta difícil hallar modelos más idóneos.

No obstante, los bosquejos al uso de los principios del razonamiento filosófico dejan fuera lo más importante. Los estudiantes de filosofía aprenden las reglas de la deducción lógica, listas de falacias que hay que evitar, explicaciones de la diferencia entre razonamiento inductivo y abductivo, y suma y sigue. Todas estas cosas son importantes, pero insuficientes. Es como la conducción. La mayoría de los automovilistas saben cambiar de marcha, cuáles son los límites de velocidad y demás. La diferencia entre los buenos y los malos conductores no es principalmente una cuestión de principios y técnicas. Lo esencial es su *actitud* hacia su conducción: cuánto cuidado y atención ponen, cuán motivados están para conducir de forma adecuada, cuán considerados son con otros usuarios de la vía pública. De modo análogo, el pensamiento es cuestión de actitudes tanto como de técnicas.

La posesión de las actitudes adecuadas es el factor X de la filosofía; llamémoslo factor F. Es lo que encumbra a los mejores filósofos por encima de aquellos que tienen todas las habilidades lógicas, pero carecen de perspicacia. Al igual que el ambiguo factor X, el factor F desafía cualquier definición precisa. Es una especie de virtud, con lo cual no me refiero a comer salvado de avena orgánica ni a hacer buenas obras. Virtud, en el antiguo sentido filosófico griego, significa simplemente los hábitos, las actitudes y los rasgos de carácter conducentes a vivir —y pensar— bien. El enfoque del razonamiento conocido como *epistemología de la virtud* (*epistemología* significa 'teoría del conocimiento') sostiene que el buen razonamiento requiere ciertos hábitos y actitudes de pensamiento, no el simple dominio de los procedimientos formales que se podrían programar en un ordenador. La importancia de la epistemología de la virtud ha sido más apreciada en la filosofía académica en las últimas décadas, pero todavía no lo suficiente y aún no se ha corrido la voz. Ya es hora de que se le conceda el lugar que le corresponde en el corazón del buen pensar.

A lo largo de más de treinta años dedicados a estudiar, leer, escribir y hablar de filosofía, a menudo con filósofos, he llegado a convencerme de que, sin el factor F de la «virtud epistémica», las destrezas del pensamiento crítico son poco más que trucos de intelectualoides que confieren a los usuarios la capacidad de impresionar con la destreza de sus pensamientos y de hacer trizas los argumentos ajenos. Deseo identificar lo que distingue el razonamiento genuinamente bueno de la mera inteligencia. Los pensadores inteligentes que carecen del factor F son tediosos, agotadores y no pueden ayudarnos con la misión histórica de la filosofía de capacitarnos para comprender mejor el mundo y los unos a los otros.

No me interesa únicamente lo que define a un buen filósofo, sino lo que significa pensar bien en cualquier cosa. Así pues, este libro no aspira solo a proporcionar información sobre los problemas filosóficos y cómo han pensado en ellos los filósofos. También deseo mostrar cómo los hábitos de pensamiento filosóficos se aplican en la política, la resolución de problemas generales, el autocuidado y la búsqueda del sentido del mundo.

Aprovecharé docenas de entrevistas que he realizado para artículos de revistas y libros a algunos de los filósofos y pensadores más destacados del mundo a lo largo de numerosos años. He descubierto que muchos han hecho digresiones o comentarios tangenciales sobre su manera de trabajar que resultan más reveladores que los que dimanan de la discusión abierta del método filosófico. Haré referencia asimismo a muchas de las grandes obras filosóficas de todos los tiempos. La mayoría de mis ejemplos provendrán de la tradición de la filosofía occidental en la que he sido educado, pero los principios son universales, como nos recuerdan las referencias más ocasionales al resto de las filosofías del mundo. Históricamente, a las mujeres no se les ha dado tanta voz como a los hombres en la filosofía, por lo que, si bien citaré a muchas filósofas brillantes, resulta inevitable que la lista del elenco esté sesgada hacia el patriarcado.

Examinaré las numerosas trampas que aguardan al aspirante a razonador cualificado. Como cualquier herramienta, el razonamiento puede aplicarse y utilizarse de forma errónea, aun con la mejor de las intenciones. Una característica de la epistemología de la virtud es la necesidad de vigilancia y modestia. Cuidado con cualquiera que se considere un pensador brillante: los auténticos genios rara vez se dejan deslumbrar por sus propias reflexiones.

Otra cosa que confío en que distinga este libro de otros volúmenes de «pensamiento inteligente» es que no rehúyo la mera dificultad de pensar bien. Una invitación a pensar como un filósofo sería insincera si disfrazase el reto de la tarea. Cuando el endulzamiento llega demasiado lejos, acabamos comiendo golosinas empalagosas en lugar de nutrirnos. En nuestra economía de la atención, en la que escasea el tiempo, nos seduce la promesa de los trucos. Queremos atajos, ahorradores de tiempo, aceleradores cognitivos. Sin embargo, el pensamiento alcanza límites de eficiencia con mucha rapidez y cada atajo tiene un coste. Necesitamos librarnos de los trucos, no descubrir otros nuevos; dejar de intentar hacer el pensamiento más fácil de lo que es y ejercitarlo de la manera apropiada.

Perfeccionamos nuestro pensamiento mediante la práctica, por lo que si este libro no es a veces un vigoroso entrenamiento mental, resulta inútil. Los epigramas de Fiódor Dostoievski al inicio de cada capítulo deberían interpretarse como oportunidades para hacer un poco de ese ejercicio intelectual. No han de leerse como los memes de las redes sociales, sabiduría destilada a la que podemos asentir con aprobación, compartirla y seguir adelante. Invito al lector a decidir por sí mismo su relevancia y significado en el contexto del capítulo que introducen.

Aunque soy un defensor de la filosofía, desconfío de la afirmación de que los filósofos son *siempre* los mejores proveedores de «destrezas de pensamiento transferibles», como alardean numerosos departamentos universitarios, incluido el de Cambridge.[1] No es solo que, según la célebre observación de Cicerón: «No hay nada tan absurdo que no haya sido dicho ya por algún filósofo». La verdad incómoda es que muchos filósofos han revelado mucha pobreza en sus razonamientos más allá de sus dominios especializados. Bertrand Russell, por ejemplo, fue un gigante de la filosofía cuya labor en lógica a comienzos del siglo XX fue uno de los fracasos más heroicos de la historia de la disciplina. Sin embargo, como sostiene Ray Monk, biógrafo de Russell, «muchos de los trabajos de Russell al margen de la filosofía no son más que basura, están mal planteados y escritos con descuido. [...] Da rienda suelta a sus prejuicios, no considera aspectos relevantes de la cuestión que está tratando». Así pues, a veces yo también indicaré cuándo *no* deberías pensar como un filósofo, o al menos como ciertos filósofos en determinadas ocasiones.

No puedo prometerte que este libro te vaya a convertir en un gran pensador. No obstante, al igual que puedes entender lo que hace tan brillante a un Messi o a un Ronaldo sin llegar a ser el mejor futbolista del mundo, tampoco necesitas ser un Confucio o un Kant para apreciar su genio y aprender de ellos. Aspiramos a emular a los mejores sin hacernos ilusiones de poder igualarlos, sino tan solo con la esperanza más realista de poder convertirnos en las mejores versiones de nosotros mismos.

CAPÍTULO 1

Presta atención

> La Naturaleza no va a consultarlo con usted; poco le importan sus deseos, y si le gustan o no sus leyes. Deben aceptarla tal y como ella es, y, por consiguiente, también aceptar todos sus resultados. Es decir, el paredón es el paredón, etc., etc.
>
> FIÓDOR DOSTOIEVSKI, *Memorias del subsuelo*

Siendo estudiante de posgrado, mi supervisor temporal, Tim Crane, me dio la más suave y firme patada en el trasero de mi vida. Avanzado mi segundo año de tesis doctoral, Crane vio que necesitaba ponerme las pilas si aspiraba a completar mi doctorado. El principal consejo que me dio fue aprender a llegar a ser un mejor corrector. No se refería a que mi trabajo tuviese demasiadas erratas (aunque estoy seguro de que las había). Quería decir que debía aprender a revisar mi trabajo con lupa en busca de cualquier cosa que no fuera del todo correcta.

Podría parecer un consejo curioso por ser tan inespecífico. No me estaba diciendo que yo estuviera haciendo deducciones inválidas, resumiendo argumentos de un modo erróneo o confundiendo los hechos, aun cuando probablemente fuese culpable de los tres cargos. Sin embargo, daba en el clavo respecto de la mejor manera de solucionar esos y otros fallos. Tenía que prestar mucha más atención a cada palabra y a cada inferencia.

Logré terminar mi tesis en poco más de tres años. El consejo de Crane funcionó porque ponía el caballo delante del carro. Todos los errores formales que se cometen en el razonamiento son, en esencia, consecuencia del descuido cognitivo. De ahí que la expresión «pensamiento descuidado» resulte acertada. El mal razonamiento sucede cuando no tenemos suficiente cuidado. La atención es la salsa secreta del buen razonamiento que los manuales formales de lógica y pensamiento crítico pasan por alto.

Sucede asimismo que el buen razonamiento no logra abrirse camino cuando no va acompañado por la atención a la esencia del razonamiento. Por ejemplo, ¿a qué se debe que medio siglo después del apogeo del movimiento por los derechos civiles todavía fuese necesario iniciar el movimiento Black Lives Matter («Las vidas negras importan»)? ¿Por qué décadas después de que las mujeres conquistasen el derecho al voto continúa existiendo la misoginia sistémica en todas las sociedades democráticas? ¿Por qué los hospitales y los fondos de salud necesitan grupos de defensa de los pacientes cuando su único propósito es ayudarlos? No es por la ausencia de argumentos convincentes. Hace mucho tiempo que no se cuestiona con seriedad que las personas deberían tener los mismos derechos y oportunidades con independencia de su sexo, color de piel u origen étnico. Todos los médicos creen que el bienestar de los pacientes debería ser su preocupación primordial. Sin embargo, estos principios, que casi todo el mundo suscribe, no se han abierto camino a través de las capas de prejuicios e ignorancia que los siglos de opresión y poder de las élites han introducido en la psique colectiva. Una cosa es pensar con claridad y otra tomarse algo en serio.

Cuando solo hemos reflexionado sobre un asunto en un nivel abstracto, no lo hemos examinado lo suficiente. El pensamiento se empobrece cuando solo se ocupa de los conceptos y se lleva a cabo íntegramente en nuestra cabeza. Esta clase de cognición distante no conecta lo suficiente con nuestra experiencia vivida del mundo como para modificar nuestras conductas, ni siquiera nuestras creencias profundas. Para que el pensamiento salga de nuestra cabeza y penetre en nuestro corazón y nuestras acciones, ha de estar enraizado en la atención minuciosa al mundo y a las demás personas.

La práctica de la atención posee una fuerte dimensión social. No puedes atender solo a cómo te parece a ti el mundo, tienes que atender a cómo les parece a los otros. Así pues, al pensar en temas como el racismo, la misoginia y la capacidad de acción de los pacientes, necesitamos prestar una atención particular a las experiencias y los testimonios de las demás personas, especialmente de las más afectadas.

En la historia de la filosofía —sobre todo, aunque no solo, en Occidente—, no siempre se ha reconocido por completo esta necesidad. Solo recientemente muchos filósofos han llegado a apreciarla como es debido, de un modo más evidente en la joven área de la epistemología social. Este floreciente campo examina el papel previamente subestimado de las comunidades, las redes y las otras personas en la formación del conocimiento.

Un concepto clave de la epistemología social es el testimonio. Nadie puede verificar la verdad de todo por sí mismo. Hemos de confiar en el testimonio de otros. Pero ¿de quiénes? ¿Cuándo? ¿Con qué propósitos? ¿Y qué testimonios se excluyen de forma injusta? ¿Por qué no se escuchan los testimonios de algunas personas?

Cuando las perspectivas de algunos son injustamente marginadas o ignoradas y a las de otros se les concede un peso excesivo, incurrimos en la injusticia testimonial. Filósofas contemporáneas como Miranda Fricker y Rae Langton han puesto de relieve cómo se han silenciado, o al menos amortiguado, las voces de las mujeres. Langton ha argüido que las formas en las que se presenta, se discute y se describe la sexualidad en la sociedad, especialmente en la pornografía, socavan la capacidad de las mujeres para tomar decisiones sexuales. Las negativas nunca se toman en serio, en gran parte porque la gente se ha acostumbrado a pensar que «no» significa en realidad «se está haciendo de rogar», «no quiere parecer fácil» o, con mayor crudeza, «en realidad todas lo están deseando».

Havi Carel ha escrito extensamente acerca de cómo, en los contextos médicos, no se aprecia que los pacientes posean un conocimiento único de su propio cuerpo y estado de salud. Una cultura en la que los médicos son los únicos expertos conduce asimismo a una subestimación sistemática de los conocimientos del personal sanitario subalterno, como las enfermeras, y de los pacientes. Los trabajos de Carel con los profesionales médicos han obrado cambios en la práctica clínica, demostrando que esos pensamientos no son meras especulaciones teóricas.

Escuchar a los demás no es lo mismo que *deferir* a ellos. Por ejemplo, si yo sostengo que los silbidos de admiración son sexistas y alguien señala a una mujer a la que le encantan, eso no demuestra que yo esté equivocado, sobre todo porque muchas otras mujeres discrepan de ella. Tampoco se logra la respuesta correcta simplemente realizando una encuesta entre las personas afectadas de modo más directo. En las sociedades patriarcales en las que las normas sexistas están profundamente arraigadas, la mayoría de las mujeres pueden declararse satisfechas con el *statu quo*. A veces, los médicos saben más que sus pacientes.

Aceptar a ciegas lo que otro dice no significa escucharlo con atención, sino oír de forma pasiva lo que declara y admitirlo. La escucha auténtica consiste en involucrarse además de oír, y ello puede entrañar desacuerdos. Creer que alguien no es capaz de lidiar con las críticas y los cuestionamientos no demuestra respeto hacia esa persona.

La escucha inteligente requiere asimismo prestar atención a tus interlocutores. Por ejemplo, muchos quieren hacer lo mejor para las personas transgénero y desean con razón escuchar sus experiencias y sus anhelos. Ahora bien, no todas las personas transgénero creen las mismas cosas, por lo que ni siquiera los grupos de defensa más poderosos y vociferantes hablan en nombre de todas.

Si todo cuanto se precisa para pensar bien es prestar atención, ¿por qué esforzarnos en intentar mejorar nuestras destrezas en lógica o nuestra formación científica o estadística? Merece la pena de veras hacer todas estas cosas porque nos proporcionan las herramientas para prestar más atención y nos enseñan de qué debemos estar pendientes. No obstante, es notable lo que puede lograrse con solo concentrarse mucho. De hecho, yo sostengo que pensar *consiste* en buena medida en prestar atención. Eso no significa que sea una tarea fácil. La atención exige un esfuerzo tremendo, como sugieren los orígenes de la palabra. Esta deriva del latín *ad*, «hacia», y *tendere*, «estirar», por lo que su significado literal es «estirar hacia». Se requiere un esfuerzo para acercarse a aquello a lo que se atiende. El verbo inglés *attend* significa también «estar presente» o «asistir», como en «asistir a una boda». Necesitamos estar plenamente presentes cada vez que prestamos atención. El verbo francés relacionado *attendre*, que significa «esperar», es un recordatorio de que a menudo se necesitan paciencia y persistencia para que la atención dé frutos.

Para argumentar en favor de la primacía de la atención, vamos a dedicar algo de tiempo a examinar algunos casos en la historia de la filosofía occidental. Consideremos, por ejemplo, el «Pienso, luego existo». Aun aquellos que no saben prácticamente nada sobre la filosofía pueden citarlo de forma habitual, y muchos conocen incluso su versión latina: *cogito ergo sum*. Estas tres palabras, escritas por el filósofo francés del siglo XVII René Descartes, parecen encarnar todo cuanto creemos saber acerca de la filosofía. Esta consiste en pensar por nosotros mismos (*cogito*), trata de la existencia (*sum*) y, lo que es más importante, versa sobre la construcción de argumentos lógicos (*ergo*).

Brinda asimismo un modelo de la forma más breve posible de un argumento. Se parte de una premisa (en este caso, «pienso») y se infiere la conclusión («existo»), de suerte que la acción real sucede en el movimiento señalado por «luego». Los argumentos lógicos de esta índole extraen las consecuencias de las cosas que creemos verdaderas para revelar conclusiones nuevas y sorprendentes. Lo hacen de modo formal, conectando de manera explícita las premisas con la conclusión. Por lo general se considera que este es el paradigma del razonamiento, y los filósofos son especialistas en desplegarlo. Y así, por consiguiente, parece lógico que sea con la filosofía como podamos aprender a razonar mejor.

Sin embargo, me temo que esto corre el riesgo de exagerar la importancia de los argumentos formales en filosofía y, más en general, en el razonamiento. Por ejemplo, creo que los dos párrafos precedentes son un ejercicio de razonamiento: estaba argumentando en favor de lo que un argumento filosófico exige. Ahora bien, al defender esta tesis, no estaba tanto construyendo un argumento cuanto intentando *describir* con precisión la filosofía. Tan solo figura al final un argumento muy breve, en el que sostengo que si razonar consiste en extraer conclusiones y si la filosofía está especializada en ello, entonces la filosofía es la mejor maestra de las destrezas de razonamiento. No obstante, el argumento se limita a explicar las implicaciones de lo que ya se ha enunciado. Para saber si ese argumento es sólido, tu principal tarea no es analizar la progresión de las premisas a la conclusión. Antes bien, tienes que comprobar sus supuestos: ¿son los argumentos de este tipo paradigmas de buen razonamiento y son los filósofos especialistas en ellos? Con el fin de responder estas preguntas, has de prestar mucha atención para ver qué papel desempeñan en realidad las inferencias lógicas en el razonamiento y con cuánta frecuencia y destreza las despliegan los filósofos. Lo que estás haciendo a lo largo de todo este proceso es observar de cerca y ver si la descripción capta aquello que pretende describir. Se requiere mucha más atención que inferencias.

Cuando prestamos mucha atención, puede que nos sorprendan nuestros hallazgos. Consideremos el «Pienso, luego existo».

¿Se trata de veras de un argumento? Eso parece: después de todo, contiene la conjunción *luego*. Ahora bien, si es un argumento, no es muy interesante. Podemos generar la conclusión «luego existo» prácticamente a partir de cualquier enunciado encabezado por «yo» (explícito o elíptico). ¿Por qué no «Bebo, luego existo» o «Soy rosa, luego existo»? Ambos parecen igual de válidos.

Desde el punto de vista de la lógica formal, el argumento es circular: la conclusión solo es verdadera porque ya está contenida en la premisa. Cuando digo «pienso», «bebo» o «soy rosa», estoy afirmando ya la existencia de un sujeto: yo. El «argumento» de Descartes se limita a sustraer la actividad o cualidad atribuida al yo, dejándonos tan solo con su existencia. Así pues, en cierto sentido, la conclusión nos dice *menos* que la premisa en la que se basa. Si parece informativa es solo porque explicita («existo») lo que estaba previamente implícito en «pienso».

Para comprender que «pienso» implica «existo» basta con entender la lengua española. La misma implicación se establece en cualquier tiempo verbal: «Pensaba, luego existía», «Beberá, luego existirá». Incluso podemos generar la extraña versión con mezcla de tiempos: «Está muerto, luego existió». No se necesita formación filosófica para entender esto.

¿Quiere esto decir que Descartes fue un peso ligero filosófico en lugar del destacado genio de renombre? ¿Acaso la filosofía no es el pináculo del pensamiento humano, sino el pedante arte de afirmar lo obvio? Confío en que ni lo uno ni lo otro. Descartes no era idiota. Cuando escribió «Pienso, luego existo», era consciente de que su enunciado poseía la misma estructura lógica que «Bebo, luego existo». Ahora bien, creía asimismo que había algo que hacía diferente el «pienso». En *Los principios de la filosofía* escribió: «Pues si dijera que veo o que camino, e infiriera de ello que yo soy; en el caso de que entendiera al decir tal que hablo de la acción que se realiza con mis ojos o con mis piernas, esta conclusión no es infalible».[1]

¿Por qué no? Porque una conclusión solo es tan fuerte como

sus premisas, y en este caso la premisa no es segura. Cuando digo «camino», podría estar equivocado. Podría estar soñando o podría estar en una simulación informática creyendo que estoy recorriendo las calles, cuando en realidad estoy sentado en una silla en un mundo virtual plenamente inmersivo. Por tanto, aunque en términos formales «Camino, luego existo» es válido, el argumento falla si no soy capaz de establecer que «camino» es verdadero.

En circunstancias normales, no tendríamos ningún motivo para dudar de que «camino» es verdadero si parecemos estar andando. No obstante, Descartes estaba llevando a cabo un proyecto filosófico particular, no aconsejando sobre lo que deberíamos pensar en la vida cotidiana. Estaba intentando establecer qué podemos saber que es verdadero con absoluta certeza a fin de sentar las bases firmes de *todo* conocimiento. Así pues, necesitaba saber qué *debe* ser verdadero, más allá de toda duda.

El proyecto de Descartes deviene más claro todavía cuando entendemos que no solo estaba intentando establecer *si* existía, sino también qué *clase de cosa* era. Lógicamente, yo podría decir «Bebo, luego soy una cosa bebedora» o «Soy rosa, luego soy una cosa rosa». Ahora bien, dado que no podemos estar absolutamente seguros de que en efecto estamos caminando ni de que vemos los colores como son en realidad, estos argumentos se basan en premisas que pueden ponerse en duda. La bebida podría ser una ilusión háptica y olfativa; podría ser temporalmente daltónico.

«Estoy pensando» es diferente, ya que, en la propia acción de dudar, estás cultivando el pensamiento, lo cual demuestra que no puede ser falso. Si piensas que no estás pensando, eso solo prueba que estás pensando al fin y a la postre.

Podemos ver ahora que Descartes no estaba construyendo un argumento lógico en absoluto. Antes bien, estaba prestando mucha atención a sus experiencias para ver lo que podía y no podía ponerse en duda. Lo que descubrió fue que casi todo lo que damos por sentado podría ser falso. Las otras personas podrían ser sofisticados robots o títeres; podríamos estar viviendo en un sueño o en un mundo virtual, en vez de en uno orgánico de carne y hueso. Sin embargo, de lo que no podemos dudar es de que pensamos o, en términos más generales, de que somos conscientes. Si saboreo una onza de chocolate, el chocolate podría no existir, pero el sabor sí. Si estoy escuchando una pieza musical, puede ser que nadie ni nada la esté tocando, pero yo siga oyéndola. Si estás leyendo ahora estas palabras, este libro podría no existir, pero las palabras están en tu mente.

De ahí que, en las *Meditaciones*, la obra que expone con más claridad su concepción de la naturaleza del yo, Descartes no presente su conclusión en forma de argumento. No aparece ningún «luego». Antes bien, refiere que sus experimentos con la duda arrojan la conclusión de que «esto es lo único inseparable de mí. Yo soy, yo existo: esto es seguro».

Por consiguiente, las líneas más célebres de la filosofía occidental no son un argumento, sino una destilación de una intensa serie de observaciones. El lema de los filósofos no debería ser *cogito ergo sum*, sino *attendo, ergo sum philosophus*: atiendo, luego soy filósofo. Lo que yace en el corazón del mejor filosofar es el hecho de prestar mucha atención, no de construir argumentos.

Si Descartes no estaba planteando un argumento, ¿cómo evaluamos su observación? Prestando una atención más minuciosa aún. Descartes no se detuvo en la tranquilizadora conclusión de que existimos de hecho. Fue más allá, concluyendo enseguida que también podía conocer varias características importantes de su yo, a saber: que su mente era indivisible, inmaterial y enteramente distinta y separable de su cuerpo. Y lo mismo sucede con la tuya.

Desde entonces, la mayoría de los filósofos han juzgado que Descartes se precipitó. Su error consistió en pensar que, por ser capaz de concebir su mente sin su cuerpo, este ha de ser diferente de aquella. Sin embargo, yo puedo imaginar que el agua no es H_2O o que los duendes son reales: ello no significa que pueda haber agua que no sea H_2O ni que haya duendes al fondo del jardín. No podemos saltar de la mera concebibilidad (o inconcebibilidad) a conclusiones relativas a la realidad empírica. No es preciso conocer el problema de semejantes «argumentos de la concebibilidad» para detectar el error de Descartes. Si nos fijamos bien, podemos ver que la senda cartesiana que conduce desde «existo» hasta «soy una mente inmaterial» es falsa. Prestemos mucha atención al progreso de un argumento y, en la mayoría de los casos, apreciaremos los pasos falsos y sospechosos.

Lo que estoy sugiriendo es que, en un sentido real e importante, atender *es* razonar. Consideremos la objeción más poderosa a la tesis cartesiana. Apenas cabe dudar de a quién tenía en mente el filósofo escocés del siglo XVIII David Hume cuando escribió: «Algunos filósofos se figuran que lo que llamamos nuestro yo es algo de lo que en todo momento somos íntimamente conscientes; que sentimos su existencia, y su continuidad en la existencia, y que, más allá de la evidencia de una demostración, sabemos con certeza de su perfecta identidad y simplicidad».[2] Hume tenía mucho que decir respecto de los problemas que plantea esta tesis, pero su jugada maestra llegó cuando repitió el experimento de introspección de Descartes, solo que con más cuidado.

> En lo que a mí respecta, siempre que penetro más íntimamente en lo que llamo *mí mismo* tropiezo en todo momento con una u otra percepción particular, sea de calor o frío, de luz o sombra, de amor u odio, de dolor o placer. Nunca puedo atraparme a *mí mismo* en ningún caso sin una percepción, y nunca puedo observar otra cosa que la percepción.

Compruébalo tú mismo. Intenta detectar el «yo» que tiene tus pensamientos y experiencias. Al hacerlo en este instante mientras escribo estas palabras, observo una ligera punzada en mi estómago, un tenue pitido en mi oído, un leve dolor en el arco de mi pie, el sonido de una radio en la habitación de al lado, la repetición de una irritante melodía pegadiza (*Owner of a Lonely Heart* de Yes, por alguna razón inexplicable). Advierto que ni siquiera soy consciente de las palabras que estoy tecleando hasta una fracción de segundo antes de que mis dedos pulsen las teclas. Una vez descritas estas experiencias, lo he descrito todo. No hay ningún «yo» adicional que pueda observar además de ellas. Diríase que mi yo es simplemente un «haz de percepciones», según la expresión de Hume.[3]

Hume era consciente de que su observación no era un argumento. «Si tras una reflexión seria y libre de prejuicios hay alguien que piense que él tiene una noción diferente de *sí mismo*, tengo que confesar que ya no puedo seguirle en sus razonamientos», escribió. No podemos discutir con alguien que defiende una idea basada en la incapacidad de prestar la debida atención. Lo único que podemos hacer es pedirle que preste más atención, en este caso a nuestra «fenomenología»: el carácter de nuestra experiencia subjetiva.

No todos los filósofos han acabado de entender el mensaje de Hume, como me aclaró en cierta ocasión Daniel Dennett. Dennett trabaja tanto en ciencia cognitiva como en filosofía, lo que para algunos de sus colegas significa que en realidad no es un filósofo. A mí me parece una fortaleza de su labor el hecho de que preste tanta atención a los hechos de la experiencia y a los hallazgos de la psicología y la neurociencia, y que intente lograr que los demás también lo hagan. «Me aseguro de restregar en la cara a mis estudiantes la fenomenología de la sorpresa. Se quedan perplejos al descubrir lo mal resueltas que están las periferias de su visión, el hecho de no tener visión de los colores hacia los lados, y ese tipo de cosas. Creo que gran parte de la tarea que llevan a cabo los filósofos de la mente del género no empírico está, por así decirlo, guiada de manera subliminal por un conjunto de presunciones compartidas acerca de lo que es la fenomenología, que es simplemente falso».

Es como si estuviéramos tan apegados a la apariencia superficial de las cosas que fuésemos incapaces de ver cómo son estas en realidad, aun cuando solo se requiera la atención cuidadosa para revelar la verdad. Somos como los niños que dibujan el cielo en la parte superior de la página sin conexión alguna con el horizonte. ¿Cuánto más acerca de nosotros mismos se esconde a plena vista?

Mucho, según los integrantes de la escuela dominante de filosofía en la Europa continental desde comienzos del siglo XX, la fenomenología introducida por Edmund Husserl y desarrollada por pensadores de la talla de Simone de Beauvoir, Jean-Paul Sartre y Martin Heidegger. El énfasis en la fenomenología fue una respuesta a la filosofía del filósofo prusiano del siglo XVIII Immanuel Kant, quien sostenía que no tenemos conocimiento alguno de las cosas tal como son en sí mismas (*noumena*), sino solo tal como se nos aparecen (*phenomena*).

Los fenomenólogos se toman esto en serio, y concluyen que el mundo tal como se nos da en la experiencia *es* nuestro mundo, el único que podemos aspirar a comprender. Hemos de suspender cualquier creencia que podamos tener en un mundo que existe de forma independiente, una «puesta entre paréntesis» que Husserl denomina *epoché* fenomenológica. «Volver a las cosas mismas»,[4] como instruía Husserl, requiere examinar con más detalle el mundo tal como lo experimentamos, «las cosas mismas» sin preconcepciones metafísicas acerca de las «cosas *en* sí mismas». Este enfoque demanda una descripción precisa, lo cual exige mucha atención. Como decía Husserl: «No pretendo instruir, sino solo guiar, señalar y describir lo que veo».[5]

El enfoque fenomenológico sugiere que no podemos distinguir con claridad entre la atención a nuestro yo experiencial y la atención al mundo que nos rodea. Para atender al mundo, hemos de observar cómo se nos presenta este, pues no hay nada más a lo que atender. Incluso la ciencia, que va más allá de cómo se nos aparecen inmediatamente las cosas, se limita a profundizar más en la estructura del mundo fenoménico.

En la filosofía japonesa vemos también un énfasis central en la atención, lo cual explica sin duda por qué ha habido más interés en Japón en la fenomenología que en cualquier otro movimiento moderno de la filosofía occidental. Cuando entrevisté al filósofo japonés Yasuo Kobayashi sobre lo que distinguía su tradición, él apuntó a ese énfasis en la atención por encima del argumento. Para él, la filosofía no es principalmente «una reconstrucción conceptual del mundo», sino que «se basa en una suerte de reacción estética» entre el ser humano y el mundo.

El hábito intelectual de prestar mucha atención arroja dividendos fuera de la filosofía pura. Una de las cosas que distinguen a los grandes científicos es su capacidad de reparar en cosas que otros han pasado por alto. Consideremos el descubrimiento de la penicilina en 1928. Todo empezó cuando Alexander Fleming observó unos extraños patrones en unas placas de Petri que contenían bacterias que había dejado al marcharse de vacaciones. Al esmerar la atención, descubrió el «jugo de moho» en el que encontraría la penicilina.

Cuando leemos acerca del descubrimiento de Fleming, resulta tentador imaginar que nosotros también nos habríamos percatado de los patrones en las placas de Petri. Sin embargo, en realidad, nuestra atención es captada con facilidad por nuestras creencias y expectativas previas. Si no estamos observando de manera activa, podemos pasar por alto cosas evidentes. Por ejemplo, podemos encontrar muchos vídeos en línea que demuestran la «ceguera al cambio», donde no advertimos un cambio en una escena que resulta obvio una vez que somos conscientes de él.[6] Varios experimentos demuestran que los individuos pueden no darse cuenta siquiera de que, en mitad de la conversación, otra persona sustituye a su interlocutor.[7] En otro, los espectadores están tan concentrados en seguir una pelota que no reparan en una persona disfrazada de gorila que atraviesa la pantalla golpeándose el pecho.[8] Nuestra atención puede estar mal dirigida de numerosas formas, especialmente si no estamos intentando centrarla de manera activa.

No obstante, los filósofos no siempre han sido buenos jueces de lo que es digno de nuestra atención. Desde que Aristófanes se burlara de los filósofos por vivir en las nubes que dan título a su obra teatral satírica, estos han sido acusados de perder el contacto con el mundo de la vida cotidiana. Platón parecía considerar esto una especie de cumplido, a pesar de que su mentor, Sócrates, es el blanco de muchas de las bromas de Aristófanes. En el diálogo de Platón *Teeteto*, Sócrates dice que los filósofos «no saben dónde están los tribunales ni el consejo ni ningún otro de los lugares públicos de reunión que existen en las ciudades».[9] Así, Tales de Mileto, «cuando estudiaba los astros, se cayó en un pozo, al mirar hacia arriba, y se dice que una sirvienta tracia, ingeniosa y simpática, se burlaba de él, porque quería saber las cosas del cielo, pero se olvidaba de las que tenía delante y a sus pies. La misma burla podría hacerse de todos los que dedican su vida a la filosofía».

Creo que Platón estaba equivocado en este punto. Los mejores filósofos no asumen conocer la diferencia entre lo importante y lo trivial, lo grande y lo pequeño. Semejantes asunciones ciegan su percepción. Un ejemplo de ello es el prejuicio contra el olfato y el gusto como sentidos animales inferiores, que en Occidente se remonta a los escritos de Aristóteles y Platón. Durante siglos, cuando los filósofos estudiaban la percepción sensorial se centraban en la vista y el oído, descuidando incluso el tacto como demasiado carnal. Ignoraban la comida y la bebida, pese a tratarse de las únicas prácticas culturales que involucran los cinco sentidos. Ahora que se ha superado este prejuicio, se están llevando a cabo trabajos fascinantes en la filosofía de la comida.

El filósofo francés Roger-Pol Droit hizo un llamamiento a prestar atención filosófica a la vida cotidiana en un ingenioso y popular libro cuyo título en inglés, *How Are Things?*[¿Cómo son las cosas?], opera en dos niveles: a los filósofos siempre les ha preocupado la naturaleza fundamental de la realidad (el campo de la ontología), pero él sostiene que deberían preguntarse más específicamente cómo son las cosas *concretas* como los paraguas, una cómoda, un billete de tren o un abrebotellas. ¿Qué dicen estas sobre cómo vivimos y quiénes somos? El libro de Droit podría parecer una fruslería lúdica, pero tiene un propósito serio. El autor está alentando una orientación filosófica hacia el mundo al examinarlo con ojos diferentes. En sus palabras: «Intento transformar la actitud, cambiar la mirada y la forma misma de sentir nuestra vida cotidiana y nuestro mundo ordinario».

Droit evoca la naturaleza infantil de la filosofía que muchos han señalado, de manera notable Isaiah Berlin, quien decía: «Los filósofos son adultos que persisten en hacer preguntas infantiles».[10] Droit afirma: «Creo que siempre hay algo infantil en la raíz misma de la filosofía, en el primer asombro de los niños, incluso si se trata de una filosofía muy sofisticada».

Encontramos el énfasis en la vida cotidiana en muchas de las tradiciones filosóficas mundiales. Los filósofos chinos, indios y japoneses nos instruyen sobre las formas adecuadas de comer, sentarnos e interactuar con los demás en el día a día. Si deseamos comprender la vida y la naturaleza humanas en su integridad y no prestamos atención a lo cotidiano, pueden pasarnos inadvertidos los detalles vitales.

Si estás dispuesto a poner mucha atención, necesitas asegurarte de que te hallas en el estado mental apropiado para hacerlo. Por ese motivo, en muchas tradiciones, la preparación mental ha sido un ejercicio intelectual primordial. A título de ejemplo, Zhu Xi, el gran filósofo confuciano de la dinastía Song, escribió que «si quieres leer libros, primero has de serenar la mente para dejarla como el agua de un estanque o como un espejo reluciente».[11] Aconsejaba sentarse en silencio y respirar sosegadamente antes de comenzar la lectura, algo que sin duda haría a cualquiera más capaz de asimilar cabalmente el contenido de la página.

Las escuelas indias de filosofía también insisten en la necesidad de prestar mucha atención, y por ello ponen tanto énfasis en las prácticas de la meditación para aquietar la mente y tornarla receptiva a la percepción y la comprensión verdaderas. Tal es la importancia de esto que numerosos textos filosóficos indios contienen instrucciones precisas sobre cómo sentarse y respirar, algo que se antojaría extraño en Occidente.

En estas tradiciones, la preparación mental y la atención encierran una dimensión moral. El estado mental apropiado se describe como «claro» y «puro». Un buen pensador se distinguiría de uno malo no solo por su inteligencia, sino también por la sinceridad de sus intenciones. El clásico indio de los *Nyaya Sutras*, por ejemplo, distingue la *discusión*, que es sincera y se basa en el conocimiento genuino, de la *disputa*, que aspira simplemente a ganar el debate por cualquier medio necesario.

La filosofía occidental tan solo contiene alusiones ocasionales a esta conexión entre virtud personal y excelencia en el razonamiento. Un raro ejemplo es la identificación de Bernard Williams de la *exactitud* y la *sinceridad* como las dos principales «virtudes de la verdad». Este entendía que el pensamiento no era solo una destreza técnica, sino también una expresión del carácter. «Las virtudes de la exactitud son las que se hallan conectadas con el descubrimiento de la verdad, el intento de hacer bien las cosas y demás; y las virtudes de la sinceridad consisten en comunicarlas bien a otras personas con honestidad, diciendo lo que uno cree». La sinceridad protege contra el autoengaño y facilita la exactitud. Para Williams, a menos que la investigación se lleve a cabo de acuerdo con estas virtudes, no podemos tener ninguna esperanza de llegar a la verdad. Por eso «Nietzsche siempre decía, hasta el final de su vida, que la honestidad era la virtud intelectual abrumadora, que requería coraje». Una de las razones por las que tiendo a coincidir con él es que Williams fue uno de los filósofos morales británicos más perspicaces de la segunda mitad del siglo XX. Sus obras rezumaban sinceridad porque siempre parecían estar lidiando con lo importante, sin apresurarse a llegar a una conclusión prematura.

La virtud intelectual y moral figura asimismo en un comentario que Wittgenstein le hizo en cierta ocasión a Bertrand Russell: «¿Cómo puedo ser un lógico antes que un ser humano decente?».

Suena extraño, pero, como explica Ray Monk, el biógrafo tanto de Wittgenstein como de Russell, para pensar con claridad sobre algo tenemos que «eliminar las cosas que se interponen en el camino del pensamiento claro», entre las que se incluyen nuestros defectos personales. Tanto la filosofía como la honestidad acerca de uno mismo requieren no solo inteligencia, sino también la voluntad de ser honesto. De ahí que Monk sostenga que cuando Russell caía en diversas formas de autoengaño, no era porque careciese de inteligencia, sino de «fortaleza de carácter».

Monk está señalando una intrigante conexión entre el buen carácter y el buen razonamiento. La observación de Wittgenstein de que «la lógica y la ética son una misma cosa» puede sonar inverosímil, pero el «implacable afán de claridad», como dice Monk, exige una claridad mental y una pureza de intención que son imposibles de alcanzar para quien se engaña a sí mismo o engaña a los demás. Para pensar bien debemos empezar por examinarnos a nosotros mismos con una honestidad brutal para asegurarnos de que estamos razonando por los motivos correctos.

De ahí que el carácter del razonador no sea irrelevante a la hora de evaluar sus razonamientos. Cuando los generales y políticos rusos argüían que habían iniciado su «operación militar especial» en Ucrania para combatir a los fascistas y defenderse de la agresión de la OTAN, su falta de integridad nos daba buenos motivos para negarles cualquier beneficio de la duda y acoger con escepticismo hasta sus más plausibles pronunciamientos. Una persona inteligente con malos motivos es peligrosa, toda vez que puede generar argumentos persuasivos al servicio de sus intereses más que de la verdad. Necesitamos atender a todas las dimensiones de un razonamiento, incluidos los motivos e intereses del argumentador, incluso —especialmente— cuando los argumentadores somos nosotros mismos.

Cómo prestar atención

- Antes de pensar detenidamente en algo, adopta el estado mental apropiado para pensar. Necesitas una mente clara y la energía para concentrarte. Si los ejercicios formales como las meditaciones a través de la respiración te sirven de ayuda, utilízalos.
- Atiende a lo que de veras es el caso, no a lo que supones que es el caso. Observa cómo es realmente tu experiencia y cómo son las cosas en verdad. Despojarnos de nuestras preconcepciones es más difícil de lo que parece, ya que la mayoría de ellas son profundas e implícitas.
- Ten cuidado de no sacar conclusiones precipitadas sobre lo que se sigue de tus observaciones. Se cometen muchos errores por no distinguir entre lo que algo nos dice y lo que asumimos que significa en realidad o que se sigue de ello.
- Cuidado con los secuestradores de la atención. ¿Qué podría estar distrayéndote de ver con claridad o de fijarte en las cosas adecuadas?
- Desconfía del sesgo de confirmación o de mi lado. Si los hechos encajan con tus preconcepciones, asegúrate de no haber seleccionado a conveniencia tus evidencias o ignorado otros hechos incómodos.
- Escucha e interactúa con los demás, especialmente con aquellos cuyas experiencias están próximas a lo que estás pensando. Respétalos, pero sin deferir automáticamente a ellos.
- No asumas que ya sabes lo que es importante o trivial. Mantente atento a lo que podrías pasar por alto por suponer que carece de relevancia.

CAPÍTULO 2

Cuestiónatelo todo (incluidas tus preguntas)

> En mi opinión, el más inteligente es aquel que se llama a sí mismo «tonto», aunque solo sea una vez al mes; ¡una habilidad desconocida hasta ahora!
>
> Fiódor Dostoievski, «Bobok»

«Cuestiónatelo todo. No asumas nada de lo que te cuenten». Son estos unos nobles sentimientos. Quien los expresa anima asimismo a las personas a comprobar los hechos por sí mismas y a llevar a cabo experimentos. Suena como un predicador del pensamiento crítico. En realidad se trata de Mark Sargent, uno de los más prominentes terraplanistas estadounidenses.[1]

Sargent y otros teóricos de la conspiración ponen de relieve los riesgos del cuestionamiento escéptico. Hasta las personas inteligentes pueden llegar a conclusiones descabelladas si no proceden con destreza. El simple mandamiento «cuestiónatelo todo» no nos dice cómo obrar del modo adecuado. No todo debería ser cuestionado por igual ni de la misma manera, ni toda incapacidad de hallar una respuesta es fatal. A fin de evitar cuestionar por cuestionar, hemos de entender cuándo resulta vital y cuándo es inútil hacerlo. El cuestionamiento tiene que ser cuidadoso. Como

Aristóteles podría haber dicho, cualquiera puede cuestionar, eso es fácil; pero cuestionar las cosas adecuadas en el grado adecuado, en el momento adecuado, con el propósito adecuado y del modo adecuado, eso no resulta fácil.

Sin lugar a dudas, el cuestionamiento es clave para el pensamiento crítico. Ziauddin Sardar, erudito e intelectual público británico-pakistaní, afirma que formular preguntas se convirtió en su metodología después de leer *El filósofo autodidacto* de Ibn Tufayl en sus años de estudiante de secundaria. Sardar describe el libro del siglo XII como no solo «la primera novela del islam», sino también «probablemente la primera novela propiamente filosófica». Viviendo una vida solitaria en una isla, el protagonista Hayy «empieza a pensar en las estrellas y en los animales que lo rodean, y esos pensamientos le llevan a la conclusión de que existe un creador».

Al igual que Hayy, para Sardar una parte necesaria de la investigación consiste en preguntarse qué es una buena pregunta. «¿Cuándo es legítima una pregunta? ¿Cuándo una pregunta no es una pregunta? ¿Cuándo una pregunta enmarca una respuesta de tal manera que carece de sentido responder? Lo que yo deseaba era hacer preguntas pertinentes», dice Sardar.

No todas las preguntas merecen ser formuladas ni respondidas. Supongamos que un inspector de Hacienda pregunta: «¿Cuándo comenzó usted a evadir impuestos?». Incorporado a la pregunta se halla el supuesto de que has empezado a evadir impuestos. Esto se conoce como *la falacia de la pregunta compleja*, en la que la pregunta asume lo que está en disputa. Se trata de un tropo retórico común, sobre todo en la política. Por ejemplo, para responder la pregunta «¿Cuándo empezará el primer ministro a mostrar liderazgo?», este ha de admitir que aún no lo ha mostrado. En la vida cotidiana son frecuentes estas preguntas capciosas. Alguien pregunta «¿Por qué me has mentido?», cuando es posible que no hubiese ninguna mentira, o «¿Cuándo vas a dejar de ser tan egoísta?», cuando es él o ella quien lo está siendo al reclamarte más tiempo y atención.

Con demasiada frecuencia formulamos las preguntas equivocadas. «La mayoría de los filósofos tienen ese estúpido inventario de problemas que han heredado al leer a alguien —dice John Searle—. Yo quiero decir que existen ahí afuera todos esos problemas sobre los que *no* ha escrito ese "alguien"». Searle, un filósofo estadounidense activo desde la década de 1960 hasta el presente, veía que las preguntas más formuladas, incluso en filosofía, son a menudo las que la gente se ha acostumbrado a hacer, no las más necesitadas de respuestas.

En la vida cotidiana estamos haciendo siempre las preguntas equivocadas. Muchos bebedores y fumadores se preocupan más por el riesgo comparativamente minúsculo de los pesticidas en sus lechugas. Los conservadores preguntan cuántas personas reclaman más prestaciones de las que les corresponden, pero no hacen demasiadas preguntas acerca del fraude y la evasión fiscal, que suponen una sangría mucho mayor para la economía. Quizá la mayoría de nosotros pensemos demasiado en cómo alcanzar nuestras metas vitales sin pensar lo suficiente en si dichas metas son las adecuadas.

Un tipo inadecuado de cuestionamiento aboca enseguida a un escepticismo paralizante. Consideremos la pregunta «¿Cómo lo sabes?», tan fundamental en filosofía. Si la planteamos con respecto a todo, no tardamos en descubrir que no existe ninguna respuesta decisiva.

> Está lloviendo. ¿Cómo lo sabes? Lo veo y lo siento. ¿Cómo sabes que no estás viviendo en una simulación informática o teniendo un sueño particularmente vívido, o que alguien ha echado alucinógenos en tu café? ¡No digas estupideces! Esa no es una respuesta...
>
> Le amo. ¿Cómo lo sabes? Simplemente lo sé. Todo el mundo sabe lo que siente en su interior. ¿Cómo sabes que no estás solo enamorada de la idea que tienes de él, o que no se trata de un encaprichamiento superficial y no de auténtico amor? ¿Cómo puede alguien saber eso? ¡Exacto!

Resulta fácil deslizarse desde la creencia justificada de que no podemos saber nada con certeza a la conclusión profundamente escéptica de que *en realidad* no sabemos nada en absoluto. A algunos les resulta emocionante, pero también es tóxico, pues nos deja sin motivo para creer en nada y, por ende, sin ninguna base sobre la que actuar.

Por fortuna existe un error fatal en el desafío escéptico: plantea una exigencia poco razonable y luego se queja de que esta no se puede satisfacer. Si el conocimiento ha de estar «más allá de *toda* duda», nada podría superar jamás la prueba. Por muy improbable que resulte, no podemos descartar que el mundo sea una alucinación, una simulación o un sueño. Nuestros sentidos podrían estar malinterpretando de manera sistemática nuestro entorno. Yo podría ser la única criatura consciente en el mundo y todo lo demás un holograma o un autómata. Podría no existir siquiera, al menos no como una persona a lo largo del tiempo: podría ser que hubiese sido creado hace dos segundos con recuerdos implantados que me hicieran creer que existo desde hace décadas. Podría estar loco. Por extravagantes que sean estas sugerencias, descartarlas por completo supone un desafío al que nadie ha respondido en milenios.

De manera análoga, no podemos demostrar que el mundo no está gobernado por los iluminados, ya que, en caso de estarlo, se ocultarían las evidencias. No puedes estar seguro al cien por cien de que tu pareja te está siendo fiel, a menos que la tengas encerrada todo el día o sigas todos sus movimientos. Exigir certeza antes de renunciar a una preocupación escéptica es una vía rápida hacia la paranoia.

La forma adecuada de responder al escepticismo es señalar que este exige un estándar de prueba demasiado elevado. Al plantear un reto imposible y luego proclamar el fracaso cuando este no se supera, se concede al escéptico una victoria fácil pero pírrica. Arrojar la sombra de la duda en todos y cada uno de los contextos supone un mero juego filosófico. No tiene nada que ver con una búsqueda sincera de la verdad.

Pensemos en el cambio climático. Ya tenemos mucho más claro lo que está sucediendo y lo que necesitamos hacer, pero seguimos sin tener certeza. Entra dentro de lo posible que los patrones de la actividad solar cambien y los niveles crecientes de gases de efecto invernadero sean contrarrestados por la disminución de la radiación solar. Es posible, pero no apostaríamos por ello.

La demanda de certeza es un disparate contraproducente, pues es un arma de doble filo. Imaginemos a alguien de pie en la cubierta del Titanic negándose a subir al bote salvavidas porque no es seguro todavía que el barco vaya a hundirse. Eso es cierto, pero irrelevante, ya que tampoco es seguro que vaya a permanecer a flote. Comoquiera que actuemos, lo hacemos sobre la base de la incertidumbre. Todas las opciones son inciertas, pero no en la misma medida.

Los escépticos absolutos son raros en filosofía, pero los problemas del escepticismo siguen llenando páginas de los libros de texto. Es una pena. John Searle sostiene que la filosofía lleva cometiendo «un error de trescientos años» desde que aceptara la idea de Descartes de que «el objetivo principal de la filosofía es responder al escepticismo». Trescientos años son una subestimación: el combate contra el escepticismo fue una preocupación primordial de los antiguos griegos y tiene una dilatada historia en la filosofía india. No obstante, yo estoy con Searle cuando declara: «Yo no me tomo en serio el escepticismo». El intento de hacer frente a los argumentos escépticos tiene su mérito, pero el resto de la filosofía no puede dejarse en suspenso hasta que hayamos matado al dragón escéptico.

La constatación de que nada puede saberse con una certeza del cien por cien es importante. Una vez comprendido esto, podemos ver que la función de seguir cuestionando no es establecer la certeza, sino poner a prueba los fundamentos de nuestras creencias con el fin de saber cuán firmes son y aceptando que jamás serán sólidas como una roca.

Tal vez el escepticismo sea el responsable de que el cuestionamiento se considere con frecuencia un ejercicio intrínsecamente negativo. «Poner en cuestión» significa dudar, problematizar. Este género de cuestionamiento es alentado por la formación filosófica. Estamos al acecho de los malos argumentos y podemos llegar a distraernos tanto con los muchos que encontramos que no acertemos a reconocer los buenos. El descubrimiento de todo lo erróneo nos ciega a todo lo que es cierto.

Por ejemplo, yo siempre he recelado de las pretensiones de superioridad de la comida orgánica. Cuando empezamos a preguntarnos qué significa en realidad «orgánico», la lista de los defectos y las limitaciones del concepto deviene evidente. La distinción entre orgánico y no orgánico no es fundamental en su naturaleza, sino que se basa en criterios desarrollados por quienes controlan el uso de la etiqueta «orgánico». Así, puede que un agricultor trabaje exactamente del mismo modo que un vecino orgánico, pero sus alimentos no serán orgánicos si no paga por la certificación. Por la misma razón, ciertos alimentos se elaboran con ingredientes cien por cien orgánicos, pero no pueden describirse como tales en términos legales.

Las declaraciones simplistas acerca de la pureza de los productos orgánicos no se sostienen. Los agricultores orgánicos no evitan todas las sustancias químicas, sobre todo porque los abonos orgánicos contienen productos químicos, al igual que todos los seres vivos e inertes. Las afirmaciones de que los alimentos orgánicos son más saludables no se han confirmado. Allí donde se han encontrado contenidos más ricos en micronutrientes, por ejemplo, en la leche orgánica, la causa no es que esta sea orgánica *per se*, sino que las vacas se alimentan con pasto. Tampoco hay buenas evidencias de que los niveles de pesticidas en los cultivos convencionales representen ningún riesgo serio para la salud. En cualquier caso, los alimentos orgánicos entrañan sus propios peligros. En 2011 murieron cincuenta y tres personas después de que se rastrease un brote de *E. coli* hasta una granja orgánica en Alemania. Los estándares orgánicos para el bienestar animal son comparativamente altos, pero la insistencia en que las medicinas alternativas se prueben antes que las modernas es un dogma no basado en ciencia alguna. Y así sucesivamente.

Todo esto no me convirtió en un detractor de lo orgánico, pero me irritaba la supuesta virtud que conllevaba la etiqueta orgánica y me sentía bastante superior por mi capacidad de no dejarme engañar por los lugares comunes tan trillados. Mi escepticismo suponía otra victoria para el filósofo escéptico sobre el rebaño incondicional.

Sin embargo, en otro sentido no me estaba cuestionando lo suficiente: no estaba cuestionando suficientemente mi propio cuestionamiento. Estaba demoliendo una visión ingenua y excesivamente celosa de las virtudes de la comida orgánica, pero ese era un blanco fácil. Al lanzar mi ataque forense, estaba dejando de lado la cuestión más matizada de si, en conjunto, los alimentos orgánicos tenían suficientes méritos para hacerlos preferibles a la mayoría de las alternativas. He llegado a creer que la respuesta a esa pregunta es, en términos generales, afirmativa. Es cierto sin duda que hay muchas granjas excelentes que no son orgánicas certificadas, algunas de las cuales son mejores que el promedio de las orgánicas en lo que atañe a la sostenibilidad y el bienestar animal. Con todo, al examinar las cosas con detenimiento, con frecuencia se trata de la simple elección entre los alimentos que son el producto de la agricultura intensiva altamente industrializada y los productos orgánicos. Hay excepciones, pero la mayor parte del sistema de agricultura industrial trata a los animales como objetos, alimentándolos con granos y soja cultivados con frecuencia en tierras deforestadas. Produce asimismo en enormes monocultivos dependientes de fertilizantes sintéticos, cuya elaboración es perjudicial para el medioambiente y crea un hábitat hostil para la vida silvestre, amenazando la biodiversidad. La alternativa orgánica puede ser imperfecta, pero casi siempre resulta preferible.

He abordado por encima estos asuntos como para adoptar una posición adecuada en cualquier sentido, y quien lleve a cabo un examen detallado puede que llegue a conclusiones diferentes. No me preocupa tanto la esencia de este tema en particular cuanto los hábitos y las estructuras de pensamiento que ejemplifica. En resumidas cuentas, es muy fácil que una línea de cuestionamiento desarrolle una vida propia en la que la tarea negativa de encontrar fallas en algo nos lleva a pasar por alto sus méritos y los defectos aún mayores de las alternativas.

Así pues, además de cuestionar los argumentos, las ideas y a otras personas, cuestiona tus propios motivos, agendas y objetivos. ¿Te estás entusiasmando en exceso con la oportunidad de alardear de tu habilidad para pensar de un modo diferente a la mayoría? ¿Estás disfrutando tanto con el derribo que no estás equilibrando lo negativo con lo positivo? ¿Y por qué estás cuestionando? ¿Cuál es el objetivo último? ¿Es, por ejemplo, someter a juicio las afirmaciones del movimiento orgánico o acaso decidir cuáles son los mejores métodos de cultivo? Prácticamente cualquier idea cuenta con entusiastas que exageran sus méritos. Tal vez no sea tan genial como estos pretenden, pero puede seguir siendo la mejor contendiente de todas.

El cuestionamiento no debe consistir simplemente en la búsqueda de fallas y defectos, sino también de fortalezas y beneficios. Se trata asimismo de cuestionar los objetivos, motivos, propósitos e incluso tu propio carácter.

El cuestionamiento implacable puede resultar frustrante. Hay una buena dosis de verdad en el viejo chiste que me contó la filósofa moral Philippa Foot. «Un filósofo es alguien a quien haces una pregunta y, después de que haya hablado un poco, ya no entiendes tu pregunta». Foot tenía una rara honestidad respecto de lo mucho que no comprendía. En una carrera que abarcó desde la Segunda Guerra Mundial hasta inicios del siglo XXI, escribió muy poco porque rara vez creía haber llegado a la fase en la que entendía algo lo suficientemente bien como para que mereciese la pena decirlo. Veía que, con frecuencia, el primer paso hacia una mayor comprensión era reconocer que, después de todo, no entiendes lo que creías entender. Esto resulta especialmente perturbador cuando pensabas que aquello que entendías era obvio.

Lo «obvio» es una categoría peligrosa que confunde a menudo la sabiduría heredada con la verdad cierta. Algunas cosas parecen indudables solo porque carecemos de la capacidad de ponerlas en duda, no porque sean indudables en sentido literal. Muchos europeos solían considerar evidente que los africanos eran menos inteligentes que ellos. Del mismo modo, se creía obvio que muchos trabajos no eran aptos para las mujeres, que los peces no sentían dolor, que la homosexualidad era repugnante, que el sol salía y se ponía, que los objetos estaban hechos de materiales sólidos o que la música popular no era arte.

Una de las fortalezas de los filósofos es que están entrenados para cuestionar verdades aparentemente obvias, como la existencia de un yo perdurable, que el mundo está hecho de materia, que percibimos directamente los objetos, que poseemos libre albedrío, que la ciencia describe el mundo tal como es, que el juicio estético es solo una cuestión de gusto o que las palabras son etiquetas para las cosas. Encontramos un buen ejemplo reciente de lo productivo que puede ser esto en el cuestionamiento por parte de Simon Critchley de un principio ético que ha sido axiomático desde que Kant escribiera: «El acto al que se aplica el deber tiene que ser realmente posible bajo condiciones naturales».[2] Esto suele resumirse como «*deber* implica *poder*». En otras palabras, solo tiene sentido decir que alguien *debería* hacer algo si en efecto *puede* hacerlo. Es absurdo decir que debería visitar a mi madre enferma si ella está en el otro extremo del mundo y no puedo permitirme pagar el billete de avión. Tampoco puedo quejarme de que deberías haber evitado un accidente cuando no ha sido culpa tuya. Nada podría parecer más obvio.

Sin embargo, Critchley mantiene que «*deber* implica *no poder*». No porque piense que podemos hacer lo imposible. Más bien, deberíamos aspirar a hacer más de lo que es posible con el fin de evitar la complacencia de lo «suficientemente bueno». Critchley afirma que su inversión de la consigna kantiana es «más rigurosa y más fiel a las exigencias éticas a las que deberíamos someternos. A mi juicio, si la ética se basa en un sentimiento de ser capaces o tener la facultad de hacer algo, o estar satisfechos por nuestras acciones, entonces estamos perdidos». Solo exigiéndonos tanto a nosotros mismos podemos confiar en ser tan buenos como podamos. Pedirnos más de lo que podemos dar no implica ser poco realistas, sino reconocer que siempre seremos imperfectos.

El desafío de Critchley al axioma kantiano es un ejemplo magnífico de buen cuestionamiento. No está intentando encontrar defectos ni apuntarse tantos. En realidad, sucede justo lo contrario, toda vez que Critchley afirma que resulta paradójico negar que «*deber* implica *poder*». Su cuestionamiento deja intacto mucho de lo que él ha puesto en tela de juicio. No está sugiriendo que deberíamos culpar a las personas por no hacer lo que jamás fueron capaces de hacer. No está cuestionando por cuestionar, sino cuestionando para hacer avanzar nuestro pensamiento desde un punto en el que podríamos haber asumido con facilidad que había concluido. Nos invita a considerar la idea de que «yo no podría haber hecho nada mejor» no como el final de nuestras reflexiones, sino como el inicio de estas.

El cuestionamiento de Kant por parte de Critchley podría verse como un ejemplo de la virtud de cuestionar los supuestos. El examen de las asunciones es una competencia esencial de los filósofos, que acostumbran a detectar los supuestos a menudo falsos que se esconden en argumentos aparentemente sólidos. Por ejemplo, el cribado del cáncer, el gasto sanitario y la rehabilitación de los toxicómanos son cosas obviamente buenas. Por consiguiente, cuando hay llamadas a incrementarlas, se asume con frecuencia que esto también sería positivo. A menudo lo es, pero a veces no. El filósofo conservador inglés Roger Scruton denominó *falacia de la agregación* a la asunción de que si algo es bueno, su aumento es aún mejor. El incremento de una cosa buena no siempre es mejor. Incluso puede ser peor. Todo tiene su nivel y su distribución ideales. Un pastel es delicioso, pero diez pasteles son una brutalidad. Una vacuna es buena, pero duplicar la dosis o poner a todo el mundo más inyecciones de las necesarias puede resultar peligroso.

En la práctica, a menudo asumimos que el incremento de algo bueno es mejor. Los fabricantes de suplementos venden comprimidos con dosis muy elevadas de vitaminas que son potencialmente peligrosos; gastamos dinero en más seguros de los que necesitamos; los grupos de música se meten en callejones creativos sin salida intentando hacer discos similares a los que los llevaron al éxito. Christine Korsgaard sostiene que la falacia de la agregación nos ciega asimismo a los beneficios potencialmente mayores de compartir en vez de multiplicar los bienes. Los gobiernos conceden más prestaciones a los ciudadanos individuales, cuando los recursos se invertirían mejor en bibliotecas, servicios y espacios públicos que beneficien a todos.

Tendemos a caer en la falacia de la agregación cuando no se explica la premisa en la que esta se basa. Tan pronto como se explicita el principio de que «si algo es bueno, su incremento es aún mejor», podemos ver que resulta sospechoso. Semejantes premisas tácitas y presupuestas se denominan *entimemas*. Si nos acostumbramos a desenterrarlas, a menudo veremos enseguida dónde se ha extraviado el pensamiento.

Consideremos la cuestión de qué deberíamos comer si deseamos aumentar nuestras saludables bacterias intestinales. Muchas evidencias apuntan al valor para la salud de una rica diversidad de la microbiota intestinal. Esto ha conducido a un interés creciente por los alimentos fermentados, que los consumidores consideran una forma de mejorar la salud intestinal, toda vez que contienen una amplia gama de bacterias «buenas», conocidas como *probióticos*. Uno de estos productos es el kéfir, una bebida de leche fermentada. Los fabricantes emplean eslóganes como «mejora tu microflora intestinal» y «saludable para el intestino». Si los alimentos fermentados contienen muchas bacterias buenas, parece de sentido común que sean una buena forma de mejorar tu bioma intestinal.

Ahora bien, interviene aquí una suposición cuestionable: que las bacterias que crecen fuera del cuerpo sobreviven y florecen dentro del muy diferente entorno del intestino humano. En el momento de escribir estas líneas, todavía desconocemos si esto es cierto. Un artículo de revisión del *British Medical Journal* concluía que, aunque «la suplementación probiótica causa varios efectos beneficiosos sobre la salud humana», aún se ignoran los beneficios de los probióticos naturales en los alimentos. Consideremos que el cuerpo humano contiene de quinientas a mil clases diferentes de bacterias intestinales, en tanto que el kéfir, un alimento excepcionalmente rico en bacterias, contiene alrededor de cuarenta. No obtenemos la mayoría de nuestras bacterias intestinales mediante la ingestión. De hecho, en general se reconoce que la mejor manera de maximizar la diversidad de la biota intestinal es seguir una dieta variada, rica en fibra dietética.[3]

Otra asunción común es que sabemos de qué lado está alguien, pese a disponer tan solo de una información muy limitada sobre sus creencias. Ray Monk fue una víctima de esta clase de estereotipado cuando se mostró crítico con Bertrand Russell, cuyas campañas y escritos políticos a finales de su carrera lo convirtieron en un héroe de los pacifistas y muchos liberales de izquierdas. «Si digo que esta obra política está mal escrita, es una obra chapucera y resulta defender una posición, y alguien lee esto y también defiende dicha posición, no va a separar esta de su chapucera presentación», afirma Monk. Dice que los críticos asumieron que «yo era una especie de fanático religioso de derechas, porque evidentemente no admiraba a Russell como un santo secular izquierdista». El crítico de tu amigo no siempre es tu enemigo.

Todos sabemos que deberíamos cuestionar nuestras presuposiciones. Hace unos años asistí a una presentación corporativa en la que el orador escribió la palabra *assume* («suponer») en una pizarra blanca, trazó dos líneas verticales para descomponerla como *ass|u|me* y dijo: «If you assume, you make an ass out of you and me» («Si supones, te conviertes y me conviertes en un auténtico estúpido»). Su expresión era una extraña combinación de autosatisfacción y vergüenza. Era una forma ingeniosa de expresar algo importante, pero quizá un tanto afectada, y seguramente él —y probablemente muchos otros— la había empleado tantas veces que sonaba como un cliché. Con todo, es tanta la tendencia natural a hacer suposiciones que no podemos permitirnos suponer que por fin sabemos que no debemos hacerlas.

Cuestionar las suposiciones nos conduce con frecuencia a rechazarlas. Sin embargo, un propósito esencial del cuestionamiento es no echar por tierra las ideas, sino entenderlas mejor. Hume, por ejemplo, cuestionaba nuestra creencia en la causación, aduciendo que jamás observamos que una cosa *causa* otra, sino tan solo que una cosa *sigue* a otra. No vemos que el agua extingue el fuego, solo vemos que el agua va al fuego y que este se apaga. *Suponemos* la causación, no la *observamos* directamente. Tampoco podemos demostrar el principio general de que todo es el efecto de una causa. La razón exige que «todo efecto tenga una causa», pero eso no nos dice si existe algún efecto genuino en el mundo.

La teoría de la causación de Hume ha generado una vasta literatura y mucho debate. No obstante, comoquiera que la interpretemos, está claro que, en la práctica, Hume creía que no podemos ni deberíamos dejar de pensar que el mundo está gobernado por leyes de causa y efecto. Hume no cuestionaba la causación para tirar por la borda el concepto, sino para ayudarnos a entender su fundamento. Es decir, se trata de una idea de la que no podemos prescindir, que es central en nuestra manera de entender el mundo, pero que no se basa en la experiencia ni en la razón.

Muchos cuestionamientos resultan más constructivos si se abordan con este espíritu. A título de ejemplo, muchos ateos cuestionan las creencias religiosas, consideran que no están justificadas por la razón ni por la experiencia, y concluyen que, por consiguiente, es todo un sinsentido. Ahora bien, si estuviera así de claro, ¿por qué habrían de creer tantas personas pese a no ser idiotas? Un cuestionamiento más constructivo no solo tendría el propósito de establecer si las creencias religiosas son verdaderas, sino también por qué cree la gente, y qué significa tener fe.

Cuando cuestionamos con ese espíritu, nos vemos abocados a considerar en qué medida las creencias religiosas se basan en la experiencia subjetiva más que en el razonamiento cuasicientífico, son con frecuencia de carácter mitológico más que literalmente verdaderas, y aceptan los misterios y las paradojas. Puede que, más que destruir la fe, el cuestionamiento transforme nuestra comprensión de esta.

Hay veces en las que se necesitan confianza y convicción. Sin embargo, cuando estamos intentando pensar con la mayor claridad posible, su ausencia es una virtud, no un vicio. Yo he descubierto que los mejores filósofos son aquellos que están dispuestos a cuestionar no solo sus propias habilidades, sino también el valor de la propia filosofía. Coincido con el músico Mylo, quien declaró: «Algunos de mis filósofos favoritos tenían una relación de amor-odio con la disciplina, como Wittgenstein. Si vas a estar dudando constantemente de todo, entonces vas a estar dudando de la validez de tu propia empresa».

Stephen Mulhall, quizá conocido sobre todo por su comentario filosófico sobre la saga de películas de *Alien*, se hizo eco de esto cuando hablaba de cómo los filósofos se dedican a la tarea de interferir en las suposiciones que se hacen y cuestionarlas. «Si podemos hacer eso con los científicos, con las personas que escriben arte y demás, entonces, por pura coherencia, deberíamos tomarnos en serio las mismas preguntas acerca de nuestra propia empresa», señalaba. Quien hace esto es «simplemente un filósofo que está siendo consistentemente filosófico, es decir, que está siendo filosófico respecto de su propia filosofía».

Simon Glendinning, un filósofo que escudriña de manera meticulosa los escritos con frecuencia oscuros de personas como Heidegger, Wittgenstein o Derrida, expresa esta inseguridad con más contundencia: «Siempre es un momento delicado para cualquier filósofo reconocer que lo que estás haciendo, lo que piensas que podría merecer la pena hacer, podría ser solo un cambio de viento o una forma de no hacer nada en absoluto, o de hacer algo muy mal».

De manera análoga, Daniel Dennett declara: «Los mejores filósofos están siempre caminando por una cuerda floja donde un paso en falso a cualquier lado es un disparate, un mal asunto. Por eso, las caricaturas son demasiado fáciles como para que valga la pena hacerlas. Podemos conseguir que cualquier filósofo —Aristóteles, Kant, el que sea— parezca un maldito y completo idiota con solo un mínimo retoque».

No todos los filósofos comparten esta inseguridad, ni siquiera la voluntad de cuestionar todas sus creencias. Timothy Williamson ocupa la prestigiosa Cátedra Wykeham de Lógica en Oxford, lo cual indica que es muy apreciado y que se inscribe en la corriente dominante. Cuando le pregunté si alguna vez le causaba ansiedad la idea de que su filosofar pudiera ser vacuo, me respondió con un raudo y enfático «no», añadiendo: «Es realmente neurótico en muchos casos preocuparse de si lo que alguien está diciendo es completamente vacío». Estaba de acuerdo en que «descender hasta las sandeces» es «un riesgo del oficio», pero decía que «resulta una absoluta exageración pensar que eso significa que la filosofía es, por su propia naturaleza, siempre vacua».

Lo que a mí me preocupa no es que «la filosofía [sea], por su propia naturaleza, siempre vacua», sino que la *clase* o el *ejemplo* de filosofía (o de pensamiento) que podamos estar cultivando sea vacío. Williamson no tenía esa preocupación con respecto al estilo dominante de la filosofía académica anglófona que él practica, pues cree que, pese a su tecnicismo, la filosofía guarda continuidad con otros varios ámbitos del pensamiento humano, como las ciencias naturales. Si eso es cierto, entonces si la filosofía es vacua, todo razonamiento humano también lo es.

A mí no me convence la confianza de Williamson. Me suena a complacencia poco filosófica. La duda que él y otros como él deberían albergar es si la filosofía guarda tanta continuidad como parece con la ciencia y la investigación racional en general. Es posible que la filosofía esté aplicando métodos de investigación que funcionan bien para ciertos problemas a otras cuestiones que no se adecúan a ellos en absoluto. No creo que esto sea (habitualmente) cierto, pero pienso que es importante poner a prueba si es verdadero, sin limitarse a suponer que lo es.

Otro filósofo que no dudaba de sí mismo tanto como habría sido deseable era Michael Dummett, un gigante de la filosofía del lenguaje, amén de un católico practicante, algo inusual entre sus colegas. Philippa Foot le preguntó en cierta ocasión: «¿Qué ocurre cuando tu argumento va en un sentido y tus creencias religiosas van en el otro?». Él respondió: «¿Cómo podría suceder tal cosa si sabes que algo es verdadero? Lo demás tendrá que encajar con ello». Tal como lo explica Foot: «[Los creyentes religiosos] piensan que saben eso y que es tan innegable como que yo estoy hablando ahora con alguien». Para Dummett, su fe religiosa era incuestionable. La duda filosófica se detenía en la puerta de la iglesia.

A muchos se les antoja grosero e irrespetuoso cuestionar las convicciones religiosas de una persona, pero yo no acierto a ver por qué la fe habría de ser inmune al profundo escrutinio que aplicamos a nuestras demás creencias. Muchos pensadores religiosos están de acuerdo. Ziauddin Sardar sostiene que el islamismo ha estado históricamente muy abierto a la idea de que deberíamos emplear nuestras facultades racionales incluso para cuestionar la religión. Esto choca con la opinión heredada de que el islam —que significa 'sumisión'— requiere una suspensión del pensamiento crítico. «El Corán pide constantemente al lector que piense. Las frases más comunes del Corán son: "¿No has pensado?", "¿No pensaste?", "Fíjate en las señales". Lo interesante a mi juicio es que el propio Corán, pese a ser claramente un texto religioso, no cesa de hacer preguntas».

Aunque, como dice Williamson, resulta neurótico estar cuestionándote *siempre* a ti mismo y lo que haces, hacerlo *con regula-*

ridad es sencillamente buena higiene filosófica. Cuando menos, ayuda a desinflar la autocomplacencia y la arrogancia. Los filósofos se enorgullecen de su habilidad para cuestionarlo todo. Si se excluyen a sí mismos de ello o dejan a salvo sus creencias más preciadas, son inconsecuentes, que es el término cortés para hipócritas.

Como muchas facetas importantes del pensamiento crítico, resulta fácil percibir la importancia del cuestionamiento, pero el hábito de hacerlo bien es difícil de inculcar, en particular dentro del creciente culto a la positividad que parece estar apoderándose de la sociedad occidental, al menos en el mundo anglófono. Se nos alienta a ser supercomprensivos, estar superemocionados y mostrarnos incansablemente positivos respecto de las ideas y los proyectos ajenos. Si alguien tiene una idea empresarial que nos parece espantosa, resulta descortés expresar cualquier duda y así «pisotear sus sueños». La posibilidad de que plantear dudas lo salve de perder grandes cantidades de dinero en una empresa mal concebida es demasiado negativa como para consentirla. En unos tiempos en los que cuestionar se confunde a menudo con socavar, el valor de examinar nuestras suposiciones ha de ser defendido más que nunca.

Cómo cuestionar

- Comprueba que estás haciendo las preguntas que han de hacerse, no solo las que todos hacen.
- Asegúrate de que la pregunta esté bien formulada. Algunas preguntas obligan a escoger entre un número limitado de respuestas, ninguna de las cuales llega al fondo del asunto.
- No cuestiones por cuestionar. Pregúntate cuál es el propósito del cuestionamiento.

- No interpretes la falta de respuestas certeras como una razón para abrazar el escepticismo. No exijas certeza cuando esta no es posible.
- Cuestiona tus motivos. ¿Estás cuestionando para entender mejor o con el fin de desmantelar algo o de defender tus creencias previas?
- No te centres demasiado en las malas respuestas a tus preguntas. A veces basta con una sola respuesta buena.
- Si algo parece obvio o se da por sentado, siempre merece la pena examinarlo con más detenimiento.
- Prepárate para preguntarte si no solo estás talando el árbol equivocado, sino también explorando el bosque equivocado. Permanece abierto a la posibilidad de que lo que estás haciendo esté fundamentalmente desencaminado.

CAPÍTULO 3

Cuida tus pasos

Cien sospechas no constituyen una prueba.

FIÓDOR DOSTOIEVSKI, *Crimen y castigo*

Durante la pandemia de la covid-19, cuando estaba prohibido reunirse con otras personas fuera de casa, la vivienda y la oficina del primer ministro británico, Boris Johnson, fue el escenario de varios eventos sociales en los que no faltó el vino, el queso e incluso la música. Johnson negó que se hubiese celebrado fiesta alguna, pero las investigaciones policiales subsiguientes acabaron en la imposición de 126 multas por infracciones de las normas, incluida una a Johnson. Esto demostraba que el primer ministro no había dicho la verdad cuando insistió en que «Desde luego, yo no he incumplido ninguna norma». Por tanto, como señalaría su predecesor en la Cámara de los Comunes: «O bien mi honorable amigo no había leído las normas, o bien ni él ni quienes lo rodeaban habían entendido lo que estas significaban, o bien no pensaban que las normas afectasen al número 10». O bien infringió las normas a sabiendas y, por tanto, mintió; o bien lo hizo sin saberlo, lo cual significaba que no entendía las leyes que él mismo había aprobado, lo que lo convierte en incompetente o negligente.

El hecho de que Johnson se las arreglase para conservar su puesto muestra que tener un argumento sólido no siempre basta para persuadir a la gente de que actúe conforme a sus conclusiones. No obstante, el argumento mismo sigue siendo un ejemplo del poder de preguntar qué se deduce de los hechos conocidos. Yo sostengo que «¿Qué se sigue?» es la pregunta clave del razonamiento lógico. Para comprobar si un argumento es bueno, basta con preguntar «*¿se sigue?*». ¿Se sigue del hecho de que todos los cerdos son mortales, y Percy es un cerdo, que Percy es mortal? (Sí). ¿Se sigue del hecho de que los alimentos contienen carcinógenos que, si quieres evitar el cáncer, deberías evitar comerlos? (No). ¿Se sigue del hecho de que Otto, en *Un pez llamado Wanda*, lee filosofía que Otto no puede ser estúpido? (No, porque, como dice Wanda, hay personas estúpidas que leen filosofía, «Solo que no la entienden»). ¿Se sigue del hecho de que jamás se ha registrado ningún milagro de manera fiable que deberíamos desconfiar de cualquier afirmación de que ha ocurrido uno? (En cierto modo).

Uno de los hábitos de razonamiento más importantes consiste en preguntar: «¿Se sigue esto?». Casi siempre podemos contestar correctamente esa pregunta, incluso aunque no sepamos nada de lógica, siempre y cuando prestemos mucha atención. Consideremos un ejemplo que acabo de utilizar, que tal vez te haya obligado a volver a leerlo. He dicho que del hecho de que un alimento contenga carcinógenos *no* se seguía que debamos evitar comerlo si queremos evitar el cáncer. ¿Por qué no se sigue? Sin duda, la lógica es la misma que al decir que, si queremos evitar ser envenenados, deberíamos evitar comer cosas que contengan veneno. Ahora bien, si lo pensamos más detenidamente, nos percataremos de que, en ambos ejemplos, pese a usarse el verbo *contener*, no existe indicación alguna de *cuánto* veneno o carcinógenos contiene el alimento. En los dos casos, la dosis lo es todo. Cualquier bebida caliente, trozo de carne procesada o base de *pizza* carbonizada contiene carcinógenos. Las almendras contienen cianuro.

Sin embargo, los niveles son tan bajos que, cuando se consumen en cantidades normales, no representan ningún riesgo para la salud humana. (Habría que advertir que hoy en día mucha gente come carne procesada en cantidades que nunca deberían haberse normalizado). Si evitásemos toda comida y bebida que contuviese el mínimo rastro de toxinas, moriríamos enseguida de inanición con toda certeza.

La pregunta «¿se sigue?» es bastante simple. Ahora bien, con el fin de entender con más profundidad cómo formularla y contestarla, hemos de distinguir entre varias formas en las que una cosa puede seguirse de otra. Por lo general, se considera que el patrón oro del razonamiento acerca de lo que se sigue es la *deducción*. En el lenguaje ordinario, empleamos el verbo *deducir* bastante a la ligera, pero en lógica posee un significado muy específico. En una deducción, si las premisas (los enunciados en los que estás basando tu razonamiento) son verdaderas, entonces la conclusión *debe* seguirse. Cuando una conclusión se sigue por necesidad, el argumento es *válido*.

Por regresar a un ejemplo anterior, si tus premisas son que los cerdos son mortales y que Percy es un cerdo, *debe* ser cierto que Percy es mortal. Lo poderoso de este argumento apenas revelador es que su validez radica en su estructura: sabemos que *cualquier* argumento con la misma estructura es válido. Dicha estructura es:

> Todo *x* es un *y*
> Esto es un *x*
> Por tanto, esto es un *y*

Así, por ejemplo, también es válido deducir: «Todo ciudadano tiene derechos de residencia, yo soy un ciudadano; por tanto, tengo derechos de residencia». Sin embargo, la validez no es de mucha utilidad si tus premisas son falsas. Si no todo ciudadano tiene derechos de residencia, tu deducción es inútil. Queremos que nuestros argumentos también sean *sólidos*, lo cual requiere tanto que las premisas sean de hecho verdaderas como que el argumento sea válido.

Eso es. Así es como funciona la deducción. Todo lo demás que quepa decir al respecto se limita a explicar lo que podríamos haber pasado por alto si no prestásemos suficiente atención. Eso podría ser mucho, porque la triste verdad es que la psicología experimental ha demostrado que la mayoría de los seres humanos tienen escasas aptitudes naturales para el razonamiento formal y abstracto. Esto no debería deprimirnos en exceso. Nuestro problema es que se nos da muy bien usar los razonamientos para resolver problemas del mundo real, en especial cuando pensamos con otros. Solo nos resulta arduo cuando se nos pide que nos olvidemos de ello y nos centremos en exclusiva en la estructura de los argumentos y razonemos con *x*, *y* o nombres abstractos. Si nos vemos forzados a dejar de lado todo el sentido común y las destrezas del pensamiento práctico que necesitamos para nuestra supervivencia, no es de extrañar que nos tambaleemos.

La mayoría de las personas, cuando se inician en la deducción, suelen tardar algún tiempo en comprender la diferencia entre argumentos *válidos* y *sólidos*. Yo ya he dicho todo cuanto hay que decir sobre esta diferencia, pero si la distinción es nueva para ti, puede que no hayas captado toda su relevancia. Así pues, he aquí una prueba. ¿Es válido este argumento?

> Todos los jugadores de *rugby* son neandertales.
> Emily Scarratt es una jugadora de *rugby*.
> Por tanto, Emily Scarratt es una neandertal.

La respuesta es sí, es válido. Recuerda que la validez se define así: si las premisas son verdaderas, entonces la conclusión se debe seguir por necesidad. La palabra clave aquí es *si*. *Si* fuera verdadero que todos los jugadores de *rugby* son neandertales y que Emily Scarratt es una jugadora de *rugby*, se seguiría por necesidad que Emily es, en efecto, una neandertal, con la misma seguridad con la que la mortalidad de Percy se seguiría del hecho de que todos los cerdos son mortales y él es un cerdo. Sin embargo, en este caso, las premisas no son verdaderas. Por tanto, aunque el argumento sigue siendo *válido*, no es *sólido*. Scarratt no necesita llamar a los abogados expertos en difamaciones. La distinción es lo suficientemente simple, pero nos exige derribar toda una vida de hábitos lingüísticos. La mayoría de las personas utilizan *válido* en un sentido mucho más laxo, queriendo decir simplemente *bueno*, *razonable* o *verdadero*, como cuando se afirma que «esa es una observación válida». Pero en lógica no hay *observaciones* válidas, solo *argumentos*.

Aun cuando captemos bien la diferencia entre la validez y la solidez, no siempre acertamos a detectar qué argumentos son de hecho válidos y/o sólidos. Consideremos el siguiente:

> Si un alimento es natural, es bueno para la mayoría de los seres humanos.
>
> Los arándanos son un alimento natural.
>
> Por tanto, los arándanos son buenos para la mayoría de los seres humanos.

Confío en que hayas visto que este argumento es válido, pero no sólido. Si las premisas fueran verdaderas, se seguiría la conclusión. Pero la primera premisa no es verdadera, como descubriría pronto cualquiera que confundiera la cicuta con el perejil silvestre. Si te has equivocado, es probablemente porque te ha engañado el hecho de que la conclusión es verdadera. Pero a veces un mal argumento genera una conclusión verdadera por casualidad. Eso no lo convierte en un buen argumento. Consideremos esto:

> Los nazis advertían que fumar era malo para la salud.
>
> Todos los gobiernos deberían hacer lo que hacían los nazis.
>
> Por tanto, los gobiernos deberían advertir que fumar es malo para la salud.

Aquí se ha alcanzado la conclusión correcta mediante un argumento válido, si bien este contiene una premisa que es escandalosa y horriblemente falsa. Cuando evaluamos los argumentos, no estamos evaluando una a una cada afirmación. Estamos examinando las *conexiones* entre las afirmaciones y si estas se sostienen o no. Consideremos este argumento:

> Si el cambio climático es real, el ritmo del calentamiento global durante los últimos cuarenta años rondaría los 0,18 °C por década.
>
> El ritmo del calentamiento global durante los últimos cuarenta años ronda los 0,18 °C por década.
>
> Por tanto, el cambio climático antropogénico es real.

Este argumento tiene de nuevo una conclusión verdadera y consta asimismo de premisas verdaderas. No obstante, es inválido, y, por consiguiente, también automáticamente poco sólido. Una vez más, el término clave es *si*. El problema estriba en que «si *x*, entonces *y*» no implica que «si *y*, entonces *x*». Por ejemplo: «Si llovió anoche, el suelo estará mojado» no implica que «Si el suelo está mojado, llovió anoche». El suelo podría estar mojado aunque no hubiese llovido. Podría haberse regado, lavado o inundado. Análogamente, aunque es cierto que, si el cambio climático antropogénico es real, la temperatura de la Tierra habría subido, también es posible que la temperatura hubiera subido por otras razones. Esa posibilidad es la que ha permitido al negacionismo climático seguir siendo plausible para muchos durante tanto tiempo. En principio, el calentamiento global podría ser el resultado de la actividad solar o de otros ciclos naturales. Solo que las evidencias dicen que no es así.

Este error lógico se conoce como *afirmación del consecuente*. Si partimos de la premisa «Si *x*, entonces *y*» y luego afirmamos la verdad del consecuente, *y*, es inválido concluir que *x* también es verdadero. Una ilustración evidente de por qué esto es inválido es: «Si este coche es un Lotus, es muy caro; es muy caro; por tanto, es un Lotus».

Comparemos esto con la *afirmación del antecedente*, que es una forma válida de argumento. Si partimos de la premisa «Si *x*, entonces *y*» y luego afirmamos la verdad del antecedente, *x*, es válido concluir que *y* también es verdadero. «Si este coche es un Lotus, es muy caro; es un Lotus; por tanto, es muy caro». Esto comparte la misma forma que el argumento del cerdo Percy.

Bastante sencillo, cabría pensar. ¿Entonces es válido el siguiente argumento?:

> Si hoy es 1 de mayo, entonces es el Día Internacional del Trabajo.
> Hoy es el Día Internacional del Trabajo.
> Por tanto, es 1 de mayo.

Seguramente esto les parecerá válido a todos los que no sean lógicos entrenados para detectar que se trata en realidad de un claro ejemplo de la falacia de afirmación del consecuente. ¿Qué está pasando entonces?

Una vez más, los términos empleados en lógica poseen un significado preciso que difiere de su uso normal. En el lenguaje ordinario, el condicional *si* unas veces significa «si», pero, otras, «si y solo si». Por ejemplo, cuando un padre o una madre dice: «Si ordenas tu habitación, podrás jugar a tu videojuego», no pretende sugerir que puede haber otras condiciones bajo las cuales se permitirá jugar a un videojuego. Quiere decir «Si *y solo si* ordenas tu habitación, podrás jugar a tu videojuego». En contexto, esta implicación es obvia y ningún progenitor la haría explícita. Por otra parte, cuando digo: «Si gano la lotería, iré de vacaciones a Venecia», no pretendo sugerir que jamás voy a ir a Venecia a menos que gane la lotería. En contexto, está claro que este *si* es un mero 'si', no 'si y solo si'.

En lógica, *si y solo si* se designa como bicondicional y se suele escribir *sii*. En el ejemplo del Día del Trabajo, en el lenguaje ordinario, se supone naturalmente que *si*, en su contexto, significa 'sii'. Leído de ese modo, el argumento es válido y sólido. «Sii *x*, entonces *y*» implica, en efecto, «Sii *y*, entonces *x*». Por tanto, cuando las personas se equivocan de forma rutinaria en los rompecabezas lógicos que utilizan *si*, no están siendo necesariamente estúpidas. A menudo lo hacen porque asumen que *si* es en realidad un 'sii', o viceversa, cuando, en filosofía, 'si' es siempre únicamente *si* y 'si y solo si' es siempre *sii*. Esto ilustra cómo, cada vez que estemos intentando evaluar un argumento basado en un condicional, hemos de preguntarnos si está empleando un *si* o un *sii*.

La esencia de cómo efectuar deducciones válidas puede resumirse en un par de páginas, como yo he hecho. Ahora bien, no te alegres demasiado por ello. Lo extraño de los argumentos deductivos es que, considerando que son el patrón oro de la filosofía y del razonamiento en general, con frecuencia no son de mucha utilidad. Su fortaleza se convierte en su debilidad. Para que una deducción sea válida, la conclusión debe seguirse estrictamente de las premisas. Ahora bien, eso significa que todo cuando pueda hallarse en la conclusión *está ya en las premisas*. La conclusión se limita a explicarlo. Si sabemos que todos los cerdos son mortales y que Percy es un cerdo, deberíamos saber ya que Percy es mortal. Por tanto, en cierto sentido, todos los argumentos deductivos presuponen aquello que demuestran.

Este es el motivo por el que los argumentos deductivos resultan inútiles a la hora de resolver una discusión cuando lo que se asume es precisamente lo que está en disputa. A título de ejemplo, un popular argumento en contra del matrimonio homosexual es que, dado que el matrimonio es una unión entre un hombre y una mujer, y las parejas homosexuales no son un hombre y una mujer, no puede haber por tanto matrimonios homosexuales. El argumento es válido, pero el objetivo de hacer campaña para extender el matrimonio a las parejas homosexuales es la creencia de que la institución no debería continuar estando reservada para los heterosexuales. Enunciar en tu premisa que el matrimonio *debe* significar la unión entre un hombre y una mujer es tanto como asumir lo que se supone que estás defendiendo. Una afirmación no es un argumento, al igual que una negación no es una refutación. Así pues, el argumento no se puede considerar sólido, porque una de sus premisas es controvertida.

Para que un argumento sea válido y sólido, su conclusión ha de estar contenida ya en sus premisas, que a su vez deben estar fuera de toda duda razonable. En otras palabras, no se puede generar mediante él ninguna verdad sustancialmente novedosa. ¿Por qué utilizar entonces la deducción? Una de las razones es que no siempre resulta evidente que la conclusión esté contenida ya en las premisas, por lo que la demostración de que lo está puede ser esclarecedora. Por ejemplo, hay un sentido en el que la respuesta a la operación 6.324 ÷ 37,2 ya está contenida en su seno, pero, hasta que la hayas calculado, no tendremos ni idea de cuál es. Toda la información puede estar en las premisas de un argumento, pero el hallazgo de la conclusión puede seguir siendo informativo.

A veces no hemos examinado con detenimiento las consecuencias lógicas de nuestras creencias. Cuando menos, el hecho de explicarlas con detalle nos obliga a ser precisos. Si creemos que siempre está mal matar a un ser vivo para nuestros propios fines y que, por tanto, comer carne es malo, podría ayudarnos que alguien nos señalase que, por la misma lógica, no deberíamos matar moscas, plantas ni siquiera bacterias. Esto sugiere que el principio expresado en la primera premisa no es lo suficientemente preciso y que debería refinarse a algo así como «Siempre es malo matar a otro animal para nuestros propios fines, salvo que sea necesario hacerlo para sobrevivir». Eso soluciona el problema de las bacterias y las plantas. Sin embargo, deja todavía en el aire a las moscas, los insectos y toda clase de plagas. Tal vez el principio requiera un refinamiento adicional. Entender lo que se sigue exactamente de nuestras creencias puede ser una manera útil de comprobar si estas son correctas después de todo.

Por ejemplo, Mary Warnock sostenía que si alguien tiene un derecho, entonces se sigue con frecuencia que otro tiene el correspondiente deber. Warnock ha tenido que pensar largo y tendido en tales asuntos como presidenta de dos investigaciones gubernamentales en el Reino Unido en las que los derechos ocupaban un lugar preponderante: una sobre educación especial y otra sobre fecundación y embriología humanas. Ofreció un ejemplo no controvertido del vínculo entre derechos y deberes: «Si tienes un derecho de paso sobre mi propiedad, entonces mi deber es garantizar que tengas paso libre». Warnock aplicó acto seguido la misma lógica a la afirmación de que las personas tienen derecho a un hijo. Dado que no es posible imponer a alguien el deber de asegurar que esto suceda, no estaba «segura de que tenga sentido hablar del derecho a tener un hijo». El único derecho que un potencial progenitor posee de forma incontrovertible es que no se le impida tener un hijo. Ello conlleva implicaciones para la prestación pública de tratamientos de fertilidad, porque si tener un hijo fuese un derecho, el gobierno tendría el deber de hacerlo posible.

Es preciso recordar asimismo que las deducciones pueden implicar varios pasos, y que los ejemplos de dos premisas más la conclusión utilizados para explicar cómo funciona la deducción son los más simples. Cuantos más pasos haya, más fácil será meter la pata, y por eso ser muy sensibles a lo que se sigue de forma necesaria supone una destreza clave del pensamiento.

Una de las señales más claras de que no hemos sido capaces de identificar lo que se sigue es que nos contradigamos a nosotros mismos. Si encuentras, por ejemplo, que tu teoría de la conspiración requiere postular que el gobierno es incompetente *y, al mismo tiempo*, que es capaz del encubrimiento más extraordinario de la historia, algo ha fallado, porque ambas cosas no pueden ser ciertas a la vez. En otras ocasiones, puede que no exista una contradicción flagrante, pero puede haber tensiones profundas. Supongamos que mantienes que a las grandes corporaciones no les importa el medioambiente porque solo les interesa el lucro, y que el negocio ecológico es un buen negocio porque es mucho más eficiente. Si esto último fuese cierto, ¿por qué la codicia no vuelve ecológicas a las empresas? Tendrías que concluir que los empresarios no son solo codiciosos, sino también muy torpes a la hora de hacer la única cosa en la que se supone que destacan: enriquecerse.

Los filósofos son especialistas en detectar y eliminar inconsistencias. El difunto Jeff Mason, un filósofo amigo mío, lo definía como una «incapacidad de dejar estar las contradicciones». Nicholas Rescher, que ha escrito con profusión acerca de la naturaleza de la filosofía, ha argüido que en esto consiste en buena medida la filosofía. Los problemas filosóficos surgen cuando descubrimos una aporía, «un conjunto de afirmaciones que son individualmente plausibles, pero colectivamente inconsistentes». Por ejemplo, muchos filósofos han sostenido que, aunque parecemos tener conocimiento, también parecemos carecer de las justificaciones que nos permitirían afirmar nuestras creencias como verdadero conocimiento. Otros han señalado que parecemos tener libre albedrío, pero si el mundo está gobernado por la causalidad física, eso parecería tornar imposible el libre albedrío. Estas dos aporías están compuestas por dos afirmaciones; ambas parecen plausibles, pero no pueden ser las dos ciertas, y no resulta fácil renunciar a ninguna de ellas. La tarea del filósofo consiste en hallar una salida a este atolladero, eliminar la contradicción reconciliando ambas creencias incompatibles o mostrando cómo podemos renunciar a una de ellas después de todo. Al final del proceso, se han desvanecido las contradicciones y recuperamos la coherencia.

A los filósofos no solo se les da bien eliminar inconsistencias, también son diestros en la detección de algunas que otros han pasado por alto. Onora O'Neill nos brinda un buen ejemplo de ello. O'Neill ha hecho importantes contribuciones a la vida pública, sobre todo como presidenta de la Comisión de Igualdad y Derechos Humanos. Al escribir sobre el tema de la confianza en la vida pública, descubrió que los datos de las encuestas revelaban sistemáticamente que las personas declaraban bajos niveles de confianza. Pero O'Neill se percató de una incoherencia en esta narrativa, ilustrada por una persona del público en una de sus Conferencias Reith, quien decía que no confiaba en los cirujanos porque su operación se había pospuesto. Como señalaba O'Neill: «Si de veras no se fiaba de los cirujanos, habría estado encantada de que se pospusiera la operación».

O'Neill había identificado una incoherencia entre lo que decimos y lo que hacemos. La gente dice que no confía en los demás, pero actúa de maneras que requieren confianza todo el tiempo. Toman los medicamentos que prescriben los médicos, permiten a los asesores financieros invertir su dinero, pagan a los electricistas para que manipulen cables potencialmente peligrosos. Las personas pueden declarar que no se creen las noticias, pero si fuesen sinceras, ni siquiera las leerían.

El ejemplo de la confianza de O'Neill es bueno porque ilustra cómo la mayoría de las contradicciones no son flagrantes. La gente rara vez afirma una cosa de forma explícita y luego hace lo contrario. En la mayoría de los casos, las contradicciones solo afloran si examinamos más de cerca lo que los individuos dicen y hacen. La pregunta «¿Qué se sigue?» es clave a este respecto. ¿Qué se seguiría si de veras no confiases en la gente? y ¿encaja la realidad con esta expectativa?

Algunas veces, la necesidad de ver lo que se sigue exige dar una serie de pasos: *a* se sigue de *b*, *c* se sigue de *b*, *d* se sigue de *c*, y así sucesivamente. El filósofo Tony McWalter hizo uso de esas destrezas cuando llegó a ser miembro del Parlamento británico. Le preocupaba lo que se seguiría de permitir la detención sin juicio hasta noventa días, tal como se propuso en los días más febriles de la «guerra contra el terror». «La increíble prisa de siempre con todos estos asuntos es completamente antifilosófica —decía—. Una de las cosas que esperas que haga un filósofo es no solo ver las consecuencias de una propuesta, sino también las consecuencias de las consecuencias; e incluso las consecuencias de las consecuencias de las consecuencias. Creo que por eso hacemos filosofía, porque la política tiene repercusiones no evidentes». Consciente de lo que estas podían ser, se opuso a la detención sin juicio.

No obstante, has de asegurarte de comprobar que lo que *piensas* que se sigue se sigue *de veras*. Cuanto más larga la cadena de razonamiento, mayores las probabilidades de cometer un error que se amplifique conforme avances, como en el juego del teléfono. En la discusión en la que McWalter hizo su comentario, su colega Jonathan Rée advirtió acerca de los peligros de confiar demasiado en que podemos calcular las implicaciones efectivas de una posición: «Hablar de las consecuencias de las consecuencias de las consecuencias puede hacer que te sientas muy satisfecho contigo mismo —señalaba Rée—, pero recordemos que los filósofos hablaban de las consecuencias de las consecuencias de las consecuencias y se descubrieron respaldando con firmeza a la Unión Soviética, China y la Alemania nazi».

Incluso pensar en lo que se sigue directamente de una afirmación puede ser una ardua tarea. Consideremos las acusaciones de ecohipocresía. Muchos asumen que si alguien cree que la incapacidad de abordar el cambio climático es un fracaso moral, será hipócrita si toma vuelos de larga distancia. Ahora bien, es posible que crea que el cambio climático no se puede solucionar mediante decisiones individuales y que solo puede detenerse con acciones intergubernamentales, por lo que la renuncia a volar no sería más que un gesto vacío sin impacto alguno. Podemos discrepar, pero no existe ninguna inconsistencia evidente entre sus acciones que contribuyen al calentamiento global y sus aspiraciones al enfriamiento climático. Si, por otra parte, critica a otros por usar vasos de café desechables y bolsas de la compra de plástico, estará siendo incoherente cuando vuele.

Aunque la coherencia es una de las aspiraciones fundamentales del buen pensar, y una prueba de si este está presente, no puede lograrse a cualquier precio. Según las memorables palabras de Ralph Waldo Emerson: «Una consistencia necia es el duende de las mentes pequeñas, adorado por pequeños estadistas, filósofos y teólogos». Una «consistencia necia» es aquella en la que se logra la consistencia solo al abrazar la absurdidad, o al menos la inverosimilitud.

Por mojarme en este asunto, creo que un ejemplo de ello es el intento de resolver la antigua paradoja sorites o del montón. Este rompecabezas se refiere a la aparente imposibilidad de determinar cuándo son aplicables ciertos conceptos y cuándo no. Pensemos en «alto». Con una estatura de 201 cm, el escritor, director y actor Stephen Merchant es ciertamente alto. ¿Dejaría de ser alto si encogiera ligeramente hasta 200,99 cm? Por supuesto que no. Imaginemos ahora que repetimos una y otra vez esta pregunta mientras restamos cada vez una décima de milímetro. Una cantidad tan minúscula no podría marcar jamás una diferencia entre que una persona sea alta o no lo sea. Y, sin embargo, por supuesto, si continuáramos este proceso lo suficiente, acabaríamos con la estatura del colaborador de Merchant, Ricky Gervais, quien, con sus 173 cm, desde luego no es alto. Sigamos disminuyendo y llegaremos a los 107 cm, la altura de la estrella de uno de los espectáculos cómicos de Gervais, *Life's Too Short*, Warwick Davis.

La aporía aquí es que parece que ha de existir una diferencia entre alto, medio y bajo, pero cuando intentamos descubrir dónde radica dicha diferencia, no podemos. A mi juicio, la resolución más plausible de este asunto consiste simplemente en aceptar que palabras tales como *alto* y *bajo* son intrínsecamente imprecisas. Algunas personas son claramente altas, otras es evidente que no lo son, y entre las del medio podemos tener dudas. La paradoja surge porque se nos pide que tratemos el concepto como si tuviera precisión matemática. Ahora bien, ¿por qué habría de poseer semejante carácter el lenguaje, que evolucionó de forma natural?

Para algunos filósofos, la perspectiva de aceptar que los conceptos son inherentemente vagos se antoja aterradora. Piensan que si no podemos usar el lenguaje con precisión, el rigor en la filosofía resulta imposible. Así pues, para salvaguardar la precisión, sostienen que la aparente vaguedad de tales términos se debe a nuestras limitaciones, no a las de los conceptos mismos. En realidad, *existe* una nítida línea divisoria entre las personas altas y no altas, y no deberíamos confundir nuestra incapacidad de especificar dónde está esa línea con su inexistencia. La vaguedad está en nuestra cabeza, no en el mundo.

Esto me parece un absoluto disparate, el epítome de una consistencia necia. Sin embargo, filósofos serios mucho más inteligentes que yo lo han defendido. El más prominente es Timothy Williamson, quien me dijo: «Hemos de preguntarnos por qué [algunos] piensan que una hipótesis que suena extraña no puede ser verdadera. Muchas hipótesis que sonaban raras en la ciencia han resultado ser ciertas». Esto solo viene a demostrar una vez más cómo la filosofía es con frecuencia, una vez expuestos todos los argumentos, una cuestión de juicio y también de temperamento. La tolerancia de las personas a la vaguedad y la imprecisión varía, y no solo porque unas sean más racionales que otras. Por mi parte, aunque «Sigue el argumento dondequiera que te lleve» parezca un noble principio, yo no voy a seguir ningún argumento que me conduzca al borde de un precipicio.

Ciertas formas de razonamiento nos invitan a asomarnos a semejantes precipicios, pero por razones constructivas. Por ejemplo, se dice con frecuencia que *no se puede poner precio a una vida.* Si eso significa que el valor de la vida no es monetario, confío en que todos estemos de acuerdo. Ahora bien, para algunos significa que no deberían escatimarse gastos para salvar vidas. El principio se convierte entonces en: *si tenemos los recursos para salvar una vida, deberíamos salvarla, cualquiera que sea el coste.* ¿Es ese un buen principio?

Imaginemos que se pueda salvar una vida, pero solo desviando en su integridad el presupuesto cultural y educativo de un país. Si creyéramos que *si tenemos los recursos para salvar una vida, deberíamos salvarla, cualquiera que sea el coste*, la conclusión lógica sería que *deberíamos salvar la vida desviando en su integridad nuestro presupuesto cultural y educativo.* La mayoría de la gente pensaría que esta conclusión es absurda, por lo que debe de haber algo incorrecto en el principio que la ha generado.

Esta es una ilustración vívida del valor de seguir un argumento hasta su conclusión lógica. Cuando lo hagamos, descubriremos a veces que hay algún error muy grave en el punto de partida. Así es como funciona el argumento de *reductio ad absurdum* o reducción al absurdo. Si podemos demostrar que una determinada creencia conduce lógicamente a otra claramente absurda, ha de haber algo incorrecto en la creencia original.

La *reductio* procede conforme al principio básico de la deducción: en un argumento deductivo válido, si las premisas son verdaderas, la conclusión también debe serlo. Por tanto, si la conclusión es manifiestamente falsa o absurda, pero el argumento es válido, ha de haber algún error en las premisas. Esto nos deja con tres opciones: rechazar la premisa, refinar la premisa, o tragarse el sapo y aceptar la conclusión aparentemente absurda.

Antes de rechazar por completo la premisa, merece la pena intentar refinarla. Después de todo, si parecía creíble de entrada, probablemente contenía un germen de verdad. En este caso, tal vez el problema resida en que si desviáramos la totalidad del presupuesto para cultura y educación a fin de salvar una sola vida, se producirían a la larga más muertes, ya que una nación saludable necesita ser educada y estimulada. Nuestro error consistía en plantear el principio acerca de los recursos para salvar *una* vida, no *la vida en general*. Quizá deberíamos haber dicho simplemente: *los recursos deberían emplearse por encima de todo para salvar vidas*.

Eso evita el absurdo de invertir todo lo que tenemos en salvar una vida, pero seguiría implicando gastar casi todo el dinero público en salud y defensa. No importaría que nuestras vidas se empobreciesen, siempre y cuando aumentase nuestra longevidad media. Por ejemplo, podríamos educar solo a aquellos a quienes necesitemos para salvar vidas y hacer que la mayoría de los niños dejen la escuela a los once años para ayudar a ganar el dinero para pagar todo eso.

Podemos seguir intentando definir mejor lo que significa «ningún precio a la vida humana», pero, al fin y a la postre, creo que la mayoría de la gente aceptaría que, en este caso, el argumento de la *reductio* nos lleva a rechazar la idea de que salvar vidas debería ser la única prioridad del gasto público. Cualquier gobierno o proveedor de servicios médicos tiene que fijar un límite a cuánto se puede gastar intentando mantener viva a la gente. Esto puede sonar desagradable, pero es la cruda realidad.

No obstante, es importante advertir que un argumento de *reductio* no suele obligar a nadie a renunciar a sus premisas. Existe siempre la alternativa de tragarse el sapo y aceptar la conclusión, por absurda que pueda parecer. En el caso del «precio de una vida», cabría argüir que, aunque parezca absurdo decir que no deberíamos gastar dinero en nada que no salve vidas, lo único que esto demuestra es que no estamos dispuestos a hacer los sacrificios morales que deberíamos estar haciendo. En un mundo ideal, se necesitaría la actividad económica capaz de generar el dinero preciso para la sanidad, pero cosas como la educación o el arte por sí mismos se rechazarían como lujos.

Algo muy próximo a esto es, de hecho, la posición del filósofo moral Peter Singer. Este pregunta: si estás pasando por delante de un estanque donde se está ahogando un niño, y puedes meterte dentro de él y salvarlo, ¿deberías hacerlo? Por supuesto que sí. ¿Incluso si eso te hiciese llegar tarde a una reunión y te estropeara tu traje nuevo? Desde luego. Los sacrificios que necesitas hacer son triviales comparados con la pérdida de la vida del niño. Así pues, parece que estamos de acuerdo con el principio de que «Si está en nuestras manos evitar que ocurra algo muy malo, sin sacrificar por ello nada moralmente relevante, desde un punto de vista moral deberíamos hacerlo».

Singer te ha pillado. Supongamos que estoy a punto de salir a tomarme un fantástico café y un cruasán, que me costarán más de seis euros. Si renunciase a esa indulgente costumbre y enviara en cambio el dinero a la organización benéfica adecuada, podría devolverle a alguien la vista, impedir que contrajese la malaria, tal vez incluso salvarle la vida. Comparado con eso, el placer de mi tentempié es trivial. Por consiguiente, de acuerdo con el principio que bien puedo haber suscrito, existe un imperativo moral para poner punto final a todos mis pequeños lujos —y a los tuyos—. De hecho, dice Singer: «Deberíamos dar todo lo posible, esto es, al menos hasta el punto en el que, al dar más, empezaríamos a causarnos un grave sufrimiento a nosotros mismos y a las personas a nuestro cargo». No solo hemos de renunciar a los cruasanes. De ahora en adelante, solo ropa barata, nada de lujosos bienes de consumo como las televisiones y nada de vacaciones ni comidas fuera.

Para muchos, esto es una *reductio ad absurdum*. Cualquier principio moral que nos requiera tantas renuncias es sin duda demasiado exigente. Sin embargo, Singer se traga el sapo. Su moralidad *es* extremadamente exigente, pero eso no la invalida. «La mayoría de la gente puede donar el 50 por ciento de sus ingresos», me dijo, aun cuando «sea predecible que la mayor parte no lo hará». Lejos de retirarse, dobla la apuesta: «Para nosotros, que estamos aquí sentados cómodamente disfrutando de nuestras vidas, seguras en lo que atañe a la satisfacción de nuestras necesidades básicas, decir "¿No crees que lo que en realidad enriquece la vida es poder ir a la ópera y contemplar las grandes obras maestras en la Galería Nacional?", mientras que otras personas se acuestan hambrientas o no pueden permitirse tratar a su hijo que tiene diarrea, o han de caminar dos horas diarias para conseguir agua potable, o simplemente para obtener un agua que ni siquiera es segura..., no, yo creo que eso es realmente autoindulgente».

Ese es el problema de los argumentos basados en la *reductio ad absurdum*: la absurdidad de una persona es la verdad incómoda o contraintuitiva de otra. Tampoco hay nada tan absurdo que no lo haya creído alguna persona inteligente.

Hay otra clase de argumento basado en seguir hasta el final las implicaciones de una posición, pero en la dirección opuesta: seguir hacia atrás. En un *argumento trascendental*, partes de algo que es evidentemente verdadero y preguntas qué más *debe* ser cierto para que eso suceda. John Searle trató de utilizar un argumento trascendental para establecer el «realismo externo»: la creencia en la existencia real de un mundo exterior. Searle toma como hecho de partida que existe el discurso normal y que este funciona. Las personas acuerdan reunirse en ciertos lugares en determinados momentos, y he aquí que generalmente tienen éxito. Searle sostiene que «no podríamos tener nuestra comprensión normal de eso a menos que asumamos que existe un lugar, en el espacio y en el tiempo, que es independiente de nosotros y que podemos reunirnos en ese lugar particular. Eso es el realismo externo».

Esto podría antojársenos un tanto simplista, pero recordemos que es solo un resumen. Observemos también que no es lo mismo que el *realismo ingenuo*: la creencia de que el mundo exterior es más o menos como se nos aparece. En realidad se trata de un argumento en pro del *realismo estructural*: la creencia de que el mundo exterior puede parecer muy diferente de como es en esencia, pero que ha de poseer ciertas estructuras con las que se corresponde sistemáticamente su apariencia. El tiempo y el espacio son dos de tales rasgos estructurales. Si nuestra experiencia del tiempo y el espacio no guardase una relación estrecha y sistemática con cualquiera que sea la estructura subyacente del mundo, ni siquiera podríamos tener citas ni llegar a las reuniones.

Los argumentos trascendentales suenan un tanto pretenciosos, pero el principio básico puede usarse para asuntos más mundanos. La pregunta básica que nos hacemos es: «Si esto es verdadero, ¿qué más *debe* ser verdadero?», o, en una versión más débil: «Si *esto* es verdadero, ¿qué más es *muy probable que sea* verdadero?». He aquí un ejemplo trivial pero útil. Si no encuentras tus llaves en el lugar donde esperarías encontrarlas, deben de estar en algún sitio donde *no* esperas encontrarlas. Y si las has usado para entrar, ese sitio debe de estar en tu casa. Esto podría sonar evidente, pero estoy seguro de que no soy el único que ha preguntado: «¿Has mirado *ahí*?», para recibir como respuesta que no existe ninguna razón para pensar que estén *ahí*. Ahora bien, el quid de la cuestión de la pérdida de tus llaves estriba en que ese lugar en el que están es un sitio donde no tienes ningún motivo para esperar encontrarlas.

En lo que podríamos describir como tales «argumentos trascendentales prácticos», debemos evitar la trampa de suponer que algo *debe* ser verdadero cuando existe más de una posibilidad. Si descubres que tu pareja ha estado llamando mucho a un número desconocido recientemente, eso no significa que *deba* estar teniendo una aventura. Tal vez te esté organizando una sorpresa, o quizá tenga un secreto, pero no ese. Es un fracaso de la imaginación asumir que «no se me ocurre ninguna otra explicación» significa «no existe ninguna otra explicación».

Tanto las *reductio* como los argumentos trascendentales rastrean las conexiones necesarias entre ciertos hechos. A veces, sin embargo, la transición de una afirmación aparentemente verdadera a otra no solo se produce mediante pasos discretos, sino mediante un deslizamiento gradual. En un argumento de «pendiente resbaladiza», una conclusión indeseada puede seguirse lógicamente de una premisa, pero es más frecuente que la conclusión sea inevitable por otras razones, generalmente psicológicas.

Consideremos un argumento popular en contra de la legalización del suicidio asistido para los enfermos terminales. Mucha gente que se opone al suicidio asistido arguye que el problema no estriba en que se deba negar el «derecho a morir» a las personas a quienes la ley intenta ayudar, sino en que, si se concede ese derecho, no se detendrá ahí. Los ancianos, los discapacitados y quienes deseen seguir viviendo todo lo posible se verán cada vez más como una carga y se sentirán bajo la presión de poner fin pronto a sus vidas. Como decía Jamie Hale, poeta y activista discapacitado: «No acierto a concebir ninguna salvaguardia capaz de impedir que las personas se vean presionadas para acabar con sus vidas, por medios interpersonales, financieros o sociales».[1] Las investigaciones de la organización benéfica Scope para la igualdad de las personas con discapacidad reveló que «la mayoría de las personas con discapacidad creen que la prohibición actual del suicidio asistido protege a las personas de la presión para poner fin a sus vidas» y que dos tercios declaraban que les preocuparía un cambio en la ley.[2]

Como decía Mary Warnock, con frecuencia, «cuando alguien emplea un argumento de pendiente resbaladiza, habla como si existiese una inevitabilidad lógica entre un paso y el deslizamiento posterior por la pendiente hasta el siguiente resultado terrible». Sin embargo, no suele haber nada inevitable en términos lógicos. Como dice Warnock, estos argumentos giran en torno a la naturaleza humana. «Los argumentos de pendiente resbaladiza equivalen en realidad a decir: "Si permites que empiecen, siendo como es la naturaleza humana, llegarán hasta el final"».

Por tanto, al evaluar un argumento de pendiente resbaladiza, hemos de preguntarnos cuáles son en realidad los riesgos de las consecuencias indeseadas y si puede implementarse alguna estrategia para hacer menos deslizante la pendiente. En el caso del suicidio asistido, los defensores aducen que las leyes pueden regularse de suerte que los abusos resulten casi imposibles. Los oponentes arguyen que no se puede legislar en contra de los cambios en las actitudes públicas que se seguirán y que, en cualquier caso, los riesgos son tan elevados que ¿por qué correrlos? (Como sucede con todos los argumentos basados en el riesgo, también debemos considerar los riesgos de *no* cambiar la ley, que incluyen que muchas personas tendrán que sufrir más tiempo y muertes más angustiosas de lo que habrían deseado).

Las pendientes resbaladizas se presentan con frecuencia como si el deslizamiento por ellas fuese inevitable. Sin embargo, en la mayoría de los casos existen maneras de proporcionarnos un mejor agarre.

La importancia de la alfabetización estadística se ha vuelto cada vez más evidente en los últimos años, conforme los ciudadanos se afanaban en descifrar el significado de los números R, las tasas de mortalidad, el crecimiento exponencial, la eficacia de las vacunas, y suma y sigue. Esta es un área del pensamiento crítico en la que los filósofos no son expertos. No obstante, los hábitos de pensamiento filosófico pueden ayudarnos a lograr una mejor comprensión de los números, aun cuando carezcamos de una formación estadística específica. El filósofo está acostumbrado a preguntar respecto de cualquier supuesto hecho: ¿qué significa?, ¿de dónde viene?, ¿qué se sigue de él? Hagamos estas preguntas respecto de las cifras y enseguida empezarán a tener más sentido.

Los hechos no hablan por sí mismos, y los números son especialmente poco elocuentes y rara vez revelan un significado evidente. Por ejemplo, en marzo de 2021 se publicaron muchos titulares cuando el Programa de las Naciones Unidas para el Medio Ambiente (PNUMA) publicó su Informe sobre el índice de desperdicio de alimentos, con la llamativa estadística de que «en 2019 se generaron unos 931 millones de toneladas de desperdicios de alimentos».[3] Parece mucho, pero ¿es una cifra grande?[4] Hemos de examinar con detalle el informe para descubrir que esto representa el 17 por ciento de los alimentos disponibles. Habida cuenta de que un cierto desperdicio resulta inevitable, puede que el número no sea tan espantoso como nos temíamos. Si hacemos los cálculos correspondientes, resulta que todo este desperdicio de alimentos equivale a 109 kg por persona, en torno a dos kilos por semana.

Sin embargo, esta no es toda la historia. Los filósofos tienen una reacción casi instintiva a cualquier afirmación: pedir una definición de los términos usados. ¿A qué se refiere exactamente el «desperdicio de alimentos» en este informe? La respuesta podría sorprenderte: «Para los propósitos del índice de desperdicio de alimentos, el "desperdicio de alimentos" se define como los alimentos y las partes incomestibles asociadas que se retiran de la cadena de suministro de alimentos humanos». Así pues, las cáscaras, las conchas, los huesos y espinas y demás cuentan como desperdicio de alimentos, aun cuando ninguno de ellos sea comestible.

Esta u otras definiciones muy similares del desperdicio de alimentos tienen un uso extendido. La Unión Europea define el desperdicio como «cualesquiera alimentos, y partes incomestibles de los alimentos, retirados de la cadena de suministro de alimentos para ser recuperados o desechados».[5] El Gobierno británico obtiene la mayor parte de sus datos sobre desperdicio de alimentos del Programa de Acción de Residuos y Recursos (WRAP, por sus siglas en inglés), una organización benéfica que contribuyó a crear. Sus mediciones incluyen residuos inevitables «que surgen de la preparación de comidas y bebidas que no son, ni han sido, comestibles en circunstancias normales».[6]

A la mayoría de nosotros nos interesan más las estadísticas que se ocupan de manera específica del desperdicio evitable de alimentos. Si vamos en su busca, nos encontraremos con que ahora el WRAP se esfuerza más para ofrecer estadísticas que excluyen las partes no comestibles junto con las que las incluyen, si bien no siempre resulta inmediatamente obvio a qué clase se refieren, sobre todo en las lecturas de segunda mano en los medios de comunicación. La cifra global de su informe de 2021 era que, en el Reino Unido, había un total anual de 9,5 millones de toneladas de desperdicio de alimentos, de los cuales 6,4 millones eran alimentos comestibles. Eso supone la asombrosa cantidad de 96 toneladas por persona.[7] El Servicio de Investigaciones Económicas (ERS, por sus siglas en inglés) del Departamento de Agricultura de Estados Unidos registra asimismo una cifra de *pérdida* de alimentos, que es «la cantidad comestible de alimentos, poscosecha, que se hallan disponibles para el consumo humano, pero no se consumen por cualquier motivo». Según esta definición, la pérdida de alimentos en Estados Unidos asciende al 30-40 por ciento del suministro alimentario, que, con 60.300 millones de kilos, arroja un pasmoso promedio de 400 toneladas por persona.[8]

Una vez que tenemos una idea mejor de lo que significan estas cifras, hemos de preguntarnos ahora de dónde proceden los datos. La respuesta es: de diversas fuentes, unas más fiables que otras. Este es uno de los grandes mensajes finales del informe del PNUMA antes mencionado, que concluía: «La disponibilidad global de los datos del desperdicio alimentario es baja en la actualidad, y los métodos de medición han sido sumamente variables». Se considera que solo diecisiete países disponen de datos de alta calidad, y a otros cuarenta y dos se les asigna una confianza media. En la práctica, esto significa casi con seguridad que el desperdicio de alimentos es mayor de lo que se estima en la actualidad.

Nuestra pregunta final es: ¿qué se sigue de estos datos? La respuesta breve es nada, salvo que dispongamos de más información. Podemos suponer que el desperdicio cero no es alcanzable en la práctica. Requeriría un perfecto alineamiento de la oferta y la demanda, ningún fallo en el transporte ni en el almacenamiento, un control preciso de las porciones y ningún percance culinario. Por lo tanto, debe haber una proporción óptima de desperdicio alimentario significativamente por encima de cero. ¿Cuál es? No la conocemos. No obstante, sabemos, por los numerosos informes sobre desperdicio alimentario evitable, que es muy inferior a la actual.

En esta discusión de las estadísticas sobre desperdicio alimentario no ha habido nada que se asemeje de manera obvia al razonamiento filosófico. Sin embargo, ha sido impulsada enteramente por los hábitos de pensamiento filosóficos, sin ningún conocimiento especial de estadística ni del sistema alimentario. El resultado es una visión más clara que la que habríamos tenido con la mera lectura de los informes resumidos.

Curiosamente, es también una visión en la que las cifras precisas y efectivas no resultan ser especialmente relevantes. Las conclusiones clave que deberíamos extraer son que hay un montón de residuos alimentarios a escala global, que los países ricos desperdician mucho más que los pobres, que hemos de ser conscientes de que, a veces, los informes sobre el desperdicio de alimentos incluyen partes no comestibles y su precisión es muy variable, y que hay mucho margen de maniobra para reducir el desperdicio alimentario. Pretendíamos preguntar por los datos cuantitativos y terminamos hallando bastante información cualitativa. Probablemente no sea una coincidencia que un enfoque filosófico haya derivado en esto, porque en filosofía nos encontramos a menudo con que la pregunta de la que partimos no es la más importante después de todo, por lo que no es la que acabamos respondiendo.

Al formular las preguntas «¿qué significan?», «¿de dónde vienen?» y «¿qué se sigue de ellos?», se revelan un buen número de cosas sobre muchos datos estadísticos. Por ejemplo, se nos dice con frecuencia que los resultados de un estudio son «estadísticamente significativos». El filósofo solicita de forma instintiva: define tus términos. Todo cuanto quiere decir «estadísticamente significativos» es que los resultados sugieren que es improbable que obtengamos los mismos resultados por casualidad. ¿Y qué significa aquí *improbable*? Algo así como uno entre veinte, lo cual quiere decir que uno de cada veinte resultados estadísticamente significativos no significaría nada en realidad.[9]

Sin embargo, la cuestión clave es que el hecho de que un número sea *estadísticamente* significativo no lo convierte en «significativo» en ningún otro sentido importante. A título de ejemplo, duplicar un riesgo de muerte suena aterrador, pero si ese riesgo es extremadamente bajo (uno entre diez millones, pongamos por caso), casi con seguridad no importa si algo con claros beneficios lo duplica.

Comparemos esto con la relevancia *clínica*. Un resultado es clínicamente significativo si apunta a un cambio que se traduce en una diferencia digna de mención en la esperanza de vida, el alivio de los síntomas, la relación coste-eficacia, la facilidad de intervenciones médicas, etc. Ahora bien, que un resultado sea estadísticamente significativo no quiere decir de forma automática que sea clínicamente significativo, ni viceversa. Consideremos un estudio que demostraba que un determinado tratamiento farmacológico prolongaba «significativamente» la vida de los pacientes oncológicos en el sentido estadístico. Pero ese incremento significativo era de 5,91 a 6,24 meses, es decir, diez días. Incluso si eso nos parece significativo (la mayoría de los médicos discreparían), cuando tenemos en cuenta los efectos negativos del tratamiento sobre el paciente y los costes, ningún experto pensaría que merecía la pena suministrar el medicamento.

Entender lo que significan aquí las estadísticas implica asimismo responder la pregunta «¿qué se sigue de ellas?»: a saber, nada práctico. En otros casos, lo que se sigue es menos obvio, pero suficientemente claro si prestamos atención. Ejemplos recurrentes de esto son los estudios que muestran un vínculo entre algo (comidas, bebidas, pesticidas, productos de limpieza, cosméticos) y un incremento del riesgo de una o más enfermedades graves. Es fácil suponer que se sigue que estas cosas son malas para nuestra salud. Ahora bien, casi todo tiene una serie de efectos, unos buenos y otros malos. Que algo sea o no saludable depende de cómo nos afecte en conjunto. Por eso resulta con frecuencia muy positivo para nuestra salud tomar un medicamento que tiene ciertos efectos secundarios o aumenta nuestras probabilidades de contraer alguna otra enfermedad. A menos que conozcamos *todos* los efectos beneficiosos o perjudiciales de algo, no podemos saber si sus efectos negativos son motivo suficiente para evitarlo.

También merece la pena preguntarse de dónde proceden las estadísticas. En el estudio mencionado del fármaco contra el cáncer, los datos son genuinos. En cambio, con una frecuencia extraordinaria, la fuente de una estadística tiene un interés particular en el asunto. Si una afirmación relativa a los beneficios del chocolate para la salud procede de un estudio financiado por confiteros, seamos cautelosos. Hasta las investigaciones genuinas son vulnerables a los intereses particulares. Muchos estudios son promocionados en comunicados de prensa por un departamento de *marketing* de alguna universidad. A menudo otorgan más relevancia estadística a los hallazgos que los propios investigadores en el artículo en cuestión. Los periodistas faltos de tiempo trabajan a menudo simplemente a partir del comunicado de prensa, sin leer la investigación original, una práctica que el periodista de investigación Nick Davies denomina *churnalism*.*

Las cifras son potentes armas propagandísticas, y sin duda merece la pena mejorar nuestra alfabetización estadística. Sin embargo, una buena dosis de pensamiento claro acerca de los datos puede lograrse simplemente aplicándoles principios filosóficos generales. Digan lo que digan, los números no hablan por sí solos. Hasta que los entendemos, no son más que dígitos.

Estar alerta a lo que se sigue y no se sigue estricta y lógicamente de las creencias, los hechos y los números es una competencia básica del pensamiento crítico. En filosofía está muy extendida la creencia de que para destacar en este ámbito se necesitan conocimientos de lógica formal. Esta puede ser una perspectiva desalentadora. A mí me basta con ver $\forall x.\exists y.Q(x, y) \wedge \neg\forall u.\exists v.Q(v, u)$ para que me entren sudores fríos. Jamás he llegado a dominarla, y me consuelo con el hecho de que no soy ni mucho menos el único y de que la mayoría de las obras filosóficas más importantes no la utilizan, exceptuando aquellas que tratan de lógica formal.

También me sentí reconfortado cuando Hilary Putnam defendió que se estaba otorgando una relevancia excesiva a la lógica matemática en la filosofía anglófona del siglo XX. Putnam lamentaba que la lógica se hubiera convertido en el modo por defecto de perseguir el loable objetivo de «hacer más riguroso» nuestro pensamiento. «No debería ser eso lo que significase hacer más riguroso algo en filosofía —decía—. Creo que continuamos padeciendo la idea de que la formalización de una oración nos revela

* Lo que significaría algo así como «periodismo de refrito». *(N. del T.).*

lo que esta dice "en realidad"». Él pensaba que el «sueño de que podemos hacernos con el control de los formalismos de alguna ciencia exacta y entonces estaremos haciendo auténticos progresos» ha influido en otras disciplinas como la sociología, la economía y las ciencias sociales. «El atractivo de la lógica matemática reside en parte en que las fórmulas parecen misteriosas; ¡escribimos las Es al revés!».

Con todo, merece la pena comprender por qué muchos filósofos encuentran la lógica inestimable. Timothy Williamson declara: «Para mí, traducir a símbolos lo que alguien dice en inglés, cuando se trata de alguna clase de enunciado complejo, tiende a clarificar lo que se está diciendo. Las fórmulas son una especie de mapas lógicos que dejan meridianamente claras las relaciones lógicas». Su preferencia es en parte una cuestión de temperamento: «Muchas otras personas van en sentido opuesto: gustan de traducir los símbolos al inglés a fin de entender lo que los símbolos están diciendo».

No obstante, incluso Williamson afirma: «Yo no creo que todos los filósofos deban estar bien versados en los métodos formales. [...] Abunda la buena filosofía escrita en prosa ordinaria y, en muchos casos, no se beneficiaría de la formalización». Son pocos los temas sustantivos fuera de la lógica misma que dependen de una prueba lógica formal.

Puedes sentirte aliviado porque para aprender a razonar bien no necesitas distinguir tus $\forall$s de tus $\exists$s. (Si sientes curiosidad, $\forall$ es el cuantificador universal, que significa «para todo», en tanto que $\exists$ es el cuantificador existencial, que significa «existe»). La pregunta fundamental de la lógica deductiva es «¿qué se sigue?», y hemos visto cómo eso puede responderse sin el uso de símbolos. De hecho, la mayor parte de nuestros razonamientos no adoptan en absoluto la forma de deducciones, ni formales ni de otra índole.

Tal vez sorprenda el hecho de que esto es algo reconocido hasta por los filósofos más duros. Michael Martin es el epítome de un filósofo analítico y técnico a quien no le importa que sus obras no sean inteligibles para los legos. En los seminarios, lo he visto desmontar los argumentos de la gente con precisión forense. Con todo, hasta él decía: «Son muy pocos los filósofos, desde luego casi ninguno de los que resulta interesante leer, que nos ofrezcan argumentos explícitamente válidos». Ray Monk señala que debemos recordar «qué arma tan limitada es un argumento válido y qué raro es que seamos persuadidos para creer o adoptar algo sobre la base de un argumento válido». Patricia Churchland, una «neurofilósofa» que presta más atención a los hechos científicos que a las teorías especulativas, lo expresa con más contundencia todavía: «¿Quién piensa que la deducción nos permite recorrer el planeta? ¿De veras? Me refiero a que yo haga quizá una deducción un par de veces por semana». Consciente de que puede sonar un tanto frívola, se apresura a añadir: «Estoy siendo irónica. No sé cuántas veces hago una deducción, pero no es muy a menudo».

En verdad vale la pena interiorizar las reglas básicas de la deducción, ya que esta inculca hábitos de comprobar la consistencia y la coherencia. Sin embargo, para la mayoría de los propósitos prácticos, hemos de recurrir a una forma diferente de razonamiento, que es menos impecable en términos lógicos que la deducción, pero, al mismo tiempo, por suerte, mucho más útil...

Cómo cuidar tus pasos

- En cualquier argumento, una pregunta clave es «¿se sigue?».
- Permanece alerta al hecho de que los malos argumentos pueden contener a veces conclusiones verdaderas, e incluso constar solo de enunciados verdaderos.
- Cuando te encuentres con un *si*, comprueba si se trata del condicional *si* o del bicondicional *si y solo si* (*sii*).
- Puede resultar útil aprenderse las falacias formales, como la afirmación del consecuente. Esto te alertará

del hecho de que «si *x* entonces *y*» no implica «si *y* entonces *x*». Si soy un humano, soy un primate, pero si soy un primate, no soy necesariamente un humano.

- Aspira a la consistencia, pero es preferible dejar sin resolver una contradicción que resolverla con un absurdo.
- El argumento de *reductio ad absurdum* se basa en el principio de que si una creencia implica lógicamente algo absurdo, algo anda mal con dicha creencia. O eso, o tienes que tragarte el sapo y afirmar que lo que parece absurdo no es ningún disparate en realidad.
- Ten cuidado de no descender por una pendiente resbaladiza cuando la aceptación de algo que parece razonable te obliga a aceptar otra cosa que no lo es. Pero ten cuidado también de las advertencias de que una pendiente es resbaladiza. Las pendientes resbaladizas rara vez son lógicas, sino que la mayoría de ellas son psicológicas o sociales. A menudo se puede conseguir que no sean resbaladizas.
- Cuando te enfrentes a estadísticas o a cualquier otro dato, pregúntate: ¿qué significa?, ¿de dónde viene?, ¿qué se sigue de ello?
- No te dejes impresionar por las declaraciones de relevancia estadística. Con frecuencia, esta no es significativa en ningún sentido razonablemente significativo.

CAPÍTULO

4

Sigue los hechos

> Es mejor ser desgraciado, pero *saber*, que ser feliz y vivir... como un tonto.
>
> FIÓDOR DOSTOIEVSKI, *El idiota*

Si la especie humana aspira a combatir el cambio climático, erradicar la pobreza y alimentar a la creciente población, no será porque la gente se sienta conmovida por el poder de los argumentos deductivos. Será porque un número suficiente de nosotros aceptamos las evidencias acerca de lo que está ocurriendo, por qué está ocurriendo y qué podemos hacer para cambiarlo. La deducción solo desempeña un papel secundario en ello. Hemos de procesar los datos, juzgar consistentes o no las hipótesis con las evidencias, y así sucesivamente. Ahora bien, el fundamento del razonamiento relativo a las cuestiones de hecho es *empírico*: basado en la observación y la experiencia. Observamos y medimos lo que está sucediendo con el clima y lo interpretamos basándonos en teorías cimentadas a su vez en observaciones previas. Este razonamiento desde las observaciones generales hasta las teorías generales es *inductivo*, no *deductivo*. Así pues, ¿cómo funciona la inducción?

Nuestra dependencia de las observaciones pasadas suscita un

profundo interrogante filosófico. Si todo nuestro conocimiento del mundo se basa en un número limitado de experiencias anteriores, ¿cómo podemos estar seguros de que ese conocimiento es correcto y continuará siéndolo en el futuro? Existe una brecha lógica entre decir «se ha observado que siempre sucede tal o cual» y «siempre sucede tal o cual, y continuará sucediendo». ¿Quién puede asegurar que la fuerza de la gravedad no cambiará mañana o que el agua no pueda experimentar una transformación molecular y convertirse en algo sutil o totalmente diferente de H_2O? Durante siglos, este «problema de la inducción» ha mantenido en vela por las noches a los filósofos.

Cabría preguntar por qué les quita el sueño. Seguramente el problema de la inducción sea, en el mejor de los casos, excesivamente puntilloso y, en el peor, disparatado. Nadie, ni siquiera el filósofo, duda en serio de que el sol saldrá por la mañana ni de que el próximo café le espabilará como lo han hecho los miles anteriores. La inducción solo vuelve insomnes a los filósofos que se afanan en resolver el profundo problema filosófico. No les asusta la posibilidad de que no amanezca.

A efectos prácticos, el único mensaje final del problema de la inducción es que cualquier creencia basada en la observación, en las evidencias, tendrá siempre una certeza inferior al 100 por ciento. Y dado que la mayoría de las creencias que marcan una diferencia en nuestra forma de vivir se basan en observaciones pasadas, hemos de aceptar que no existe la certeza en las cuestiones de hecho. Nuestros datos son siempre limitados. No es solo que nuestras observaciones pertenezcan al pasado: lo que nos queda por observar siempre es más que lo que hemos observado. Por tanto, aunque pueda haber ciertos hechos relativos a la física y la química que estén tan bien probados que puedan considerarse establecidos, en el desordenado mundo de las entidades complejas con las que tratamos, poco o nada está meridianamente claro.

Resulta tentador aceptar todo esto y concluir que, aunque carezcamos de certeza en las cuestiones empíricas, las leyes de la naturaleza son *muy probablemente* constantes y, por consiguiente, muchas de nuestras creencias son *probablemente* verdaderas. En términos coloquiales, creo que esto está bien, y puedes saltarte este párrafo si no sientes curiosidad por saber por qué no es preciso del todo. En un sentido técnico, *probablemente* no es la palabra apropiada. Para decir que algo es probablemente verdadero, necesitamos tener una idea de lo que son las probabilidades. Sabemos que si lanzamos al aire una moneda, la probabilidad de que salga cara es del 50 por ciento, porque las monedas son simétricas y tienen dos caras. Sabemos que una persona en un país desarrollado tiene aproximadamente un 50 por ciento de probabilidades de contraer un cáncer en algún momento de su vida y en torno a un 25 por ciento de probabilidades de morir de uno, porque sabemos qué proporción de la población está afectada por la enfermedad. Sin embargo, la creencia general de que las leyes de la naturaleza son constantes no se basa en ningún dato estadístico. De hecho, en términos probabilísticos ordinarios, se consideraría que las probabilidades de que sean constantes son del 100 por ciento, puesto que todas las observaciones lo confirman. El problema filosófico concierne a la racionalidad de efectuar *cualquier* cálculo probabilístico sobre la base exclusiva de la experiencia pasada. En otras palabras, el razonamiento probabilístico *supone* que la inducción funciona, no justifica ni explica *por qué* funciona.

Aunque la sombra de la duda recae de manera inevitable sobre todas nuestras creencias acerca del mundo, no podemos permitir que oscurezca la luz de la experiencia. Una vez que aceptamos que la incertidumbre es inevitable, vemos que, cuando estamos evaluando una afirmación empírica, «*podría* ser falsa» no es una razón suficientemente buena para actuar como si *fuese* falsa.

Por ejemplo, existen numerosas evidencias de que los azúcares refinados son malos para nuestra salud. Pero todavía no es *absolutamente seguro* que sean problemáticos en sí mismos. *Podría* suceder que el auténtico problema estuviera en otra cosa tan comúnmente consumida con ellos que pensamos que el azúcar es el culpable. No obstante, este *podría* es tan inverosímil que sería una estupidez actuar suponiendo algo que no fuera que deberíamos limitar el consumo de azúcar refinado. El pasado es una guía imperfecta, pero, al fin y a la postre, es la única que tenemos.

Esto nos conduce al interrogante realmente difícil: ¿cuándo deberíamos tomarnos en serio la posibilidad de que las experiencias pasadas nos hayan engañado? Es célebre la descripción de Bertrand Russell del pollo que aprende por experiencia que el granjero vendrá cada día para alimentarlo y asume precipitadamente que siempre será así, hasta el día en que este llega para retorcerle el pescuezo. A los seres humanos nos retuercen metafóricamente el pescuezo todo el tiempo. Guerras, enfermedades, desastres financieros, pandemias: todo tiene la capacidad de sacudirnos para sacarnos de nuestra creencia complaciente de que el futuro será igual al pasado. Nuestra preocupación no es que las leyes de la naturaleza puedan cambiar de repente, sino que, al igual que el pollo, hemos confundido un patrón temporal con uno permanente.

No se trata de una preocupación neurótica ni académica. El problema estriba en que, cuando pensamos en el futuro, siempre es posible extraer una de dos conclusiones erróneas completamente diferentes a partir de la experiencia. Una es la falsa creencia de que la experiencia pasada no es aplicable porque la situación en la que estamos pensando es significativamente distinta. La otra es la falsa creencia de que la situación en la que estamos pensando es un ejemplo más de un género familiar, cuando *en realidad es* significativamente diferente. La verdad es que ciertas cosas carecen de precedentes.

La evidencia de la experiencia es que resulta difícil hacer buenas predicciones basadas en la evidencia de la experiencia. Cada año, los expertos predicen los precios de las viviendas, los mercados bursátiles, los resultados electorales, las guerras y suma y sigue, y, cada año, la mayoría de los expertos se equivocan. Esto no debería sorprendernos. Casi todo es el resultado de tantas causas diferentes, interactuantes y cambiantes que el pasado es inevitablemente una guía imprecisa del futuro. Por ese motivo, cuando muchas tecnologías son novedosas, ni siquiera las personas bien informadas pueden imaginarse para qué habría de utilizarlas un gran número de individuos. En 1977, Ken Olsen, ingeniero informático y fabricante de ordenadores, declaró: «No hay ninguna razón para que alguien desee tener un ordenador en su casa». En 2007, Steve Ballmer, exdirector ejecutivo de Microsoft, proclamó: «No hay ninguna probabilidad de que el iPhone vaya a conseguir una cuota de mercado significativa». Y, en 2013, Thorsten Heins, el director ejecutivo de BlackBerry, comentó que las tabletas electrónicas «no son un buen modelo empresarial» y que «en cinco años, no creo que vaya a haber ningún motivo para seguir teniendo una tableta». Hasta tiempos recientes, la humanidad no tenía ninguna experiencia de la vida con estas tecnologías, por lo que apenas se hacía a la idea del efecto que ejercerían sobre nosotros.

Puede que seamos malos predictores, pero no tenemos la opción de sentarnos a esperar para ver lo que nos depara el futuro. Aquellos que afirman que el mejor plan consiste en no planear y que deberíamos vivir totalmente en el presente se enfrentan al problema de que, después de todo, el futuro tiene la costumbre de llegar. Puede resultar arrogante planear una jubilación en la suposición de que tus inversiones son totalmente seguras y estarás allí para disfrutarla. Pero también es imprudente no hacer ningún plan y pasarte el otoño de tu vida en apuros, cuando un poco de previsión te habría reportado una cierta comodidad. El futuro es incierto, y por ese motivo los planes de jubilación deberían verse como planes de contingencia, por si acaso la vida acaba tratándote lo suficientemente bien como para poder disfrutarla.

A fin de incrementar nuestras probabilidades de evitar los errores de juicio a la hora de pensar en el futuro, deberíamos cuestionar en todo momento nuestras suposiciones acerca de lo que pensamos que es fijo y constante y lo que está sujeto a cambio. Hemos de preguntarnos si la característica más importante de un evento futuro será su similitud o su diferencia con los precedentes pasados. No resulta fácil responder ni existe ningún algoritmo capaz de aclarárnoslo. Pero al menos si formulamos la pregunta podemos evitar hacer suposiciones precipitadas. Existe asimismo una heurística útil (una regla de oro) para orientarnos: cuanto más guíen nuestras anticipaciones esas leyes fijas y estables de la naturaleza, más seguros podremos estar de que el resultado no nos sorprenderá, siempre y cuando entendamos correctamente esas reglas de la naturaleza.

Suena obvio, pero a menudo juzgamos de forma errónea hasta qué punto ciertos ámbitos de la vida humana están gobernados por leyes o no. Unos tratan las teorías económicas como si fuesen leyes científicas y confían demasiado en sus modelos. Otros no están dispuestos a aceptar que los seres humanos no cambian con facilidad, por lo que hacen suposiciones optimistas o pesimistas acerca de lo diferentes que serán las futuras generaciones. Otros confunden los rasgos culturalmente determinados del comportamiento humano con la naturaleza humana fundamental, por lo que creen, por ejemplo, que los papeles de hombres y mujeres son más fijos de lo que son.

El principio general más útil, que puede ayudarnos a aumentar nuestro porcentaje de sucesos y situaciones anticipados respecto de los no anticipados, es la máxima general de David Hume, innecesariamente sexista: «Un hombre sabio adecúa su creencia a la evidencia».[1] Esto suena tan evidente que es casi perogrullesco, pero se trata de un principio que resulta más fácil aceptar que seguir realmente.

Hume ofrece un magnífico ejemplo de ello en su discusión del argumento de que el orden del mundo evidencia que tuvo un creador. Este argumento lo hizo célebre William Paley, quien argüía que, si se topaba con un reloj, jamás diría: «Hasta donde yo sé, el reloj podría haber estado siempre ahí». Antes bien, habría concluido: «Debe de haber existido en algún momento, y en uno u otro lugar, un artífice o unos artífices que creasen [el reloj]». Si eso es cierto en el caso del reloj, sostenía, ha de serlo más aún respecto del universo en su conjunto, ya que «todo indicio de invención, toda manifestación de diseño que existiera en el reloj, existe en las obras de la naturaleza; con la diferencia, en el lado de la naturaleza, de ser mayor o más abundante, y ello en un grado que excede todos los cálculos».[2]

Hume veía con claridad el error de Paley. Cuando inferimos un relojero a partir de un reloj, estamos basando esa inferencia en la experiencia, porque todo lo que sabemos sobre relojes nos indica que son artefactos humanos. En cambio, nuestra experiencia de la creación y los creadores del universo es inexistente. Sencillamente no existe ningún precedente que podamos usar para decir: «Cualquier otro universo fue creado por un Dios, luego el nuestro también debe de haberlo sido».[3]

El argumento del diseño es muy particular, y cabría pensar que no tiene mucho que enseñarnos acerca de razonamientos más mundanos. Sin embargo, es ciertamente revelador. Para muchas personas, el argumento de Paley, o alguna versión de él, resulta convincente, aun cuando les señalen sus errores. Creo que esto se debe a que somos por naturaleza buscadores de patrones, nos apresuramos a establecer analogías y comparaciones, cuando una mirada más cuidadosa nos mostraría que estas no funcionan. De ahí que corramos demasiado para generalizar en exceso a partir de la experiencia y utilizar un conjunto de datos demasiado reducido para extraer demasiadas conclusiones.

Uno de los principales impulsores de esta prisa temeraria por generalizar de forma errónea es la heurística o el sesgo de disponibilidad. Con toda naturalidad, tendemos a razonar sobre la base de las evidencias más disponibles para nosotros, en lugar de considerar toda la base evidencial. Esto puede llevarnos a cometer grandes errores, en particular a la hora de calcular riesgos y probabilidades. Por ejemplo, después del 11S, la gente era mucho más consciente de los peligros de volar que de conducir, de modo que muchos optaban por conducir en lugar de tomar un vuelo.

Gerd Gigerenzer calculó que, como resultado, murieron mil quinientas personas más en las carreteras estadounidenses en los doce meses posteriores a los atentados terroristas, la mitad de las que murieron directamente por causa de la destrucción del World Trade Center, porque sus mentes estaban centradas en un riesgo menor que el que corrían.[4]

Paley fue víctima de la heurística de disponibilidad en un sentido diferente. A falta de las pruebas necesarias, buscamos con frecuencia lo más parecido que tenemos a ellas, aun cuando no sean buenas evidencias en absoluto. Por ejemplo, en ausencia de buena información, a menudo la gente compra algo sobre la base de una sola reseña o recomendación, sin tener razón alguna para confiar en ella. En el caso de Paley, la única evidencia a su disposición acerca de los creadores tenía que ver con los artefactos. No existía evidencia alguna referida a los dioses. Con todo, los argumentos de Paley seguían basándose en esos «artífices», en vez de admitir que no tenía nada en lo que apoyarse.

Recordé un ejemplo de este uso de evidencias próximas, pero erróneas, cuando estaba escuchando a alguien hablar de si deberíamos creer a Elon Musk cuando decía que enviaría una misión tripulada a Marte en 2026. El experto pensaba que Musk estaba pecando de optimista, pero señaló que muchos decían que Musk jamás podría desarrollar los coches eléctricos tan deprisa como lo había hecho, o que su programa espacial no tendría éxito, y se equivocaron. La lección que estaba extrayendo era que la experiencia nos demuestra que las promesas de Musk acostumbran a sonar poco realistas, pero las ha cumplido de forma reiterada.

Dejemos a un lado el hecho de que los críticos de Musk también han tenido razón con frecuencia. («El año que viene, con seguridad, tendremos más de un millón de robotaxis en la carretera», declaró Musk en 2019). Incluso si Musk hubiera acertado una y otra vez respecto de los coches eléctricos, desarrollar una tecnología existente es muy diferente de lanzar una misión sin precedentes a las profundidades del espacio. Los desafíos técnicos de enviar gente a Marte o poner en la órbita terrestre a personas y satélites hacen que los problemas de los vehículos sin conductor y la vida útil de la batería parezcan simples en comparación. Este es otro ejemplo de la importancia de preguntar si la característica más importante de un suceso futuro es su similitud o su diferencia con los precedentes anteriores. La evidencia de la capacidad de Musk para cumplir con los coches y los satélites podría parecer una evidencia de su capacidad para cumplir con una misión a Marte, pero, si se piensa bien, es como creer que el hecho de que alguien haya sido un gran gerente de fútbol demuestra que podría ser un brillante director de orquesta.

Las teorías empíricas son solo tan buenas como las pruebas en las que se basan, y en muchos casos estas no son tan sólidas como creemos con frecuencia. Varios años atrás me topé con un ejemplo de comprobación de la solidez de las evidencias. Me impactó ver que una tienda local de alimentos saludables había colocado en su escaparate una copia de un reportaje que declaraba: «Las embarazadas que viven en áreas donde el agua corriente se desinfecta en profundidad con cloro casi duplican su riesgo de tener hijos con problemas cardiacos», y «Los científicos afirman que las futuras madres pueden exponerse a un mayor riesgo al beber el agua, darse un baño o una ducha, o incluso al estar junto a un hervidor con el agua en ebullición». Todo esto suena inverosímil, pero el artículo citaba un artículo de investigación científica de la revista *Environmental Health*.[5]

Furioso por lo que sin duda tenía que ser desinformación alarmista, me dispuse a comprobarla. Pronto se volvió evidente que el texto del escaparate del comercio no procedía del artículo científico, sino de un informe sobre este en el *Daily Mail*, el principal proveedor de miedo en el Reino Unido.[6] El artículo científico original no decía nada sobre la inverosímil idea de que darse un baño o estar cerca de un hervidor en marcha presentase un riesgo. En cuanto al «duplicado», basta con observar lo bajo que es el riesgo inicial para ver que su duplicación no es especialmente alarmante.

El riesgo de anencefalia aumentaba del 0,01 al 0,17 por ciento; los defectos de agujeros en el corazón, del 0,015 al 0,024 por ciento, y las fisuras palatinas, del 0,029 al 0,045 por ciento.

Cabría pensar que, aunque el incremento de los riesgos en cada caso sea todavía minúsculo, cualquier aumento sigue causando preocupación. Pero lo que el reportaje no decía era que el riesgo global de *todos* los defectos congénitos era más o menos el mismo cualquiera que fuese el nivel de cloración. (De hecho, los casos eran más elevados en el grupo que vivía en la zona con más cloro, pero por un margen tan pequeño que resultaba estadísticamente insignificante). El informe también podría haber señalado que la cloración *reduce* el riesgo de hidrocefalia, tetralogía de Fallot, anomalías cromosómicas y síndrome de Down. Esto hace que el titular resulte profundamente engañoso: «El cloro en el agua corriente "casi duplica el riesgo de defectos congénitos"» es muy diferente de «El cloro en el agua corriente "casi duplica el riesgo de *algunos* defectos congénitos y *reduce a la mitad el de otros*"».

Cualquier persona crítica y suficientemente cuidadosa podría haber llegado a las mismas conclusiones que yo, incluso sin una formación en investigaciones epidemiológicas, salud infantil o estadística. Bastaba con comprobar la fuente con el debido esmero y —ya lo has adivinado— atención.

Aunque entrar en el meollo de los argumentos y examinar todos los datos con gran detalle suele ser justamente lo que hay que hacer, a veces es preferible ignorar los detalles de un caso particular y basar nuestros argumentos en verdades y tendencias generales. Esta es una buena estrategia cuando no sabemos lo suficiente sobre el caso específico, pero sabemos mucho sobre «esta clase de cosas».

Un ejemplo evidente son las estafas telefónicas y por correo electrónico. Si alguien te pide tus datos personales o bancarios, no siempre puedes permitirte averiguar si tiene una razón genuina para hacerlo. Es mucho mejor adoptar el principio general de que, cuando alguien nos pide ese tipo de cosas, probablemente sea un estafador. Huelga decir que este es un principio falible, por supuesto, pero el fallo tiene un bajo coste: si un banco tiene de veras asuntos que tratar contigo, no desistirá porque te niegues a hacer justo lo que sus propios equipos antifraude te indican que no hagas y a facilitar tus datos bancarios a la persona que te llama.

Esta clase de argumento es una *metainducción*: argumentar a partir de la experiencia de una amplia categoría de precedentes, en lugar de centrarte en los detalles del caso. La metainducción es lo que te permite de manera legítima desconfiar de las informaciones sobre curas milagrosas, avistamientos de fantasmas, métodos de enriquecimiento rápido y disparatadas teorías de la conspiración, todo ello sin tener que poner a prueba en cada caso las afirmaciones exactas.

La metainducción es asimismo una herramienta útil para los hipocondríacos. Lo preocupante de tener cualquier clase de síntoma médico es que no sabes cuál es su causa, y siempre existen posibilidades aterradoras. Ahora bien, si no eres médico, resulta imprudente leer demasiado sobre tus síntomas. El dato más significativo que conocemos es que la mayoría de las enfermedades no son graves. Por consiguiente, hasta que tengamos un buen motivo para pensar que una en particular lo es, deberíamos suponer que se trata de otra de esas cosas que pasarán. Eso no significa que no debamos ver a un médico para que nos examine, ni que tengamos que descartar la posibilidad de algo grave. Tan solo quiere decir que la hipótesis de trabajo es «probablemente no terminal» mientras no se demuestre lo contrario.

La metainducción es la mejor manera de pensar cuando nuestro conocimiento de las verdades generales y nuestra confianza en ellas son mucho mayores que los del caso en cuestión. No recurrimos lo suficiente a ella porque, cuando nos enfrentamos a una situación o a un problema particular, sus detalles específicos tienden a parecernos más significativos e importantes de lo que son. Los detalles *son* relevantes, pero, a menos que sepamos cuáles importan y qué significan, centrarnos en ellos implica que estamos intentando pensar por encima de nuestras posibilidades. Cuanto más nos empantanamos en los detalles, más probabilidades tenemos de equivocarnos. Es preferible centrarnos en lo que sabemos: tendríamos muy mala suerte si esto fuese lo que nos matase.

En lo que atañe a la predicción del futuro, el enfoque metainductivo nos recuerda que las predicciones más seguras son muy generales y se basan en características perennes del mundo que no tenemos motivo alguno para pensar que vayan a cambiar. La gente continuará siendo codiciosa, cruel y prejuiciosa, pero las formas que adoptarán estas actitudes no cesarán de cambiar. Pero también seguiremos viendo bondad, generosidad y amor, por lo que los temores acerca de una caída en la barbarie son tan descabellados como las esperanzas en una utopía venidera. No es preciso ser Nostradamus para percatarse de ello. De hecho, podría ayudar que no lo seamos. Nostradamus andaba en busca de grandes acontecimientos dramáticos que nadie podía predecir con exactitud. De haber sido más modesto, habría acertado con más frecuencia, pero también se habría granjeado menos fama. La predicción audaz es llamativa, pero cada vez que escucho a alguien trazar con confianza el futuro desconocido, veo a un arrogante autopromotor a quien resulta aconsejable evitar.

Hemos visto que la deducción y la inducción juntas cubren todas las formas racionales y legítimas con las que contamos para hacer inferencias. O bien estamos logrando entender las implicaciones lógicas de algo o bien estamos extrayendo conclusiones de la experiencia y la observación. Sin embargo, el lado inductivo de esta división contiene un método de razonamiento que merece ser tratado aparte: la abducción, o inferencia a la mejor explicación.

Por ejemplo, supongamos que te despiertas por la mañana y encuentras un jarrón roto en el suelo. Todas las puertas y ventanas están cerradas y no había nadie más en la casa. Las causas posibles de la caída son numerosas: un pequeño terremoto, una ráfaga de viento, un intruso que no dejó ningún otro rastro, una mosca excepcionalmente grande, el gato o que el jarrón cobró conciencia de forma súbita y saltó desde la estantería cuando se percató de la futilidad de la existencia. A menos que tu casa tenga instalados sismómetros y cámaras de videovigilancia, probablemente no serás capaz de recoger todas las pruebas necesarias para evaluar por completo estas posibilidades. La vida real rara vez es como una novela policiaca, en la que todas las evidencias acaban apuntando a la única explicación posible. No obstante, sigues teniendo buenas razones para concluir que lo más probable es que fuese obra del gato. Nunca podrás demostrarlo, pero es con creces la mejor explicación.

Abducción es simplemente el término sofisticado para argumentar en pro de la mejor explicación. Hoy en día suele aceptarse que podemos aplicar cuatro criterios clave para comprobar si una explicación es de veras la mejor. El primero es la *simplicidad*. En igualdad de condiciones, las explicaciones más simples son preferibles a las más complejas. Si suena el timbre de tu puerta, por ejemplo, supón que es porque alguien ha llamado, salvo que tengas un motivo excelente para sospechar que ha sido un fallo o alguna otra clase de suceso anómalo. En el caso del jarrón roto, el salto de tu gato sobre el mueble, como de costumbre, explica con sencillez la caída del jarrón, en tanto que todas las demás explicaciones son fantasiosamente complicadas en comparación.

Esto guarda relación con el segundo criterio: la *coherencia*. ¿Encaja la explicación con todos los demás hechos conocidos relevantes? Lo hace el salto del gato sobre el mueble, pero desde luego no el resto de las explicaciones. No hay informes de ningún terremoto y, en cualquier caso, ¿por qué afectaría a un solo objeto, cuando todos los demás estaban exactamente como cuando los viste por última vez? ¿Cómo pudo entrar una ráfaga de viento en una habitación cerrada? Sin lugar a dudas, te habrías percatado de una mosca lo suficientemente grande como para derribar un jarrón si hubiera estado zumbando por tu casa. En cuanto a la explicación del suicidio, cuanto menos digamos al respecto, mejor. En cambio, si lo hizo el gato, todo lo demás se mantiene como esperarías.

Esto nos conduce al criterio de la *exhaustividad*. La mejor explicación explica todo lo posible y deja el menor número posible de cabos sueltos. Todas las restantes explicaciones para el jarrón roto resuelven un misterio, pero crean otros aún mayores.

El último criterio no siempre se puede aplicar: la *verificabilidad*. En general, deberíamos preferir las explicaciones que pueden ser comprobadas, o bien directamente o bien porque generan predicciones susceptibles de verificación. Por ejemplo, si estás intentando entender por qué tu señal de radio es mala, la hipótesis de que está en un punto ciego de recepción es fácil de comprobar desplazándola por la casa, porque predice que la señal no será igual de mala en todas partes. En cambio, cuesta imaginar cómo comprobarías la teoría de que el FBI está bloqueando la señal. En el caso de nuestro jarrón, las únicas pruebas consistirían en preguntar qué más esperaríamos encontrar si la teoría fuese cierta. Si lo hizo el gato, por ejemplo, esperarías que al menos se hubiesen movido otros objetos en su camino.

Por lo tanto, la mejor explicación es aquella que obtiene la puntuación más alta en *simplicidad*, *coherencia*, *exhaustividad* y *verificabilidad*. Al aplicar estos cuatro criterios, pueden ser de utilidad dos palabras latinas: *ceteris paribus*, en igualdad de condiciones. Una teoría exhaustiva es preferible a otra más parcial *ceteris paribus*, pero no si el precio de su exhaustividad es la inverosimilitud descabellada. Que todo está hecho de queso es una teoría muy integral, pero no creo que los físicos deban abandonar de inmediato su trabajo y abrazarla.

Al aplicar estos criterios, en última instancia estamos aprovechando las lecciones de la experiencia, lo cual convierte la abducción en una forma de inducción. Con todo, posee suficientes rasgos distintivos como para que la consideremos un método de razonamiento por derecho propio.

A veces, la mejor explicación que se nos ocurre sigue sin ser muy convincente. Cuando no encontramos algo y decimos en broma: «Debe de haberse esfumado», estamos haciendo un guiño a la atracción y la irracionalidad de elegir una mala explicación antes que ninguna en absoluto. En tales circunstancias, puede ser preferible aceptar que no sabemos a quedarnos con la mejor explicación disponible.

Con excesiva frecuencia, sin embargo, preferimos explicaciones sumamente inverosímiles a la falta de explicación. Este es en parte el atractivo de algunas teorías conspiratorias y soluciones a misterios inexplicados. Si no se nos ocurre otro motivo por el que los nazcas de Perú dibujaron sus largas líneas en el desierto, podríamos sentirnos tentados por la teoría de que estas fueron diseñadas para ser vistas por los alienígenas. Antes de que existiese una teoría de la evolución, la idea de que el universo había sido diseñado por un Dios inteligente les parecía a muchos la mejor explicación para su existencia, aun cuando algunos, como David Hume, pudieran ver que era muy deficiente. De ahí que la pregunta retórica «¿cómo lo explicamos si no?» deba ser tratada con cautela.

Una mejor comprensión del razonamiento abductivo salvaría a mucha gente de las espurias teorías de la conspiración y otras ideas fantásticas. No obstante, también explica por qué estas pueden ser tan seductoras.

La abducción hace de la simplicidad virtud, como hiciera un célebre fraile franciscano del siglo XIV. Guillermo de Ockham fue filósofo, monje y teólogo, y una de las estrellas intelectuales de su tiempo. Sin embargo, hoy es recordado casi exclusivamente por una cosa: su navaja. Resumida con frecuencia como el principio de que siempre deberíamos preferir una explicación más simple a una más compleja, la navaja de Ockham original (un principio, no un cuchillo) se refería en concreto al número de cosas cuya existencia hemos de suponer. «Pues no debería postularse nada sin una razón dada, salvo que sea autoevidente o conocido por experiencia, o demostrado por la autoridad de las Sagradas Escrituras». Como sucede con tantos principios, los sucesores agilizaron la formulación original, y la navaja se define habitualmente como el principio *Entia non sunt multiplicanda sine necessitate*, esto es: no hay que multiplicar los entes sin necesidad. Utilicemos la navaja para eliminar lo que no sea necesario.

No es difícil encontrar ejemplos en los que la navaja de Ockham favorece con claridad la explicación más racional. Es más razonable suponer que el gato tiró el jarrón que postular que el gato y un pequeño terremoto trabajaron en tándem. Por supuesto, cabe esta última posibilidad, pero, en ausencia de algún motivo particular para pensar que ocurriera esta extravagante combinación de sucesos, prefiramos la más simple.

Ahora bien, el desiderátum de la simplicidad en el razonamiento no resulta demasiado simple de aplicar. Como señala Jerry Fodor, la consecuencia lógica de decir «Yo tengo una teoría realmente simple, por lo que deberías preferir la mía a la tuya» es «Yo tengo una teoría verdaderamente simple: no hay nada. No puedes conseguir nada más simple». Como sostiene Fodor, el precio de esta simplicidad es la falta de poder explicativo y predictivo. De nuevo, la cláusula *ceteris paribus*: la teoría más simple solo es preferible en igualdad de condiciones. No hay que multiplicar los entes sin necesidad, por supuesto, pero a veces es necesario postular más en vez de menos.

Con frecuencia, lo que parece simple es meramente simplista. Consideremos la explicación de por qué las Torres Gemelas colapsaron tras recibir el impacto de los aviones el 11 de septiembre de 2001. Hace falta ser un ingeniero de estructuras para entender esto y no osaré hacer un resumen.[7] Para el lego, el desplome parece (literalmente) una explosión controlada, y por ello muchas teorías de la conspiración insisten en que lo fue. La cadena de causa y efecto para una explosión sería simple y fácil de entender: los explosivos socavan las estructuras que soportan el edificio en lugares estratégicos, como hacen en una demolición, y todo se derrumba. En cambio, la teoría oficial, que el hundimiento se debió a los aviones que se estrellaron, consta de varias fases de causa y efecto, entre las que se incluyen la propagación del combustible de los aviones, la expansión térmica de los suelos de hormigón, el pandeo de las rígidas columnas de acero, el aumento de la presión sobre los suelos y el colapso final. Si buscamos la simplicidad, la teoría de la explosión controlada resulta muy atractiva.

Es preciso más cuidado para percatarse de que, considerándolo todo, una explosión controlada es en realidad una explicación menos simple. En primer lugar, recordemos que Ockham advertía contra la multiplicación de los entes sin necesidad. La explicación oficial requiere solo aquellos entes que sabemos con certeza que estaban presentes: las torres, el avión y el combustible. La teoría de la explosión controlada exige la presencia de entes adicionales, no solo las bombas, sino también los agentes que las colocaron y las personas que conspiraron para ponerlas allí.

También está claro que si comparamos los dos complots postulados (uno de al-Qaeda y otro del Gobierno estadounidense), este último es harto más complicado. Y es que resulta inverosímil la hipótesis de que el FBI hubiera orquestado un secuestro de cuatro aviones, conseguido que lo reivindicara al-Qaeda y cableado dos edificios gigantescos para derribarlos mientras persuadía a todo el mundo en el FBI para que aceptase ese acto abominable y mantenía a otros en la ignorancia. En cambio, todo lo que creemos sobre cómo actuó al-Qaeda es ciertamente plausible.

Si nos permitimos tener una noción simplista de la simplicidad, esta se convierte enseguida en un vicio. El *ceteris paribus* exige que la navaja de Ockham se utilice en combinación con los otros criterios para la abducción: coherencia, exhaustividad y verificabilidad. Ahora bien, incluso cuando hacemos eso, el uso descuidado puede conducirnos a conclusiones erróneas. Por ejemplo, la abducción dice que las explicaciones deberían ser coherentes y exhaustivas. Sin embargo, ese es precisamente el atractivo de muchas teorías de la conspiración: lo explican todo de maneras que hacen que todo encaje. Cuando se trata de crear una sola historia unificada, la conspiración es más persuasiva que el desastre. «El gobierno lo controla todo» es una idea más limpia que «Las cosas suceden simplemente». Pero, una vez más, si pensamos con más detenimiento, esta aparente coherencia y exhaustividad tienen un coste. Requieren que atribuyamos un cierto grado de poder y control a actores ocultos que está a años luz de lo que la experiencia nos dice que es posible. Si fuera tan fácil engañar a una nación entera, las dictaduras no necesitarían recurrir a herramientas manifiestas de represión.

El cuarto criterio de la verificabilidad también puede hacerles el juego a los teóricos de la conspiración. El quid de una conspiración radica en que esta es secreta, de suerte que las evidencias permanecen ocultas. Por consiguiente, la ausencia de evidencias se puede considerar, en un sentido perverso, una evidencia positiva de que lo que está sucediendo es subrepticio. La réplica adecuada a esto consiste en insistir en que, incluso si las afirmaciones extraordinarias no requieren evidencias extraordinarias, siguen necesitando evidencias. Decir «Desde luego que no hay ninguna evidencia, todo está encubierto» es una justificación para creer cualquier teoría de la conspiración.

Algunos creen que la elegancia, no la simplicidad, es el sello distintivo de la verdad, y citan el verso de Keats «Beauty is truth, truth beauty» («La belleza es la verdad, la verdad es belleza») cual si de un hecho se tratara. Las explicaciones agradables poseen a menudo una cualidad casi estética. Los matemáticos hablan de pruebas elegantes; los científicos, de bellas teorías. Al novelista, matemático y lógico argentino Guillermo Martínez le preocupa que podamos ser seducidos por esto. Los matemáticos pueden decir que una prueba es más elegante, pero «no hay ninguna forma de explicar de veras ese juicio estético». A veces, una explicación «no es tan elegante, quizá no tan precisa, pero se ajusta mejor». El uso de ordenadores también está transformando el paisaje matemático. «Antes, una demostración era algo que una persona normal en una vida normal podía comprobar de principio a fin. En la actualidad, una demostración puede ser algo ejecutado por un programa, de suerte que la complejidad, la clase de cálculo, es totalmente diferente. Hoy en día, una persona, en toda su vida, es incapaz de llegar al final de la demostración. Lo que es elegante para un ordenador ya no lo es para una persona».

Martínez tiene razón al ser cauto. El mundo es a veces desordenado y, por consiguiente, algunas explicaciones de su funcionamiento también lo serán. Con frecuencia, las explicaciones solo logran la elegancia ignorando las asperezas de la realidad. En el mundo son muy pocas las cosas que carecen de imperfecciones y características redundantes. La mayoría de los organismos son «kluges», una mezcolanza de partes que han evolucionado *ad hoc* para cumplir un propósito particular en virtud de su disponibilidad, más que de su optimalidad. Ningún diseñador de un mono bípedo habría dotado a los humanos de la columna vertebral que poseemos, por ejemplo. Cualquier explicación que vuelva lo que se explica más simple o más elegante de lo que es debería ser tratada con recelo. La navaja de Ockham necesita una segunda parte: *Esperar de una explicación solo tanta simplicidad como permita el* explanandum *(lo que se está explicando).*

Un problema de la formalización del pensamiento crítico es que divide los argumentos en diferentes clases (deductivos, inductivos, abductivos), cuando en la práctica nuestro razonamiento emplea a menudo elementos de más de una. Así pues, quien intente seguir las reglas del pensamiento podrá distraerse con la pregunta de con qué clase de argumento está tratando. Si preguntase simplemente «¿se sigue?» y prestase mucha atención, vería las fortalezas y debilidades de un argumento con suficiente facilidad.

Consideremos el argumento común de que la prohibición de las drogas no funciona, porque el consumo de drogas sigue siendo elevado cuando está prohibido. Esta es la base de un argumento razonable, al menos para algunas drogas. No obstante, en su forma simple, no se sigue la conclusión. En primer lugar, hemos de preguntar qué significa decir que la prohibición «no funciona». En la forma entimemática del argumento precedente, la conclusión «no funciona» se sigue de la premisa «la prohibición de las drogas no detiene el consumo de drogas». Para hacer que esto se siga de modo deductivo, necesitaríamos añadir otra premisa: «Si la prohibición funcionase, no habría ningún consumo de drogas». Pero eso es altamente cuestionable. Muchas políticas no eliminan el efecto indeseado, simplemente lo controlan. Las leyes contra la conducción temeraria no detienen la conducción temeraria, pero podemos estar seguros de que las carreteras serían todavía menos seguras sin ellas.

Si deseamos evaluar la eficacia de la prohibición, necesitamos entender cuál es su supuesto efecto. ¿Es un menor consumo de drogas? ¿O es acaso un consumo de drogas menos perjudiciales? ¿Estaríamos contentos si la legalización aumentase de forma significativa el uso de ciertas drogas, pero redujese asimismo significativamente la cantidad de daño causado por dicho uso? ¿O tal vez el objetivo principal de la legislación es simplemente poner de manifiesto que nuestra sociedad no quiere tolerar esta clase de conductas? Todo esto nos conduce a una discusión más matizada sobre la prohibición que la de si esta evita que la gente consuma drogas.

Una vez que hemos decidido respecto del resultado deseado, el argumento deviene de carácter inductivo. ¿Cuáles son las pruebas de los efectos de las leyes sobre drogas en el consumo de estas y los daños relacionados con ellas? Yo las desconozco, pero cualquiera que se preocupe de examinarlas descubrirá que son muchas, ya que no solo podemos comparar diferentes territorios con diferentes leyes, sino también lo que ha ocurrido dentro de los territorios que han cambiado su legislación al respecto, como Portugal. (A fin de juzgar cuán exitosas han sido, la necesidad de seguir los números reviste una importancia excepcional). Al hacer tales evaluaciones, tendremos que emplear muchos argumentos en pro de la mejor explicación, puesto que existen posibles razones contrapuestas para casi todos los cambios en los índices de consumo, muerte y delincuencia, ya que todo uso personal de drogas fue despenalizado allí en 2001. Ahora bien, el panorama general está claro: en el peor de los casos, la despenalización no ha empeorado los problemas relacionados con el consumo de drogas en Portugal en comparación con otros países europeos y, en el mejor, los ha reducido.

Para sopesar con detenimiento los méritos y los problemas de la despenalización de las drogas, es preciso aplicar todos los principios esenciales que hemos cubierto hasta aquí: comprobar tus datos, prestar atención y preguntar qué se sigue. No existe ningún algoritmo para razonar con solidez, pero cuando estas destrezas clave del pensamiento se convierten en hábitos, suele ser evidente en qué sentido nos empuja la racionalidad, aun cuando no acertemos a recordar las diferencias entre razonamientos deductivos, inductivos y abductivos, cuantificadores universales y existenciales, y argumentos sólidos y válidos.

Cómo seguir los hechos

- Recuerda que el razonamiento que parte de las evidencias nunca llega a arrojar certeza porque los datos son limitados y existe una brecha lógica entre todo lo que hemos observado y todo lo que existe y existirá.
- Pregúntate por las situaciones presentes o futuras: ¿su característica más importante es su semejanza o su diferencia con los precedentes anteriores?
- Cuanto más guiado esté algo por las leyes fijas y estables de la naturaleza, más seguros podemos estar de que no nos sorprenderá, siempre y cuando entendamos correctamente esas reglas de la naturaleza.

- No te precipites a generalizar en exceso a partir de la experiencia, a usar un conjunto demasiado reducido de datos para extraer demasiadas conclusiones.
- Adecúa tus creencias a las evidencias. Las teorías empíricas son solo tan buenas como las evidencias en las que se basan, y en muchos casos estas no son tan sólidas como suponemos con frecuencia.
- Evita la heurística de disponibilidad: el razonamiento basado en las evidencias más disponibles para nosotros, más que en toda la base evidencial.
- Cuando leas o escuches alguna afirmación llamativa, comprueba su fuente.
- Cuando no sepas o no entiendas lo suficiente sobre un asunto y no exista ninguna opinión experta fiable, no intentes pensar por encima de tus posibilidades. Emplea una metainducción y piensa en lo que tiende a ser cierto de esa clase de cosas.
- Busca la mejor explicación, la que sea, *ceteris paribus* (en igualdad de condiciones), la más simple, más coherente, más exhaustiva y más verificable.
- Utiliza la navaja de Ockham (*no multiplicar los entes sin necesidad*) con el apéndice *esperar de una explicación solo tanta simplicidad como permita el* explanandum (*lo que se está explicando*).
- Comprueba tus datos, presta atención y pregunta qué se sigue.

CAPÍTULO 5

Cuida tu lenguaje

> En cualquier idea genial o en cualquier idea nueva, o sencillamente en cualquier idea seria que nace en la cabeza de un hombre, siempre queda algo imposible de transmitir a otras personas, aunque uno le dedicara tomos enteros y aunque estuviera treinta y cinco años explicándola.
>
> FIÓDOR DOSTOIEVSKI, *El idiota*

«Una constante de la filosofía para algunos filósofos es la idea de que lo que nos defrauda son las palabras: nuestro entendimiento de nuestras palabras y nuestra comprensión de nuestras palabras», afirma el filósofo de Cambridge Simon Blackburn. Muchos de estos filósofos han concluido que enderezar nuestro lenguaje es una manera poderosa de enderezar nuestros pensamientos, quizá incluso la mejor.

Ludwig Wittgenstein expresó una de las versiones más optimistas de esta idea cuando escribió: «Los problemas filosóficos surgen cuando el lenguaje hace fiesta».[1] Este pensamiento se hace eco de las ideas fundamentales de lo que llegaría a conocerse como la escuela de filosofía del lenguaje ordinario, nacida en el Cambridge de Wittgenstein y más tarde dominante en Oxford tras la Segunda Guerra Mundial. Sus partidarios sostenían que los filósofos generan rompecabezas y paradojas sobre el tiempo, el espacio, el significado, la bondad, etc., porque adoptan conceptos que tienen un uso cotidiano perfectamente inteligible y los tratan como si se refiriesen a absolutos abstractos con alguna clase de esencia pura y cristalina. Así, por ejemplo, todo el mundo sabe lo que significa decir que una manzana es buena, pero los filósofos generan problemas al imaginar que existe algo llamado *lo bueno* o *el bien* en sí mismo. Sería una exageración decir que *toda* la filosofía es el resultado de la confusión lingüística, pero los filósofos del lenguaje ordinario nos hicieron un gran servicio al señalar cuántos problemas filosóficos afectan a las palabras, no al mundo.

El deseo de utilizar bien el lenguaje no es una manía de la filosofía británica del siglo XX. En las *Analectas*, preguntan a Kongzi (nombre más auténtico de Confucio) qué es lo primero que haría si tuviera que administrar el gobierno. Su respuesta es: «Lo primero que hace falta es rectificar los nombres». No es de extrañar que le indiquen que está «muy descaminado». ¿Acaso un gobernante no ha de hacer cosas, en vez de preocuparse por escoger las palabras correctas? Pero Kongzi replica:

> Si los nombres no son correctos, el lenguaje no concuerda con la verdad de las cosas. Si el lenguaje no concuerda con la verdad de las cosas, los asuntos no pueden conducirse con éxito. Cuando los asuntos no pueden conducirse con éxito, las propiedades y la música no florecerán. Cuando las propiedades y la música no florezcan, no se impondrán los castigos apropiados. Cuando no se imponen los castigos apropiados, las personas no saben mover manos ni pies.

Aunque la alusión a las «propiedades y la música» suene extraña al oído moderno, la idea general es clara. Si las palabras empleadas para instruir no son apropiadas, las instrucciones no se pueden seguir del modo adecuado. Resulta absolutamente esencial enderezar el lenguaje hasta en sus términos individuales.[2]

Alguien de temperamento filosófico no está acostumbrado a permitir que los enunciados más o menos ciertos o imprecisos queden sin respuesta. Sabe que muchos grandes errores parten de pequeñas equivocaciones. Por ejemplo, los delitos registrados no son lo mismo que los delitos reales, las muertes atribuidas a una causa no son lo mismo que las muertes debidas a dicha causa, los incidentes notificados no son lo mismo que los incidentes reales. Sin embargo, al hablar de delitos, muertes e incidentes, con frecuencia no distinguimos entre los propios fenómenos y los datos registrados sobre ellos. Decimos «La delincuencia ha aumentado», no «Los delitos notificados han aumentado». No hacer estas distinciones puede abocar a errores importantes. Unas políticas más efectivas pueden traducirse en un aumento de las denuncias, llevando a creer que existe más delincuencia cuando en realidad hay menos. Una información más precisa sobre la asistencia sanitaria conduce a menudo a más casos notificados de mala salud, lo cual suele confundirse con un mayor número de casos reales. A la hora de describir los hechos, deberíamos hacerlo con la mayor precisión posible para evitar semejantes malentendidos. La puntillosidad no es mala cuando tu tarea consiste en hilar fino, y ser preciso con tus palabras es muy acertado cuando tu labor es razonar bien. Así pues, ¿cuál es la mejor manera de asegurarnos de emplear bien nuestras palabras?

Cuenta un viejo chiste, aunque no muy gracioso, que si le preguntas a un filósofo si está de acuerdo con un enunciado, en lugar de darte una respuesta directa, te preguntará qué significa el enunciado en cuestión. ¿Crees en el libre albedrío? *¿Qué quieres decir con «libre albedrío»?* ¿Es la democracia la mejor forma de gobierno? *¿Qué quieres decir con «democracia»?* ¿Quieres pudin? *¿Qué quieres decir con «pudin»?*

El llamamiento a «definir tus términos» puede ser exasperante, pero si estamos hablando de ideas serias en lugar de opciones de menú, se trata de una higiene cognitiva básica. Son demasiadas las discusiones en las que las personas hablan sin escucharse las unas a las otras porque emplean las mismas palabras para referirse a cosas diferentes. Por ejemplo, muchas palabras huecas han sido pronunciadas por personas que piensan que tachar una organización de «institucionalmente racista» supone una calumnia contra sus miembros no racistas. Sin embargo, como señala la Comisión para la Igualdad Racial del Reino Unido: «Si se derivan consecuencias racistas para las leyes institucionales, las costumbres o las prácticas, esa institución es racista con independencia de que la gente que mantiene esas prácticas tenga o no motivaciones raciales». Esta directriz se inspira en el Informe Macpherson de 1999 sobre la muerte del adolescente negro Stephen Lawrence, que definía el racismo institucional como «La incapacidad colectiva de una organización de proporcionar un servicio apropiado y profesional a las personas por causa de su color, cultura u origen étnico». Cualquier discusión acerca del racismo institucional está condenada a ser confusa si no dejamos claro su significado específico, que lo distingue del racismo ordinario.

No obstante, a veces no es tan simple como «define tus términos». En muchos debates, toda la disputa gira en torno a cómo definir los términos clave. No habría ningún debate filosófico acerca de lo que es el conocimiento, por ejemplo, si pudiéramos responder la pregunta con una simple consulta en un diccionario. He aquí una aparente paradoja: con el fin de saber lo que estamos intentando definir, debemos poseer ya una comprensión del término en cuestión; pero si ya comprendemos el término en cuestión, ¿por qué no podemos definirlo todavía? Consideremos la naturaleza de la justicia. Los filósofos discrepan sobre qué es y qué exige. Ahora bien, ¿cómo pueden discutir de un modo significativo sus diferencias si no saben lo que quiere decir *justicia* ni si están hablando de lo mismo? Y si saben lo que significa, ¿por qué no están ya de acuerdo en su definición? Esta es la paradoja del análisis, formulada por el influyente filósofo británico G. E. Moore en 1903 y bautizada por el estadounidense C. H. Langford en 1942.[3]

La respuesta comienza con la constatación de que no necesitamos ser capaces de definir una palabra para emplearla con corrección. Los niños jamás podrían aprender a hablar si tuvieran que conocer las definiciones de las primeras palabras que utilizasen. Las palabras han de preceder a las definiciones, ya que estas constan de múltiples palabras. El significado proviene de otro lugar. Como escribió Wittgenstein: «Para una gran clase de casos de utilización de la palabra "significado" —aunque no para todos los casos de su utilización— puede explicarse esta palabra así: el significado de una palabra es su uso en el lenguaje».[4] Ser capaz de usar una palabra de forma apropiada es conocer su significado.

La psicóloga Eleanor Rosch ha dotado de una base empírica al enfoque general. Ella sostiene que primero aprendemos a utilizar las palabras captando sus usos prototípicos. Así es como los niños aprenden las palabras: señalamos a los gatos y decimos «gato», hacemos que alguien se siente y le decimos «siéntate», nos acercamos al fuego y decimos «caliente». En cada caso, la palabra se aprende mediante sus usos más prototípicos e inequívocos.

Ahora bien, los significados de las palabras pueden extenderse más allá de los prototipos básicos a otras cosas, actividades o cualidades estrechamente relacionadas. De ahí que un gato pueda indicar un tipo de felino salvaje o incluso un muñeco de peluche inanimado. Las palabras se pueden usar de forma no literal, y de ahí que un pájaro pueda sentarse en una rama, aunque técnicamente esté de pie. También pueden emplearse metafóricamente, de forma que una persona o un producto pueden estar «calientes», con independencia de su temperatura real. Cuando los significados se alejan lo suficiente del prototipo, alcanzamos los usos fronterizos de una palabra, en los que puede no estar claro si es o no correcto su empleo en ese contexto. ¿Un tronco caído en el bosque es una silla si puedo sentarme en él? ¿Está todavía caliente mi café cuando se ha enfriado hasta 60 °C o está meramente templado? Es absurdo exigir respuestas precisas a estas preguntas, ya que el alcance legítimo de la mayoría de las palabras no está delimitado con precisión.

A veces, el significado se establece mediante definiciones estrictas; recordemos que Wittgenstein decía que el principio del significado como uso no era aplicable a todas las palabras. En ciencia, términos tales como *fuerza*, *masa* y *velocidad* poseen definiciones precisas. También podemos definir palabras por razones legales, creando distinciones absolutas entre menores y adultos, empleados y contratistas, parejas casadas y convivientes, y así sucesivamente.

Todo esto explica por qué es posible tener un rompecabezas genuino respecto del significado de un concepto como «verdad» o «justicia», al tiempo que somos perfectamente capaces de usar la palabra en el habla cotidiana. Estos conceptos poseen usos prototípicos que pocos discutirían. Matar de forma gratuita a una persona inocente es injusto; mentir es no decir la verdad. Ahora bien, aparte de esos casos evidentes, existe más ambigüedad y podemos discrepar respecto de cómo deberían usarse las palabras. El lenguaje ordinario nos ha proporcionado estos conceptos vagos y muchos desean hacerlos más rigurosos.

Este deseo puede ser a veces una peculiaridad de la personalidad que refleje las necesidades del hablante, más que las de la comunidad humana de conocedores. ¿Qué importa si un pan plano es una *pizza* o un *manakish* si está bueno? Sin embargo, ser lo más precisos posible con nuestras palabras resulta a menudo esencial, o al menos muy útil, en aras de la comunicación y el entendimiento efectivos.

Consideremos que muchas palabras poseen múltiples significados, y si cambiamos un uso por otro, ya sea por error, ya de forma deliberada, cometemos la falacia de la equivocación. Por ejemplo, el vocablo inglés *right* puede significar 'bueno' o 'correcto', 'un derecho humano o legal' y 'la dirección opuesta a la izquierda'. Tener derecho a hacer algo no convierte en correcta la acción, aunque muchos parecen pasar por alto estos dos significados de *right*. Tengo derecho a ser ofensivo, pero con frecuencia es malo o incorrecto obrar de ese modo. En un contexto menos serio (al menos habitualmente), todos hemos tenido la experiencia de intentar averiguar qué camino tomar con el coche, haciendo una sugerencia y recibiendo como respuesta *right*, sin estar seguros de si eso significaba «correcto» o «no a la izquierda».

A veces, el propósito de precisar un concepto no es identificar su verdadero significado, sino abogar por cuál debería ser este. «Justicia» no es, como pensaba Platón, un concepto universal y atemporal a la espera de que descubramos su esencia. La justicia es algo a lo que nosotros damos forma. La palabra no nos dice si requiere igualdad económica, la abolición de las distinciones basadas en el sexo biológico o la mitigación de las privaciones de la infancia. Eso no quiere decir que la justicia pueda definirse como queramos. Ha de enraizarse en el concepto cotidiano o estaremos empleando las mismas letras para referirnos a otra cosa. Ahora bien, entre la gama de formas posibles en las que la justicia puede tornarse más precisa, no hay nada en el concepto dado capaz de establecer por qué definición deberíamos decantarnos.

Uno de los recursos retóricos más asequibles consistiría en estipular que una palabra significa tal o cual cosa y zanjar el debate. Pero la defensa requiere argumentos. Por ejemplo, no podemos limitarnos a decir que estamos empleando una palabra en cierto sentido; hemos de ofrecer razones por las que ese es el significado que todos deberíamos utilizar.

Con mucha frecuencia, la defensa lingüística es subrepticia más que explícita. A menudo se estipulan las definiciones, a veces de manera implícita, y no advertimos cuándo las estipulaciones son cuestionables. Las dos principales formas en las que las definiciones estipulativas obran a hurtadillas son por alta y por baja redefinición. La alta redefinición *restringe* el significado habitual de un término. Por ejemplo, los políticos populistas dicen hablar en nombre del «pueblo», pero en cualquier interpretación normal del «pueblo» es obvio que no hablan en nombre de todos. El significado del «pueblo» se restringe de forma implícita, de suerte que si tú discrepas, no perteneces al «verdadero pueblo», sino que te conviertes en su enemigo. Análogamente, cuando se habla de los «auténticos patriotas», la intención es excluir a muchos de la categoría de lo patriótico sobre la base de que no están de acuerdo con lo que los estipuladores dicen que exige el patriotismo.

La baja redefinición funciona a la inversa, diluyendo el significado de una palabra para volverla más inclusiva. Por ejemplo, Humanists UK empleó en cierta ocasión los datos de una encuesta de opinión para sugerir que había diecisiete millones de humanistas en el Reino Unido, en torno a un tercio de la población. Semejante afirmación requería una flagrante dilución de lo que significa ser un humanista. Un criterio necesario para ser humanista es no creer en ningún dios ni fuerza sobrenatural, pero la encuesta no preguntaba al respecto. Antes bien, se consideraba humanista a cualquiera que estuviese de acuerdo con tres creencias humanistas: la importancia de las evidencias para entender el universo, la posibilidad de explicar el bien y el mal solo mediante la naturaleza humana, y la idea de que los juicios morales se basan en los efectos de las acciones sobre las personas, la sociedad y el mundo. Es como preguntar a la gente si está de acuerdo con tres creencias relativas a los derechos de los animales y concluir que son veganos, sin preguntarles si se alimentan solo de vegetales. Como patrocinador de Humanists UK, temo admitir que el deseo de destacar la verdad de que hay más personas en Gran Bretaña que son humanistas en su perspectiva de las que se identifican a sí mismas como humanistas los llevó a bajar el listón para ser un humanista, exagerando su prevalencia.

Un ejemplo importante de un debate (aunque este término pueda ser demasiado gentil) que gira en torno a la defensa del alcance adecuado de una palabra controvertida es el que concierne a la mejor manera de promover los derechos de las personas transgénero. Aunque esta es una cuestión que atañe a la esencia de cómo las personas se perciben a sí mismas, depende en buena medida de una discrepancia respecto de cómo deberíamos usar las palabras. ¿Son «mujer» y «hombre» categorías determinadas por el sexo biológico objetivo, o son constructos sociales que podrían ser usados por alguien sin ningún marcador biológico prototípico? La respuesta evidente es que son ambas cosas: una persona tiene tanto un sexo (biológico) como un género (una identidad socialmente construida). Si convenimos en ello, la discrepancia no afecta entonces a cómo son las cosas, sino a la mejor manera de regular socialmente el uso de estas categorías. En otras palabras, en qué situaciones deberían entenderse «mujer» y «hombre» como categorías biológicas, y en cuáles deberían referirse al género.

Una de las razones por las que el asunto resulta más complejo es que mucha gente cree que solo uno de estos usos es legítimo. Algunos sostienen que la identidad de género carece de sentido, pues no designa ninguna cualidad real de «feminidad» o «masculinidad», sino un mero sentimiento personal. Otros creen que las categorías biológicas «masculino» y «femenino» no son objetivas, ya que todos los conceptos científicos son artefactos humanos. Otros creen que las categorías biológicas son reales, pero irrelevantes a la hora de considerar cómo deberíamos dirigirnos y reconocer a las personas en el mundo social. En otras palabras, solo son legítimas en el estrecho dominio de la biología.

No podemos confiar en resolver el asunto de cuál es la mejor manera de proteger los derechos de las personas trans a menos que todos los protagonistas reconozcan que esta no es, ni podría ser jamás, una simple cuestión de enfrentarse a los hechos. Ambos lados tienen que argumentar por qué su uso preferido es la mejor forma de promocionar los derechos tanto de las personas trans como de quienes se identifican con su sexo biológico. Ambos lados están implicados en la *defensa* de sus usos preferidos del lenguaje del sexo y del género; no se limitan a tratar de demostrar que un uso sea objetivamente correcto.

El poder de las palabras bien definidas para agudizar nuestra comprensión explica por qué los filósofos han sido siempre tan aficionados a las nuevas distinciones conceptuales. Consideremos, por ejemplo, la distinción de Gottlob Frege entre *sentido* y *referencia*, que ha sido canónica en la filosofía occidental desde que el filósofo, lógico y matemático publicase su artículo seminal en 1892. La referencia de un nombre es la cosa o clase de cosas a la que se refiere. Así pues, si deseamos conocer la referencia de *gato*, basta con señalar a algunos gatos. El sentido es el significado de una palabra, lo cual no es exactamente lo mismo. Por ejemplo, *Rover* y *tu perro* podrían referirse al mismo animal. Sin embargo, *Rover* y *tu perro* no tienen el mismo sentido exacto. *Rover* es un nombre propio que pertenece por entero a ese sabueso, en tanto que *tu perro* es una descripción que gira en torno a la relación entre tú y él. Si entregaras a Rover en adopción, no cambiaría el sentido de ambos términos ni tampoco la referencia de *Rover*, pero la referencia de *tu perro* se desvanecería o sería transferida al sustituto del sabueso reemplazado.

En la práctica, los seres humanos son instintivamente buenos usuarios del lenguaje y el contexto tiende a evitar la mayoría de las potenciales confusiones que podrían surgir de la distinción entre sentido y referencia. Pero a veces la diferencia puede hacernos tropezar o incluso utilizarse para engañarnos de forma deliberada. Por ejemplo, en abril de 2016, el Gobierno del Reino Unido introdujo un salario vital nacional para todas las personas mayores de veintitrés años. Hasta entonces, el sentido de *salario vital* era «la remuneración recibida por una semana laboral estándar por un trabajador en un lugar determinado, suficiente para permitir un nivel de vida decente para el trabajador y su familia».[5] El Gobierno británico tomó prestado el término y lo usó para referirse al salario *mínimo* nacional, redefiniendo esencialmente su imagen. De ahí que la Living Wage Foundation («Fundación para el Salario Vital») sostenga que el nuevo «salario vital» oficial del Gobierno no se refiere a lo que ellos denominan *salario vital real*. En 2020-2021, por ejemplo, el «salario vital» del Gobierno era de 8,91 libras por hora, mientras que el salario vital real, según los cálculos de la Living Wage Foundation, era de 9,50 libras, y de 10,85 libras en Londres, donde el coste de la vida es más elevado.[6]

En la práctica, esto es doble lenguaje orwelliano: utilizar una palabra o una frase que posee un significado claro para referirse a algo que no encaja en absoluto con ese sentido. Muchos comunicadores emplean esta táctica. Los alimentos se etiquetan como «saludables» o «naturales» cuando los ingredientes o el proceso de fabricación no concuerdan ni remotamente con tu sentido de lo que significa *natural*. Se usan frases hiperbólicas como «valor increíble» para referirse a cosas que en realidad son un timo. El sentido es secuestrado por un referente que no concuerda y no siempre nos damos cuenta de ello.

Podemos designar esto como *deslizamiento semántico*: una palabra que generalmente se supone que significa una cosa se emplea con un sentido ligeramente diferente, pero mediante un cambio lo bastante sutil o gradual como para pasar desapercibido. Este deslizamiento es más fácil cuando las palabras poseen significados ambiguos. Se trata de una táctica comercial habitual. Los vendedores utilizan una palabra o frase con la intención de que se entienda de cierta forma, cuando su verdadero significado es otro. La ambigüedad se emplea como una estrategia deliberada de engaño. Uno de los ejemplos más flagrantes es el uso del término *granja* para evocar imágenes de campos llenos de animales felices. Sin embargo, en la actualidad, una granja podría referirse, y suele hacerlo, a un corral de engorde completamente cercado donde los animales no pueden siquiera moverse, ni mucho menos salir. Esa no es la clase de «granja» en la que piensa alguien que ve una etiqueta que reza «fresco de granja». En este contexto, *granja* no capta ningún significado, sino meras asociaciones. No añade información alguna, ya que, hasta que no llegue el día en que seamos capaces de fabricarlos, buena parte de los alimentos de origen animal proceden de una granja.

La ambigüedad es una amenaza constante para la claridad del pensamiento y la comunicación. Las implicaciones de la ambigüedad en el mundo real pueden ser mortalmente graves. Una de las razones clave por las que Derek Bentley fue ahorcado en 1953 por el asesinato de un policía es que le dijo a su cómplice, que estaba apuntando con el arma: «Let him have it». En el argot inglés, esta frase puede significar «pegarle un puñetazo», «darle una patada» o «dispararle». Ahora bien, también puede significar «Entrégale el arma», que habría sido una respuesta sensata a la orden del agente de policía: «Dame el arma, muchacho». El uso de la ambigua expresión por parte de Bentley probablemente le costó su vida.

Cuando no acertamos a despejar las ambigüedades potenciales, nuestras discrepancias pueden terminar versando más sobre las palabras que sobre temas sustanciales. El filósofo australiano David Chalmers tiene un consejo muy útil para ayudarnos a ir más allá de las «disputas esencialmente verbales». Dice que la pregunta de la que deberíamos partir no es «¿cuál es el verdadero significado de esta palabra?», sino «¿qué papel necesitamos que desempeñe esta palabra?».

Tomemos su ejemplo del libre albedrío. Casi todo el mundo cree que tenemos la capacidad de tomar decisiones libres de coerción como resultado de nuestros procesos internos de toma de decisiones; todo ello, por supuesto, bajo la influencia de nuestra historia y nuestro entorno. Unos dicen que esto equivale al libre albedrío, otros sostienen que esto no es suficiente. Creen que también es importante que nuestras elecciones se originen en última instancia en nosotros mismos, y que no es inevitable en modo alguno, dada tu historia y tu entorno, que tomes una decisión en lugar de otra en una determinada situación. Sin este escape de la inevitabilidad, aducen que nuestras nociones de responsabilidad, elogio y censura carecen de sentido.

No hay ninguna manera directa de decir quién tiene razón respecto de lo que *realmente* significa *libre albedrío*. Es más fructífero preguntar: ¿qué papel ha de desempeñar el concepto de libre albedrío en nuestra manera de entender nuestra vida y nuestro yo? ¿Debería reservarse para el segundo y más fuerte sentido de actuar libremente, o está bien aplicarlo a las elecciones exentas de coacciones? Hemos de decidir al respecto antes de poder decir si poseemos o no libre albedrío; de lo contrario, podríamos estar de acuerdo respecto del grado de libertad que tenemos y simplemente discrepar acerca del nombre apropiado para este.

Con frecuencia no existe una respuesta verdadera o falsa en lo que atañe al uso «correcto». Como señala Chalmers: «Bien puede suceder, y creo que en efecto ocurre, que dos personas diferentes estén interesadas en papeles totalmente distintos. [...] Hace falta mucho trabajo para averiguar cuál es en realidad el papel que a ti te interesa». Sencillamente hemos de tener claro cuál está en juego.

Retomemos el problema de las personas transgénero. La cuestión no es simplemente «¿qué significan palabras como *hombre* y *mujer*?». Es «¿qué papel necesitamos que desempeñen?». ¿Necesitamos que estos términos establezcan distinciones biológicas o alguna otra clase de distinción? Esto ilustra cómo, si bien es importante escoger las palabras correctas, estas disputas no son «meramente lingüísticas». El lenguaje es relevante porque cuando decidimos qué palabras usar y con qué significados, estamos identificando lo que pensamos que importa.

Pese a la reputación de los filósofos de ser abstrusos, yo he descubierto que aquellos a los que más he admirado están casi obsesionados con ser lo más claros posible y son meticulosos en su uso del lenguaje. La presentadora Joan Bakewell, quien ha conocido a muchos filósofos en su ilustre carrera, también ha reparado en ello, y señala: «Los filósofos usan palabras que son corrientes y que todos utilizamos, pero ellos las emplean con tanta precisión que si los escuchamos y luego intentamos interpretar lo que están diciendo vagamente, la cosa no funciona».

A título de ejemplo, Roger Scruton declaraba: «Llevo una vida estudiosa y me esfuerzo sobremanera para conseguir la palabra adecuada, la oración adecuada y así sucesivamente, por lo que no necesitaría preocuparme si tuviera esa sensación de que esto posee un valor intrínseco. Si no lo hiciera y escribiera de forma descuidada, sería incapaz de propagar mensaje alguno».

Muchos filósofos valoran escribir para un público no profesional precisamente porque los obliga a expresarse con más claridad. John Searle hablaba de la «tremenda disciplina intelectual» que supone escribir para el lector no especializado. «Siento que, si no puedes decirlo con claridad, tú mismo no lo entiendes. Por tanto, en parte es en mi propio beneficio». Cuando te ves forzado a explicar las cosas con claridad, «las debilidades intelectuales de tus ideas son mucho más evidentes».

Simon Blackburn lamenta que, con excesiva frecuencia, la oscura jerga académica desplaza el lenguaje claro. Dedica una deliciosa crítica a su colega Michael Dummett, célebre por su intelecto, pero notorio por su impenetrable prosa: «Está claro que Dummett nada aquí en profundas aguas filosóficas. Ahora bien, es una cuestión discutible si nos lanza un salvavidas o nos empuja hacia el fondo».

La impenetrabilidad de mucha prosa filosófica es a menudo, por desgracia, puramente un asunto de mala escritura, más que de alguna dificultad inherente en las ideas. El presentador Melvyn Bragg ofrece evidencias de ello al describir su amistad con el gran Peter Strawson, uno de los filósofos británicos posteriores a la Segunda Guerra Mundial más respetados. «Me encantaba su enorme precisión y su ponderación de las palabras», decía Bragg:

> Con Peter nunca me resultaba difícil debatir, ni siquiera discutir. Ahora bien, cuando intentaba leer sus libros, me descubría a mí mismo a menudo con la mente bloqueada. Aquello estaba escrito claramente en lengua inglesa y había claramente oraciones equilibradas con gran belleza, pero se requería una clase particular de entrenamiento de la que yo carecía. Al leer ciertos libros [de filosofía], enseguida siento que es más fuerte la marea que viene contra mí que la que me arrastra hacia el mar.

A veces se diría que los filósofos están orgullosos de lo difícil que resulta leerlos. No es el caso de T. M. (Tim) Scanlon, el filósofo moral estadounidense cuyo primer libro, *Lo que nos debemos unos a otros*, inspiró la comedia televisiva *The Good Place*. Recuerda cómo su padre, un abogado y un hombre muy instruido, «estaba realmente impaciente por leer mi libro y luego sintió una terrible decepción al descubrir que era ilegible». Scanlon no culpa al juicio de su padre. «En cierto sentido, es ilegible. Uno de los informes de lectura para la prensa cuando se publicó decía: "Este libro está escrito en inglés ordinario; no contiene símbolos y escasea lo que podría denominarse terminología técnica, pero esta apariencia es totalmente engañosa"». Uno de los protagonistas de *The Good Place* necesita una vida infinita en el más allá para ser finalmente capaz de terminar el libro de Scanlon.

Unos confunden la prosa difícil con las ideas intrínsecamente profundas y complejas; otros ven las oraciones opacas como signos inequívocos de seudoprofundidad. Ambas ecuaciones son simplistas. Algunos pensamientos excelentes se expresan mal, y algunos pensamientos deficientes se transmiten con una elocuencia y una lucidez engañosas. Scanlon es un ejemplo de lo primero. Él es un filósofo excelente que bien merece el considerable esfuerzo que requiere su lectura.

El político y filósofo Jesse Norman ofreció una buena defensa de la escritura difícil: «No creo que sea lo peor del mundo que a una idea le cueste plasmarse en un discurso de ascensor. El problema del mundo no es que haya demasiadas ideas profundas que carezcan de un resumen ágil, es que hay demasiadas ideas superficiales *con* un resumen ágil».

Seguramente Timothy Williamson estaría de acuerdo. A veces cuesta seguirlo, pero no porque no sea todo lo claro que permite su tema. Cuando lo entrevisté, sus respuestas sonaban casi vacilantes, y eran frecuentes las pausas entre cláusulas e incluso entre palabras sueltas. Sin embargo, cuando transcribí más tarde nuestra conversación, descubrí, de manera inusual para un entrevistado, que casi todas sus oraciones están perfectamente construidas, al igual que los pensamientos que expresan. Su discurso refleja una importante virtud del pensamiento: el deseo de ser lo más preciso posible, ni más ni menos.

De manera paradójica, el deseo de claridad puede ser una de las razones por las que la prosa resulte difícil de entender. Para ser preciso en tu pensamiento, con frecuencia tienes que hacer sutiles distinciones conceptuales, lo cual puede requerir acuñar nuevos términos. Esta «jerga» puede resultar poco atractiva y difícil de descodificar, pero tiene su razón de ser. La perspicuidad y la precisión entran a veces en conflicto: en aras de la precisión, puedes tener que emplear tecnicismos o bien dotar de un significado más técnico a los términos familiares. En filosofía, con frecuencia, el lenguaje no está tanto de vacaciones como en comisión de servicios.

La precisión requiere también a veces oraciones que pueden parecer perifrásticas a primera vista. Me he encontrado a menudo con que cuando los correctores revisan mis trabajos, los peores reaccionan mal ante ciertas oraciones que parecen rebuscadas en exceso, pero su reformulación más «elegante» cambia sutilmente el significado de maneras cruciales. En ocasiones, las ideas complejas requieren una sintaxis compleja y torpe que jamás toleraría un poeta.

El problema de mucha de la filosofía difícil no estriba en que a veces tengamos que usar un lenguaje complejo, sino en que «la máquina ha empezado a funcionar por sí sola», como dice Bernard Williams. Este enfoque conduce al «escolasticismo», que Williams define como «establecer distinciones más allá de un punto en el que tengan algo que hacer que preocuparía a cualquier persona adulta respecto de esta clase de asunto». Tim Crane cree que uno de los motivos para este tipo de ofuscación, al menos en ciertas especialidades, es que «todos desean crearse un pequeño espacio propio, por lo que muchos hacen cosas falsamente técnicas».

Williams concluía: «Algo puede distinguirse por exceso o por defecto. La necesidad de otra distinción siempre tiene que mostrarse a sí misma. No deberíamos hacerla solo porque sí». Los mejores pensadores solo emplean un lenguaje técnico cuando necesitan que sea más preciso que la modalidad cotidiana. Como cualquier equipamiento especializado, la jerga es inestimable cuando resulta estrictamente necesaria e inútil cuando bastaría con una palabra corriente.

Algunos filósofos llegan a enamorarse demasiado de sus tecnicismos. Wittgenstein advertía del «embrujamiento de nuestra inteligencia mediante nuestro lenguaje», y este hechizo puede ser lanzado por modos de hablar ordinarios o especializados. Las palabras modelan nuestros pensamientos y a veces pueden deformarlos. Una de las maneras en las que puede suceder esto es mediante lo que el filósofo oxoniense Gilbert Ryle denominaba *errores categoriales* en su obra clásica de 1949 *El concepto de lo mental*. Esto ocurre cuando escogemos una palabra para referirnos a una clase de cosas cuando en realidad se refiere a otra. Por ejemplo, cuando Basil Fawlty, en la serie de televisión *Hotel Fawlty*, le dijo a su invitado a cenar que no podía hacerle una ensalada Waldorf porque «se nos acaban de terminar los Waldorfs», estaba confundiendo *una forma de preparar una ensalada* con *un ingrediente para una ensalada*.

Si fuera más ignorante aún de lo que soy en materia de tecnología, podría cometer un error categorial al pensar en cómo se hace una copia de seguridad de este documento en «la nube». Podría imaginar que «la nube» es una sola cosa unificada: un gigantesco banco de memoria en algún lugar del desierto de Nevada o quizá un etéreo centro de almacenamiento en el cielo. Estos errores serían naturales porque *la nube* es un nombre propio, y se supone que los nombres propios se refieren a cosas específicas. Sin embargo, en realidad, «la nube» no es más que una red mundial de centros físicos de almacenamiento interconectados, y mis datos se almacenan de tal manera que se distribuyen entre ellos, no en un solo lugar. Mi error categorial consistiría en concebir la nube como una única cosa, cuando de hecho se refiere a una red de cosas y a su configuración.

Ryle creía que muchos de nosotros cometemos un error categorial cuando pensamos en la mente. Decir que tenemos una mente no es lo mismo que decir que poseemos una cosa no material dentro de nuestra cabeza. Antes bien, supone afirmar que tenemos la capacidad de pensamiento y conciencia. Al igual que una canción o un poema, una mente existe en las sustancias físicas, pero no es un objeto en sí misma.

El filósofo de la religión contemporáneo Richard Swinburne, quien sostiene la obsoleta concepción «dualista» de que la mente y el cuerpo son dos sustancias distintas, continúa cometiendo este error. Cuando lo entrevisté a propósito de este asunto, empezó a resumir su argumento diciendo: «Existen cosas y estas tienen propiedades. Yo soy una sustancia y tengo propiedades».

Esta oración inicial plantea el interrogante que está tratando de responder: «¿Cuál es la naturaleza del yo?». Swinburne afirma: «Yo soy una sustancia», colocando su yo en la categoría de las sustancias. Esto descarta la posibilidad de que el yo no sea una sustancia, sino algo que surge del funcionamiento de una sustancia, como la música que surge de un altavoz o el *software* que se ejecuta en un ordenador. Es evidente que, sea lo que sea, estoy «incorporado» en una sustancia, un animal humano, pero eso no significa que las actividades que constituyen mi *yo* (como el pensamiento y la emoción) sean ellas mismas sustancias.

Nuestra comprensión del mundo se ve distorsionada con frecuencia por semejantes embrujos del lenguaje. Pongamos otro ejemplo, en este caso, de la psicoterapia. Habida cuenta de que palabras como *tratamiento* y *paciente* son de uso frecuente, muchos suponen que la salud mental es igual que la salud física. Por consiguiente, creen que la adicción se puede tratar como una enfermedad, cuando no es algo que se pueda «curar» ni tampoco controlar solo con la aplicación de un «tratamiento». Si, como hacen muchos terapeutas, hablamos de «trabajar con clientes» más que de «tratar a pacientes», las diferencias entre salud mental y física devienen más obvias.

La forma de evitar semejante embrujo es, como siempre, prestar mucha atención. Las palabras traen consigo asociaciones e implicaciones, muchas de las cuales no son detectadas por la percepción consciente. La pregunta que hemos de hacernos es: «¿Existe alguna forma en la que estas palabras, o su disposición, me induzcan a error?». O, por decirlo de un modo más simple todavía: «¿Significa esto lo que pienso que significa?».

Un aspecto importante del significado es el grado de precisión de una palabra o frase dada. Del mismo modo que podemos ser demasiado imprecisos con nuestro lenguaje, también podemos equivocarnos cuando intentamos hacer el lenguaje más preciso de lo que es. Una forma de hacerlo es tomarse algo demasiado al pie de la letra. Si te dicen que le leas la cartilla a alguien, no tienes que leerle literalmente cartilla alguna. En tales casos, interpretar literalmente las palabras de alguien supone interpretarlas de forma errónea.

La literalidad se ha convertido en un asunto clave en los debates acerca de la religión. Los ateos militantes se han apresurado a veces a argüir que, dado que el universo fue creado por el *big bang* y no en seis días por Dios, y que la Biblia no es la palabra de Dios, sino la obra de escritores humanos, por consiguiente, la religión es falsa y eso es todo cuanto cabe decir. En respuesta, muchas personas han defendido la religión alegando que, al menos en sus mejores versiones, esta no consiste en absoluto en semejantes verdades literales. En palabras del filósofo y previamente ordenado sacerdote católico Anthony Kenny: «Aunque yo creo que las religiones no son verdaderas en sentido literal, poseen un gran valor poético, y en realidad los filósofos no han reflexionado lo suficiente acerca de las clases poéticas de significatividad y cómo encajan estas en la ciencia, por un lado, y, por el otro, en cómo deberíamos vivir nuestra vida».

Aunque coincido con Kenny, sería un error suponer que el lenguaje religioso es *siempre* no literal. Para muchos creyentes, posiblemente la mayoría, no solo es literalmente verdadero que Jesús resucitó de entre los muertos y que Dios escucha sus oraciones, sino que *importa* de veras que estas verdades sean literales. No quieren vida metafórica después de la muerte, quieren ir al cielo. Así pues, necesitamos saber *cuán* literalmente emplean las personas el lenguaje religioso si aspiramos a mantener una discusión constructiva con ellas, sin asumir que son literalistas ni que deben de estar hablando de forma poética.

A veces, el problema no estriba en que interpretemos demasiado literalmente a los demás, sino en que nos interpretemos con excesiva literalidad a nosotros mismos sin percatarnos de ello. Esta era parte de la crítica de Mary Midgley a las aproximaciones a la filosofía y a la ciencia que consideran que existen ciertos hechos verificables e inequívocos que son los únicos objetos apropiados del conocimiento. Desde la década de 1970 hasta su muerte en 2018, sostuvo que muchos de esos supuestos hechos son metáforas disfrazadas: «Lo que la gente considera pensamiento oficial y apropiado es con frecuencia una versión simplificada de un mito y una metáfora que ha estado usando», decía. Si utilizamos estas metáforas y olvidamos que lo son, pronto terminamos en un embrollo. A Midgley le preocupaba en particular el uso del lenguaje mecanicista para describir a los seres humanos, como cuando se afirma que «la mente humana es solo un ordenador hecho de carne». Midgley aducía que «no es solo que las personas empleen metáforas de las que no son plenamente conscientes, sino que utilizan dichas metáforas de modo explícito como hechos».

Las ideas de Midgley no gozan de una popularidad universal entre los filósofos, muchos de los cuales alegan que conocen la diferencia entre una metáfora y un enunciado literal, muchas gracias, y no corren el riesgo de confundir ambas cosas. La fuerza del argumento de Midgley disminuye sin duda por el hecho de que escogió la colina (metafórica) equivocada para morir (metafóricamente). En un —quizá tristemente— célebre artículo, criticó al biólogo Richard Dawkins por hablar de «genes egoístas», cuando los genes no pueden ser egoístas, pues carecen de capacidad de acción. A su juicio, el problema de esta metáfora estribaba en que llevaba a las personas a creer que los seres humanos, no solo sus genes, son egoístas por naturaleza.

No obstante, Dawkins fue muy preciso con su metáfora, consciente de que era una metáfora, y señaló de modo explícito que no quería decir que los organismos humanos en su integridad (esto es, las personas) fueran necesariamente egoístas. Da la impresión de que el error de Midgley era una forma de sesgo de confirmación: estaba tan convencida de la verdad de su propia teoría que veía evidencias en favor de ella por doquier, incluso cuando estaban ausentes. Al martillo, todo le parecen clavos; a Midgley, todo le parecía una metáfora mal utilizada.

La moraleja de esta historia es importante: el problema de muchas teorías no es que sean falsas, sino que no son piedras de Rosetta para descodificarlo todo. El buen pensamiento requiere que no aceptemos sin más las nuevas ideas, ni siquiera las mejores.

Incluso si es cierto que nuestro discurso contiene muchas metáforas ocultas, a la hora de examinar las ideas nos resulta más beneficioso hablar del modo más directo posible. Hemos de evitar las digresiones y las declaraciones gnómicas. «¡Vayamos al grano!», decimos. Sin embargo, a veces nos expresamos mejor *no* yendo al grano, o al menos apuntando a algo que no es ni de cerca tan nítido.

Esta forma de pensar es muy evidente en las tradiciones taoísta y zen. En ambas existe una suerte de desconfianza hacia las palabras. El mundo siempre evita ser capturado del todo por el lenguaje. Según el *Sutra Shurangama*, texto budista del siglo VII, el lenguaje es como «un dedo que señala a la luna». Si alguien «mira el dedo en su lugar y lo confunde con la luna, no solo pierde la luna, sino también el dedo. ¿Por qué? Porque confunde el dedo que apunta con la luna brillante».[7] Las palabras nos señalan aquello a lo que hemos de atender; ellas mismas no deberían ser el foco último de atención.

Señalar a la luna es algo bastante sencillo. Ahora bien, a veces necesitamos dar instrucciones verbales que son menos claras. El filósofo danés decimonónico Søren Kierkegaard era un maestro en esto. La mayoría de las obras de Kierkegaard no son sencillos tratados, sino ficciones escritas desde el punto de vista de varios seudónimos, incluidos un juez, un seductor y un editor llamado Hilarius Bookbinder. Kierkegaard creía que no se podía criticar ninguna forma de vida desde una perspectiva externa y enteramente objetiva. Las visiones del mundo tenían que ser examinadas desde dentro: esa era la forma de revelar más cabalmente sus fortalezas o contradicciones internas.

El ensayista, historiador y filósofo Jonathan Rée ve este mismo espíritu en uno de los sucesores de Kierkegaard. «Al igual que Kierkegaard antes que él, Wittgenstein se percató de que existen formas de inteligencia filosófica que no se prestan a explicación directa o comunicación explícita. [...] Wittgenstein sabía, como dijo en cierta ocasión, que la filosofía debe ser "escrita como la poesía"».

Wittgenstein llega demasiado lejos: no *toda* la filosofía *debe* escribirse como la poesía. No obstante, la filosofía académica contemporánea ha vuelto difícil que cualquier cosa que se asemeje a la poesía se acepte como filosofía. No sucede así en Japón, donde la poesía es un género filosófico esencial. El filósofo del siglo XIII Dōgen, por ejemplo, escribía tanto ensayos como poemas. En la filosofía japonesa, «lo importante es sentir, no conceptualizar», me explicó Yasuo Kobayashi. A veces no es posible transmitir aquello a lo que uno ha atendido cuidadosamente con la precisión de la prosa, y la única manera de comunicarse es mediante un lenguaje poético más indirecto.

Pese a la suposición de que la filosofía occidental siempre requiere una terminología precisa, esta está repleta de palabras que señalan hacia un significado sin concretarlo. Consideremos el concepto de *haecceitas* o *estidad* del sacerdote, filósofo y teólogo escocés Duns Scoto, aquello que hace que una cosa sea esa cosa particular que es. No está claro en qué consiste en realidad la *haecceitas* y, en el transcurso de los siglos, la gente ha llegado a conclusiones muy diferentes al respecto. La más popular en la actualidad parecería ser que la *haecceitas* no existe, ya que pocos filósofos poseen una teoría sobre ella.

O tomemos el concepto más moderno de *qualia* (el plural de *quale*), el sentimiento subjetivo de las experiencias. La palabra existe porque la mayoría de la gente coincide en que existe algo semejante a ser consciente, y los *qualia* se refieren a este «algo semejante a». Pero incluso como término técnico carece de precisión, de suerte que la *Stanford Encyclopedia of Philosophy* ofrece cuatro definiciones diferentes. Y, como en el caso de la *haecceitas*, algunos, el más famoso de los cuales es Daniel Dennett, niegan incluso que los *qualia* existan. Dennett sostiene que podemos aceptar que hay algo semejante a ser consciente sin postular la existencia de esas cosas indefinibles llamadas *qualia*.

No pretendo exagerar la importancia de la vaguedad y la imprecisión. En términos generales, ambas han de ser evitadas. No obstante, la idea de que podemos y debemos ser precisos en todo momento conlleva una exigencia que no podemos satisfacer. En tanto en cuanto existan cosas que nuestra mente o nuestro lenguaje no puedan aprehender con claridad en su totalidad, será necesario hablar de forma metafórica, elíptica y poética. Rechazar ese lenguaje como no filosófico equivale a afirmar que hay cosas de las que no debemos hablar y en las que no debemos pensar en absoluto. Es célebre la máxima de Wittgenstein «De lo que no se puede hablar hay que callar».[8] Sabiamente, no dijo: «De lo que no se puede hablar *con precisión* hay que callar».

No solo se trata de que el lenguaje tenga sus límites; todo lenguaje particular tiene también sus propias limitaciones. Las palabras esculpen el mundo y demarcan ciertos aspectos de la experiencia. Esto significa inevitablemente que algunas cosas escapan de su captura y que no se materializan formas alternativas de categorización. Cualquiera que hable más de un idioma tendrá ejemplos de ello. El español y el italiano cuentan con dos palabras para el inglés *to be*, en tanto que el inglés dispone de un solo término. Si pensamos en ello, resulta extraordinario que este verbo absolutamente fundamental se conceptualice de diferente modo en idiomas tan íntimamente relacionados.

Además, si alguna vez has intentado explicar, por ejemplo, la diferencia entre los verbos españoles *ser* y *estar*, sabrás que resulta muy difícil. Acabas con algo muy semejante a una distinción filosófica, como: *ser* se usa para la naturaleza y la cualidad permanentes de una cosa y *estar* para sus propiedades temporales y relacionales. Sin embargo, ninguna regla explica todos los usos: la muerte es un estado permanente, pero en español se dice de los difuntos que *están muertos*.

No existe ninguna razón para que un idioma no pueda tener más verbos aún para *to be*. La palabra inglesa tiene al menos cuatro sentidos esenciales diferentes: ser un ejemplo de algo (*Felix is a cat* [«Félix es un gato»]), tener una propiedad (*Felix is furry* [«Félix es peludo»]), estar ubicado en algún sitio (*Felix is in his basket* [«Félix está en su cesta»]) y significar otra cosa (*to be a cat is to be free* [«ser un gato es ser libre»]). El vietnamita dispone de palabras diferentes para cada uno de estos significados. Incluso cabría seguir dividiéndolos: el japonés tiene dos términos diferentes para el sentido localizado de *to be*, uno para los seres animados y otro para los inanimados.

En inglés, en ciertos contextos puede difuminarse la diferencia entre tener (*to have*) y ser (*to be*) (poseer algo y tener una propiedad). Por ejemplo, podemos decir «I am grey-haired» («soy canoso») o «I have grey hair» («tengo canas»). No me sorprendería que existiese un idioma en el que ciertas posesiones estuvieran tan íntimamente ligadas a la identidad que siempre se indicasen con el verbo *to be* en lugar de *to have*. El vínculo entre un pueblo y la tierra que habita podría ser tan esencial que se dijera: «We are landed» («estamos territoriados») o «We are homed» («estamos caseros»), y nunca «We have land» («tenemos territorio») o «We have a home» («tenemos una casa»). El concepto de poseer una tierra podría resultarles tan ajeno que apenas entendiesen el significado de tener tierras.

Estas diferencias muestran que los significados de las palabras son, en cierto sentido, arbitrarios. Sin embargo, con frecuencia nos descubrimos usándolas como si capturasen la única esencia auténtica de la realidad. Por desgracia, los filósofos han sido especialmente proclives a ello. Durante buena parte de su historia, los temas principales de la filosofía occidental han sido grandes nombres abstractos: «¿Qué es la Verdad?», «¿Qué es la Belleza?», «¿Qué es el Bien?». Esto es un auténtico disparate. No existe ninguna cosa única e intemporal a que se refieran estas palabras. Consideremos una de las preguntas más absurdas de la filosofía: «¿Qué es el Arte?». Debería resultar evidente que la palabra *arte* se aplica a un amplio y variado número de cosas, y que esperar ser capaces de trazar una línea nítida entre el arte y el no arte es descabellado.

Eso no significa que a los filósofos no deba interesarles la verdad, el conocimiento o la naturaleza del arte. Solo que ninguno de ellos debe escribirse con mayúscula. Hemos de pensar con cuidado en las diferentes maneras en las que se emplean estas palabras y centrarnos en aquella o aquellas que posean mayor interés filosófico.

Tomemos el sustantivo filosófico más abstracto de todos ellos: *sentido*. Casi todos los filósofos te dirán que no puedes responder a la pregunta «¿cuál es el sentido de la vida?» sin pensar en los sentidos de *sentido* y examinarlos uno tras otro. Por resumir los principales, podemos concebir el sentido de la vida como su propósito, su objetivo, su significación o su valor. Acto seguido, hemos de analizar cada uno de estos términos. El propósito puede ser dado por un creador, un usuario o la cosa misma. Frankenstein tenía un propósito para su criatura, un traficante de esclavos podría tener un propósito diferente para ella, y la propia criatura podría rechazar ambos y encontrar el suyo propio. Tu vida puede ser cósmicamente insignificante, históricamente significativa y tristemente de escasa trascendencia para tus familiares y tus supuestos amigos. Solo al desglosar los posibles sentidos del sentido podemos entender la pregunta, por lo demás irremediablemente vaga, «¿cuál es el sentido de la vida?».

Una última forma en la que el lenguaje puede extraviarnos consiste en confundir las palabras con las cosas a las que estas se refieren. Este error parece demasiado elemental, pero se halla claramente presente en uno de los peores argumentos de la historia de la filosofía: el argumento ontológico en defensa de la existencia de Dios (siendo la ontología la filosofía de la naturaleza del ser). En rigor, debería decir *argumentos* ontológicos, puesto que adoptan infinitas formas ingeniosamente diferentes. No obstante, en el fondo, todas tienen la misma estructura básica. Si preguntamos qué significa el concepto de Dios, aunque podamos discutir ciertos detalles, todos convendríamos en que Dios es el ser más perfecto imaginable. Si dices entonces que Dios no existe, estás diciendo que algo perfecto no existe. Pero si no existe, no es perfecto. Si yo dijera que te he hecho una tarta perfecta, solo que esta no existe, pensarías con razón que estaba diciendo una tontería. Por consiguiente, un ser perfecto no existente es una contradicción en sus propios términos y, por ende, imposible. Así pues, *voilà!*: el ser perfecto, Dios, debe existir.

Se han escrito muchos libros demostrando por qué es incorrecto este argumento, y otros tantos intentando argumentar que no lo es. Ahora bien, el error fundamental es evidente: no podemos saltar de decir algo acerca del significado de un concepto a la existencia de aquello a lo que dicho concepto se refiere. Yo puedo tener el concepto de justicia perfecta, pero eso no significa que la justicia perfecta exista. Si un Dios no existente es una contradicción en sus términos, entonces también lo es un unicornio perfecto no existente, y eso no significa que este exista.

Una palabra es una palabra, no una cosa. El lenguaje es una herramienta, no el tejido de la realidad. Necesitamos usar palabras que nos ayuden a entender el mundo, no obsesionarnos tanto con las propias palabras que sean estas, en lugar de la realidad, las que se conviertan en nuestro asunto. Las palabras establecen distinciones, pero siempre existen más y diferentes distinciones de las que señalan las palabras de un lenguaje. Las palabras han de usarse con cuidado, sin tomarse jamás en su literalidad. Cuando parezcan estar diciéndote que son espejos transparentes de la realidad, no las creas.

Cómo vigilar tu lenguaje

- Define tus términos.
- Cuando los sentidos sean objeto de controversia, argumenta en favor de tu definición, no te limites a estipularla.
- Mantente alerta para evitar la redefinición alta y baja: el ensanchamiento o estrechamiento arbitrario del significado de una palabra para adecuarla a tus propósitos.
- Mantente alerta para evitar los usos inadecuados de la ambigüedad. En el deslizamiento semántico, los significados de las palabras cambian de manera imperceptible de un uso apropiado a otro inapropiado. Esto puede implicar engañosas confusiones del sentido y la referencia cuando las palabras con un sentido se emplean para referirse a cosas que se corresponden con la palabra solo en otro sentido.
- En vez de preguntar cuál es el verdadero significado de una palabra, pregunta qué función ha de desempeñar dicha palabra en el contexto en cuestión.

- Utiliza tecnicismos y jerga cuando sea necesario para establecer distinciones esenciales, pero en ningún otro caso.
- Ten cuidado con los errores categoriales: pensar que una palabra se refiere a una clase de cosas cuando en realidad se refiere a otra diferente o a ninguna.
- No interpretes de la misma forma lo literal y lo no literal. Cada uno tiene su lugar y se debe interpretar de un modo diferente.
- No termines más empantanado en los debates sobre las palabras que sobre las cosas a las que estas se refieren.

CAPÍTULO 6

Sé ecléctico

> En nuestro siglo todo se ha dividido en unidades, cada individuo se aísla en su madriguera, cada uno se aleja de los otros, se esconde, oculta lo que tiene, y termina apartándose de los hombres y apartando a los demás de su lado.
>
> FIÓDOR DOSTOIEVSKI, *Los hermanos Karamazov*

La etimología nos dice que los filósofos son amantes (*phili*) de la sabiduría (*sophía*), pero eso no significa que otros no estén igualmente enamorados. El buen pensamiento crítico exige que nos apoyemos en los conocimientos dondequiera que se encuentren y que sinteticemos las informaciones de una amplia gama de fuentes.

Supongamos que deseamos evaluar el impacto de las políticas económicas rivales sobre la desigualdad. Cabría suponer que los únicos expertos relevantes a quienes necesitamos consultar son los economistas. Ahora bien, aunque estos puedan modelizar diferentes escenarios, no pueden decirnos qué géneros y grados de desigualdad deberían importarnos más. ¿Es la igualdad de ingresos más importante que la igualdad de riqueza o la igualdad de acceso a los servicios públicos? Los economistas podrían disponer de buenas informaciones sobre qué políticas de bienestar son más eficientes en términos financieros a la hora de dirigirse a los más pobres, pero no tienen nada que decir respecto del sistema que proporciona más dignidad. De hecho, en términos generales, cuanto más focalizada está una política social, más estigmatiza. Como ciudadanos, hemos de decidir si un sistema menos «eficiente» podría ser mejor para la cohesión social. Esa no es una cuestión económica. Una evaluación propiamente holística de las políticas en competencia requiere asimismo unos ciertos conocimientos de ciencia política, historia, sociología, antropología y filosofía, y probablemente también de psicología.

Para casi todas las preguntas que tenemos que responder, escuchar a un repertorio reducido de expertos limita nuestra capacidad de llegar a una buena respuesta. Si queremos saber qué es bueno para nuestra salud, no debemos escuchar solo a los oncólogos, porque puede que estos apenas sepan de algo que no sea el cáncer. Si deseamos saber de arte, consultemos a una gama de críticos, porque cada uno tendrá sus propios gustos y sesgos. Y si nos preocupa la humedad en nuestra casa, hablemos con más de un especialista en humedades, que estará muy incentivado para vendernos su solución.

Análogamente, no aspires a pensar como un filósofo si ello implica pensar como alguien que es *única* y *exclusivamente* filósofo. Solo en tiempos relativamente recientes se ha vuelto necesaria esta advertencia. Descartes escribía libros de anatomía, Hume era historiador, Spinoza pulía lentes, Aristóteles hacía *de todo*. La especialización es un resultado de la academización relativamente reciente de la filosofía y sus efectos han sido profundos.

Por ejemplo, si cuento a una docena de personas que escribí mi tesis doctoral sobre la identidad personal, lo más probable es que estas tengan doce ideas diferentes acerca del tema de mi tesis. Cada disciplina o tradición tiene su propio interés en la cuestión o perspectiva sobre ella. Si estás empapado de filosofía india clásica, podrías pensar que yo estaba explorando lo que distingue el *ātman*, el yo individual, del *Brahman*, el yo universal o alma del mundo. Desde una perspectiva psicodinámica, podrías estar preguntando principalmente por el papel del inconsciente en la formación de la identidad. Como psicólogo, podrías estar más interesado en el sentido del yo, en tanto que un neurocientífico desea saber cómo se crea en el cerebro el sentimiento del «yo». Los sociólogos y los antropólogos podrían pensar más en el papel de la sociedad en la conformación de la identidad. En la filosofía anglófona reciente, la cuestión se ha centrado más en la identidad como una relación lógica: ¿qué es lo que hace que una persona sea la misma a lo largo del tiempo? Y esa era la pregunta que abordaba mi tesis doctoral.

A menudo resulta legítimo examinar solo una de esas cuestiones. Ahora bien, al hacerlo, has de recordar que estás investigando *una* cuestión relativa a la identidad personal, no *la* cuestión. Si estás interesado en comprender lo más plenamente posible lo que significa ser *tú*, no vas a ser capaz de hallar una respuesta decente abordando el asunto desde un único ángulo.

La mayoría de las cuestiones importantes no caen dentro de ninguna disciplina intelectual, y las que lo hacen tienden a interesar solo a los investigadores especialistas. Para la mayoría de los propósitos, no es una buena idea pensar como un típico filósofo contemporáneo, o como un historiador, psicólogo, químico o lingüista. Las maneras en las que se han organizado las disciplinas no reflejan las formas más convincentes en las que se divide el mundo. Por ejemplo, cada vez que me encuentro con un sociólogo o un antropólogo, les pregunto si existe alguna razón convincente para que ambas disciplinas estén separadas. Aún sigo a la espera de escuchar una explicación convincente. La mayoría sostienen que la división es fruto de un accidente histórico que ha abocado a dos diferentes familias de metodologías y literaturas. Sin embargo, en cualquier mundo racional serían al menos dos aspectos más o menos distinguibles de una disciplina, no dos disciplinas distintas.

Aun cuando las fronteras disciplinares sean justificables, su espesor e impenetrabilidad no lo son. Como dijera el veterano exparlamentario laborista y teórico político Tony Wright, el mundo académico se ha vuelto «cada vez más desagregado», e «incluso las disciplinas que el mundo exterior considera emparentadas [como la filosofía política y la ciencia política] no lo están. La gente sencillamente trabaja en esos diferentes búnkeres».

Coincido con Ziauddin Sardar, quien declara: «Yo no creo en las fronteras disciplinares (que esta parte es física y esta otra química) porque no pienso que la naturaleza se comporte de ese modo. [...] A mi parecer, examinas una cuestión y tienes que hacer lo que sea necesario para responderla. Si necesitas ponerte a estudiar geología, tienes que ponerte a estudiar geología».

Huelga decir que eso era lo que hacían los filósofos antes de que las disciplinas adoptasen sus propias identidades académicas modernas. Aristóteles estudiaba la naturaleza en una laguna de la isla de Lesbos, no reclinado en su casa de Atenas. Descartes diseccionaba tanto animales como conceptos. Hume era más conocido en su tiempo como historiador que como filósofo.

Resulta fácil arremeter contra la balcanización que ha convertido semejante polimatía en una cosa del pasado. ¿Quién podría no estar en contra de los «silos» y «guetos» intelectuales y no estar absolutamente a favor del pensamiento «conjunto»? No obstante, la especialización tiene sus motivos, y muchos de ellos son buenos. El más evidente es que la explosión global del aprendizaje a lo largo de los últimos siglos significa que el cuadro general se ha vuelto demasiado vasto y complejo para que una sola persona sea capaz de pintarlo por sí misma. Podría llegar a hacer algo original en una esquinita, pero el todo será principalmente una obra de equipos. Como animales sociales, podemos adquirir más experiencia de forma colectiva si diferentes personas desarrollan distintas especializaciones. Ahora bien, eso no justifica que seamos miopes y monomaníacos moradores de angostos nichos intelectuales. Ningún conocimiento o comprensión existe de forma aislada, ninguna disciplina es una isla en sí misma. La especialización funciona como una división del trabajo del conocimiento, no cuando resulta en una división del conocimiento mismo.

La eficiencia de semejante división es evidente en el mundo de los comités éticos. El bioético John Harris ha participado en muchos y afirma: «Todos hacemos diferentes contribuciones y, siempre que haya alguien que pueda, por ejemplo, articular con claridad las cuestiones relativas a la autonomía o a lo que fuere, no creo que los demás tengan que ocuparse de eso». Él pone sobre la mesa la filosofía y otros aportan «conocimientos científicos detallados o, en ciertos casos, conocimientos detallados de la investigación en ciencias sociales, de cómo consultar a la gente sin prejuzgar los temas, o de cómo el funcionamiento de algo como nuestro propio sistema, el Servicio Nacional de Salud, va a afectar a la aplicación de terapias y estrategias preventivas». Solo un grupo es capaz de hacer todo eso.

En términos ideales, los comités éticos serían solo uno de los muchos tipos de colectivos intelectuales en los que se comparten los conocimientos. La vida académica incentivaría a unos investigadores para trabajar en las piezas del rompecabezas y a otros para unirlas. En vez de ello, las mayores recompensas académicas son para la originalidad y el rigor, lo cual implica que la gente es ascendida y contratada por crear pequeños puntos, no por juntarlos. Como explica Tim Crane: «Para progresar y para hacer públicas tus ideas, tienes que centrarte en algo muy específico y decir algo original al respecto. Eso significa que la vieja idea del filósofo general, alguien capaz de hablar un poco de todo y publicar artículos sobre una variedad de temas, es en cierta medida menos común de lo que era». Otro tanto cabe decir de cualquier clase de generalista académico.

Incluso si tan solo deseas pintar un cuadro ligeramente mayor uniendo un conjunto de puntos, la dilución de conocimientos especializados que ello requiere redunda a menudo en una dilución de la calidad. Crane afirma con desdén: «Mucho de lo que se considera trabajo interdisciplinar en filosofía de la mente es en realidad especulación filosófica respaldada por ciertos resúmenes, probablemente obsoletos, de investigaciones en psicología o neurociencia, al estilo de *Scientific American*, que tienden a apuntalar las preconcepciones filosóficas de los autores». Onora O'Neill, una pensadora ecléctica modélica, coincide en que: «El gran riesgo de ser muy interdisciplinar estriba en que, más que cumplir con los estándares de todas esas disciplinas, no cumplas con los de ninguna de ellas».

Otro riesgo de pensar fuera de tu campo es que puedes acabar incluso intentando reinventar la rueda, sin darte cuenta de que ya existen los ingenieros de automoción y no solo han creado una, sino que la han refinado innumerables veces. Me temo que eso es lo que hizo John Searle cuando dijo: «Creo que necesitamos inventar una nueva rama de la filosofía, que deseo denominar filosofía de la sociedad». Declaraba lleno de confianza: «Esta materia no existe. Yo estoy tratando de crearla».

Esto le sonaba extraño a mi colega de *The Philosophers' Magazine*, quien tenía un doctorado en sociología. A su juicio, *La construcción de la realidad social* de Searle (1995) se parecía mucho a *La construcción social de la realidad* (1966), un libro escrito treinta años antes por Peter Berger y Thomas Luckmann. No es que Searle no dijera nada que estos sociólogos no hubiesen dicho antes. Es solo que se metió en un territorio intelectual como si se tratase de un territorio virgen, sin dialogar con lo que otros habían dicho primero.

No sé en qué estaba pensando Searle, pero, en muchos casos, ignorar las contribuciones de otros expertos es fruto de la pura ignorancia. Estoy convencido de que si los académicos supieran en qué andaban trabajando sus colegas de otros departamentos, encontrarían abundante alimento para su propio pensamiento. Tengo la fantasía de que las universidades nombren lectores y profesores de Estudios Sinópticos con el fin de facilitar estos intercambios, pero no me hago demasiadas ilusiones.

Por desgracia, la ignorancia es a menudo obstinada. He escuchado a filósofos menospreciar otras disciplinas tachándolas de menos rigurosas que la suya. La actitud es algo así como: «¿Qué podrían enseñar los sociólogos a los filósofos?». La estrechez de miras no es un vicio exclusivo de los filósofos, pero sospecho que la imagen autocomplaciente de la filosofía como la «reina de las ciencias» los vuelve especialmente proclives y que otros académicos son más abiertos.

Durante buena parte del siglo XX, la filosofía anglófona casi se enorgullecía de su pequeñez. «Uno de los auténticos problemas de la filosofía es que la gente puede ser un poco miope», señala Daniel Dennett. La década de 1960 probablemente viese el nadir de esta estrecha insularidad, cuando Dennett era un estudiante de posgrado: «Era cómicamente cautelosa y poco ambiciosa. ¡Me refiero a la idea misma de tratar de conseguir una visión amplia de algo! Aquello era trabajo a destajo en miniatura. A mí me parecía espantoso».

Tal vez el más desvergonzado abrazo de la estrechez filosófica que yo he presenciado fuese la breve respuesta en cinco palabras de Michael Martin. Le pregunté: «¿Existe algún libro clave de finales del siglo XX que sea de interés para los filósofos académicos y que no haya sido escrito por ellos?». Él me contestó: «No se me ocurre ninguno». Ante mi insistencia, se defendió enérgicamente:

> No creo que exista ninguna respuesta general acerca de lo que uno debería leer. En general, deberíamos leer tanto como sea posible, pero también con la mayor profundidad posible, y el tiempo que podemos dedicar al estudio es limitado. [...] Contamos con buenos ejemplos de brillantes filósofos que pintan con una paleta muy pequeña de figuras con las que interactúan. Por tanto, las prescripciones generales a este respecto son ridículas a mi juicio.

La observación final de Martin debería tomarse en serio. Siempre hay espacio para los especialistas estrechos y no todo el mundo debería leer tanto. No obstante, yo estoy convencido de que la estrechez es, con más frecuencia, un vicio que una virtud y que, en la mayoría de los casos, merece la pena correr los riesgos de la amplitud. La mayor parte del tiempo, la cuestión no es *si* pensar de forma ecléctica, sino *cómo* hacerlo bien.

Onora O'Neill es un modelo de cómo equilibrar las virtudes de la especialización y la amplitud de miras. «Sospecho que siempre he sido una intrusa espantosa», dice, revelando en una autocrítica frase la humildad requerida para ir más allá de aquello que uno conoce mejor. Me gusta el hecho de que ella «siempre haya puesto empeño en almorzar con personas que no pertenecían necesariamente a mi propia disciplina», aunque por desgracia esa no es una opción para quienes no vivimos la vida universitaria de Oxford y Cambridge.

Podemos emularla con más facilidad teniendo cuidado de no intentar correr antes de saber andar a la hora de pisar un terreno desconocido. Decía que, durante mucho tiempo, «mantuve estrictamente separadas mi filosofía y mi bioética» porque «era difícil alcanzar estándares filosóficamente rigurosos dedicándose a la bioética». Tender una red intelectual amplia requiere una conciencia constante de cuánto *no* sabemos, a fin de evitar zambullirse demasiado pronto y encontrarnos fuera de lugar. Sin embargo, con el tiempo, O'Neill fue ganando confianza en que tenía algo que decir, y en 2000-2001 pronunció las prestigiosas Conferencias Gifford sobre Autonomía y Confianza en Bioética y, en 2002, las Conferencias Reith de la BBC sobre «Una cuestión de confianza» en la vida pública más en general.

No siempre tienes que ser un experto para hacer una contribución valiosa a un debate. A veces es una ventaja ser un intruso, ya que te permite percatarte de lo que los iniciados dan por sentado. No obstante, siempre deberías hacer todo lo posible por entender dónde te estás metiendo, con el fin de asegurarte de que tus contribuciones sean pertinentes. Por eso no es coincidencia que algunas de las críticas más poderosas a la filosofía hayan venido del interior de esta. El pragmatista estadounidense Richard Rorty, por ejemplo, a finales del siglo XX llegó a ser un destacado crítico de la idea de que la filosofía es un espejo de la naturaleza, que se limita a describir cómo es la realidad. Lanzó su ataque como alguien profundamente enraizado en la tradición que estaba a punto de abandonar. De ahí que cuando atacaba la idea de «verdad» lo hiciera con tanta inteligencia y perspicacia, a diferencia de los muchos relativistas chapuceros que piensan que la posibilidad de la verdad objetiva es tan estúpida que ni siquiera se necesitan argumentos serios para derrotarla.

La visión desde dentro, sin embargo, puede ser tan parcial como la visión desde fuera. En mis años universitarios, a los estudiantes nos lanzaban de cabeza a muchas de las más importantes obras filosóficas que Europa y sus naciones más perdurablemente colonizadas habían producido; «de cabeza» porque quedábamos invariablemente atrapados en el análisis de los argumentos con escasa o nula ambientación histórica. La filosofía «moderna» (término que abarca desde el siglo XVII en adelante) parecía comenzar con Descartes, como si la filosofía se hubiera tomado casi dos milenios sabáticos después de los antiguos griegos. La contextualización histórica que se nos ofrecía era mínima. La mayor parte de nuestras lecturas eran *ahistóricas*, sin referencia alguna a la historia.

Mi educación no fue anormal. Fui educado en la tradición «analítica» de filosofía, que ha sido dominante en el mundo de habla inglesa durante más de un siglo. En la práctica, esta abarca un amplio espectro y el término se usa de manera laxa para cubrir casi toda la filosofía anglófona, excepto la que se basa principalmente en la filosofía europea continental moderna. El parecido de familia compartido por toda la filosofía analítica es un énfasis en el análisis conceptual, inspirado por los métodos de la lógica y las ciencias naturales, aunque no los emplee necesariamente. La filosofía analítica ha dedicado poco tiempo a la historia, y menos aún a la biografía. Esta ahistoricidad es con frecuencia consciente y deliberada. Tal como lo defendía Michael Martin: «Cuando tienes un argumento que funciona, y has identificado con claridad que la conclusión parece seguirse de las premisas, no existe ninguna función específica para que entre en juego el contexto histórico, más allá de explicar por qué cobró relevancia dicho argumento».

A mí esto no me convence. Un error al que puede conducir esta insensibilidad al contexto es lo que cabría denominar *la falacia de la domesticación*. Esta consiste en comprender a un escritor o una idea tan enteramente a través de la lente de tu propia tradición o formación que lo que ves no es auténtico, sino una versión domesticada en la que se ha perdido mucho en la traducción. Pensemos en Platón. Cuando lo leemos hoy, muchos de sus argumentos suenan como si los hubiera escrito la semana pasada. Sin embargo, con una incómoda frecuencia, Platón hace que su protagonista Sócrates comente las hazañas de los dioses y otros mitos. Por ejemplo, *La República* concluye con el mito de Er, la historia de un hombre que muere en la batalla, pero cuyo cuerpo no se descompone, y diez días después regresa a la vida. Er cuenta entonces a todos su viaje al más allá. Muchos lectores modernos ignoran esto, tratándolo como poco más que un adorno creativo de la filosofía «propiamente dicha». No obstante, todos los indicios apuntan a que Platón iba en serio: es un pasaje bastante largo con el que termina el libro y que se utiliza en respaldo del argumento platónico en favor de la inmortalidad del alma. Dejar a un lado semejantes pasajes supone evitar afrontar la desafiante verdad de que Platón no era un filósofo atemporal que se habría sentido tan en casa en el Oxford del siglo XXI como en la Grecia clásica, sino un ateniense muy hijo de su tiempo.

Simon Glendinning experimentó también las distorsiones de la domesticación cuando empezó a interesarse por Wittgenstein. Se descubrió frustrándose con «el abismo entre lo que yo intentaba leer en las *Investigaciones* y la literatura secundaria que, tal como yo la veía entonces y la sigo viendo en cierto grado en la actualidad, la domesticaban». Tuve una experiencia similar con Kierkegaard. Su obra fue el tema de mi tesis de licenciatura, y a la sazón no existía demasiada literatura secundaria en inglés. Fue solo más tarde cuando me percaté de que la poca que había se había extraído de los argumentos de Kierkegaard de un género confortablemente familiar, en vez de abrazar plenamente su increíble diferencia y originalidad.

Anthony Gottlieb, el autor de una brillante historia de la filosofía occidental en dos volúmenes, advierte:

> Hemos de tener bien presentes en todo momento los contextos históricos de las preguntas que estaban tratando de responder, que eran a menudo completamente diferentes. Esa es la única manera de comprender de veras sus argumentos. Tengo la impresión de que los argumentos de un filósofo se han malinterpretado con bastante frecuencia porque pensamos que está contestando una pregunta que hoy nos interesa, mientras que en realidad está respondiendo otra.

El historiador de las ideas Jonathan Israel no se anda con rodeos en su crítica del olvido deliberado de la historia por parte de los filósofos:

> Si el filósofo no presta atención al contexto en el que se están diciendo las cosas, no veo cómo puede interpretarlas con precisión, porque todos tenían que moldear lo que decían con el fin de adaptarlo a las limitaciones y presiones del momento. [...] Creo que es incluso una contradicción en sus términos imaginar que pueda existir una auténtica filosofía que responda a los interrogantes y valores humanos universales básicos que no esté arraigada en la historia. Esa idea carece de sentido, aunque haya quienes la defiendan.

Para empeorar las cosas, en ausencia de la historia seria, la mayoría de nosotros tenemos en su lugar algún tipo de versión sucedánea que proporciona el trasfondo implícito para nuestra comprensión. Israel piensa que esta mala historia es al menos tan problemática como la falta de ella. Consideremos el periodo del que más se ha ocupado Israel: la Ilustración europea. La mayoría de la gente tiene una idea simplista de que la ciencia natural y el empirismo británico encendieron la antorcha del razonamiento naturalista secular, que después cultivarían con entusiasmo los franceses, ayudando a difundir el mensaje por el continente. Esta lectura de la historia refuerza los burdos estereotipos nacionalistas e ignora «a un conjunto relativamente numeroso de escritores a menudo ilógicos o conservadores». Para quien lo conozca, la imagen de la Ilustración será «radicalmente diferente». Esto muestra que «nuestras nociones convencionales, oficiales y aceptadas acerca de la historia de la filosofía lo están distorsionando todo por completo».

Israel pinta un panorama muy sombrío: filósofos con una visión distorsionada porque carecen de perspectiva histórica, historiadores con lagunas en su comprensión porque dejan de lado la filosofía, y todos con una inexacta historia de las ideas que los deja creyendo en su lugar mitos reconfortantes. Uno de los más interesados es que, para hacer filosofía, basta con saber acerca de los griegos y los europeos. Incluso si estamos única y orgullosamente interesados en la filosofía occidental, el olvido de la historia significa que la mayoría de la gente no es consciente de lo importante que el mundo islámico ha sido en su desarrollo. Cuando no has recibido esa formación, has tenido una «educación injusta», a decir de Ziauddin Sardar. «Lo que te has perdido es desde el siglo VIII hasta el XVII, mil años de filosofía, que es una barbaridad de filosofía».

Si alguien necesita más ánimos para incorporar la historia a su pensamiento crítico, Kwame Anthony Appiah hace una buena defensa de sus beneficios positivos. En su libro *The Honor Code*, Appiah sostiene que a la virtud que figura en el título se le ha otorgado muy escasa relevancia moral en la filosofía occidental e invita al lector a apreciar tanto sus virtudes como sus defectos. A diferencia de buena parte de la filosofía moral, esto se logra mediante un cuidadoso análisis de cómo ha funcionado el concepto de honor en tres contextos históricos específicos: el vendaje de los pies, el duelo y la esclavitud. Las historias que cuenta no se limitan a ofrecer ilustración y color; antes bien, sus afirmaciones clave «se tornan plausibles gracias a los ejemplos históricos». Sin una profunda apreciación del contexto, el lector occidental contemporáneo ni siquiera se tomaría en serio la idea del honor como un valor moral esencial, ya que, en apariencia, «va en contra de la moralidad y la religión, la ley y la razón». Appiah cree que los «métodos habituales de la filosofía», a saber, «sentarte a pensar en tu estudio», no están a la altura de la tarea. Necesitas ejemplos ricos de la vida real para entender cómo es posible que una práctica esté «equivocada en cierto sentido y, sin embargo, sea precisa en otro».

Según Appiah, ni siquiera podemos comprender lo que es la filosofía salvo que la entendamos como una disciplina modelada por su historia. La filosofía es «un objeto histórico, su forma cambia con el tiempo, pero existen continuidades. En ese sentido, la filosofía es como las familias y otras varias cosas. Crece a lo largo del tiempo, cambia con el tiempo». Quienes aprenden de la historia sobre la filosofía saben que su forma y sus límites no cesan de transformarse y que el cambio y la evolución son inevitables.

Para ser justos con los filósofos, estos siempre se han interesado por la historia filosófica de los problemas que les preocupan, citando a pensadores muertos hace mucho tiempo al discutir los problemas de la vida. Daniel Dennett señala una razón evidente por la que esto es importante: «La historia de la filosofía es la historia de errores muy tentadores cometidos por personas muy inteligentes, y si no aprendemos esa historia, cometeremos esos errores una y otra vez. Uno de los gozos innobles de mi vida consiste en observar cómo científicos muy inteligentes reinventan todas las ideas filosóficas de segunda categoría porque estas son muy tentadoras hasta que te detienes, respiras hondo y las analizas».

La filosofía también ha cambiado un poco en los últimos años y la historia no se ignora de forma tan flagrante como antaño. Con todo, todavía no se le concede la debida atención. Yo mismo levantaría la mano para reconocer que una relativa ignorancia de la historia dificulta mi propio pensamiento.

Esto no es solo un problema para la filosofía. No puedes empezar a entender las situaciones en lugares como Palestina, Rusia o Afganistán si no sabes nada de sus historias. Tampoco puedes tener una visión informada sobre los pros y contras de las nuevas tecnologías si ignoras por qué ciertas innovaciones pasadas se han utilizado en beneficio de los poderosos y otras al servicio de la humanidad. El pasado es un gigantesco repositorio de datos sobre el funcionamiento de los seres humanos y las sociedades que ignoramos en nuestro perjuicio. Por ese motivo, cuando David Hume escribió su *Historia de Inglaterra*, pensaba estar continuando con su filosofía, no abandonándola.

El descuido de la historia es parte de un problema más amplio de insensibilidad al contexto. Con mucha frecuencia malinterpretamos los problemas, las creencias, las prácticas y las preguntas de los demás porque estamos ciegos a las circunstancias en las que suceden. Consideremos cuántas situaciones políticas se antojan desconcertantes porque ni siquiera intentamos entender qué es lo que las haría más comprensibles. Por ejemplo, para comprender por qué tantos estadounidenses votaron a Donald Trump como presidente, hemos de entender la profunda desilusión y el cinismo de muchos respecto de la corriente política dominante, que creían que los despreciaba. Para muchos votantes de Trump, no se trataba de una mera elección entre programas políticos en competencia. Era una oportunidad de «drenar el pantano» y poner de patitas en la calle a una élite política que les parecía que había perdido el contacto con el estadounidense medio.

Nada existe en el vacío y, sin embargo, demasiado a menudo pensamos en las cosas como si estuviesen en él. El contexto importa y el contexto histórico tiene con frecuencia mucha relevancia.

No todas las fronteras intelectuales se trazan en los límites de las disciplinas. Una de las más importantes es la distinción entre hechos y valores. En Occidente, esta fue enunciada expresamente por primera vez por David Hume en el siglo XVIII. Hume observó que cuando las personas razonan acerca de la moralidad, empiezan por seguir «el modo de hablar ordinario, estableciendo la existencia de Dios o realizando observaciones sobre los quehaceres humanos», cuando

> de pronto, me encuentro con la sorpresa de que, en vez de las cópulas habituales de las proposiciones: *es* y *no es*, no veo ninguna proposición que no esté conectada con un *debe* o un *no debe*. Este cambio es imperceptible, pero resulta, sin embargo, de la mayor importancia. En efecto, en cuanto que este *debe* o *no debe* expresa alguna nueva relación o afirmación, es necesario que esta sea observada y explicada y que al mismo tiempo se dé razón de algo que parece absolutamente inconcebible, a saber: cómo es posible que esta nueva relación se deduzca de otras totalmente diferentes.[1]

La observación de Hume es crucial: no podemos saltar de enunciados sobre *cómo son las cosas* a *cómo deben ser*. Por expresarlo en otros términos, no podemos saltar de la mera *descripción* a la *prescripción*. Lo «normativo» es distinto de lo fáctico.

Si ignoramos esta distinción, nos arriesgamos a cometer la «falacia naturalista»: el salto de los hechos acerca de lo que es natural a los juicios sobre lo que es correcto o bueno. La gente lo hace todo el tiempo, pero pocos de un modo tan burdo como la actriz convertida en proveedora de productos magufos Gwyneth Paltrow, quien declaró a *Cosmopolitan* en 2013: «No creo que nada que sea natural pueda ser malo para ti».[2] Que se lo digan a Nicholas Evans, autor de *El hombre que susurraba a los caballos*, que estuvo a punto de morir y necesitó un trasplante de riñón después de comer setas venenosas *Cortinarius*.

La identificación de lo natural con lo bueno es común en los argumentos reaccionarios contra el feminismo, en los que se sostiene que ciertas diferencias naturales entre hombres y mujeres justifican que se les trate de diferente forma. El argumento es débil no solo porque ni siquiera sabemos cuántas de estas presuntas diferencias (como la asertividad, la empatía y la promiscuidad sexual) están arraigadas en la naturaleza más que en la cultura. Incluso si todas las diferencias sexuales fuesen naturales, eso no solucionaría todas las cuestiones morales y políticas. Por ejemplo, podríamos desear que hubiera más mujeres en los consejos de administración aun cuando fuese cierto que los hombres son más competitivos por naturaleza y, por consiguiente, reclamarían más puestos en la mesa si no los detuviéramos. De hecho, la competitividad masculina podría ser una excelente razón para intervenir a fin de impedir que esta se interponga en el camino de la cooperación. Como dijo Janet Radcliffe Richards: «El mundo darwiniano carece de armonía o propósito propio. Si deseamos conseguir algún bien, la manera de hacerlo no es intentar dejar las cosas en manos de la naturaleza».

Sin embargo, la moraleja de la brecha entre el *es* y el *debe* no puede ser que nunca deberíamos combinar el pensamiento sobre los hechos con el pensamiento sobre los valores. Si deseamos pensar en serio en el impacto del cambio climático, la justicia alimentaria, la pobreza, la exclusión digital y demás, hemos de ocuparnos de los hechos. Ahora bien, si los hechos no son valores y no podemos pasar de un *es* a un *debe*, ¿cómo enraizamos una discusión moral en los hechos?

Para responder a esto, comencemos con el interrogante más fundamental de todos: si los *debes* solo se pueden basar en otros *debes*, ¿de dónde viene el primer *debe*? La respuesta de Hume es que el *debe* primigenio es la simpatía o el compañerismo. La inmensa mayoría de la humanidad está dotada por naturaleza (en la actualidad podríamos decir que por la evolución) de la capacidad de sentir el dolor de los otros y deleitarse con su felicidad. Esto es lo que nos motiva para hacer el bien, no ningún principio racional o lógico.

Pero ¿no se comete así justamente la falacia identificada por el propio Hume? Si «natural» no significa «bueno», ¿cómo puede él enraizar la moralidad en los instintos naturales? Hume no incurre aquí en ninguna falacia. No está diciendo que la razón por la que deberíamos ser buenos es que poseemos instintos naturales para la bondad. Lo que está diciendo es que solo podemos ser buenos porque tenemos una simpatía natural. Está ofreciendo una *explicación causal* para nuestro sentido moral, no una *justificación racional* de este.

Ahora bien, ¿no necesitamos acaso una justificación racional para la simpatía moral? Hume pensaba que no, y yo estoy de acuerdo con él. Espero que estemos en lo cierto, porque nadie ha logrado ofrecer de manera convincente una base puramente racional para la moralidad. La capacidad de reconocer que el dolor y el sufrimiento deben evitarse es una condición básica de la plena humanidad. Si no tenemos ninguna simpatía moral, no pueden persuadirnos para que la sintamos.

Si aceptamos el argumento de Hume, entonces la brecha entre el *es* y el *debe* a menudo se puede cerrar con facilidad. Si yo argumento: «La ganadería intensiva causa sufrimiento innecesario a los animales, por tanto, es mala», el filósofo advertirá de inmediato que la conclusión no se sigue: «por tanto» está siendo mal utilizado. A la mayoría de la gente le *parece* que se sigue porque, de un modo perfectamente comprensible, se asume una premisa tácita (un «entimema»), que en este caso es «causar sufrimiento innecesario es malo». Este no es un enunciado fáctico, sino un compromiso moral básico que todos los humanos decentes deberían compartir. Si alguien desea discrepar de eso, nuestra mejor respuesta no es discutir, sino mantenernos alejados de esa persona.

Para vivir con la brecha es/debe hemos de renunciar a la idea de que la racionalidad forma la base de la ética y aceptar que es una simple herramienta que nos ayuda a pensar con más claridad sobre ella. Si lo hacemos, enseguida vemos que hacer lo correcto requiere una combinación de simpatía moral básica y la capacidad de prestar mucha atención a cada situación particular para ver cuál es la mejor manera de actuar. No podemos tratar a las personas con bondad, simpatía, caridad o benevolencia a menos que sepamos lo que necesitan, lo que desean, lo que es bueno para ellas. Estas son cuestiones fácticas, que determinamos ante todo prestando mucha atención.

Así lo entendía Mary Midgley: «Siempre estamos tratando a las personas de formas que consideramos apropiadas para ellas tal como las vemos; creemos conocer los hechos que las conciernen —me decía—. Si prestamos más atención, a menudo podemos darnos cuenta de que esos hechos no eran relevantes y de que los hechos son más complicados. Nuestro cometido no consiste solo en responder a la situación en la que nos encontramos, sino también en asegurarnos de que esa *es* la situación prestando atención». Cuando lo hacemos, «la distinción entre hechos y valores se disuelve porque si tenemos una comprensión plena de la realidad, llegamos a saber qué es lo correcto».

Estaba hablando con Midgley de su compañera, la novelista y filósofa Iris Murdoch: «De acuerdo con la visión de la ética de Murdoch, aprendemos qué es lo correcto (el bien) atendiendo a lo que es el caso y aumentando nuestra comprensión de la realidad. Por eso piensa que el arte es importante, porque el arte potencia nuestro sentido de la realidad». La sugerencia es que si queremos pensar filosóficamente, debemos ver películas y obras de teatro, y leer libros, en clave filosófica.

La idea de que el arte es, de manera inevitable, moralmente edificante es falsa a todas luces, como demostraron los nazis amantes de la ópera. Ahora bien, si alguien se involucra con las formas artísticas narrativas con el espíritu adecuado, podrá aprender mucho sobre ética con ellas. Consideremos, por ejemplo, las películas del director iraní Asghar Farhadi. Las películas sumamente naturalistas de Farhadi exploran de manera magistral los dilemas y las ambigüedades morales de la vida cotidiana, así como las dificultades de establecer la verdad cuando la perspectiva parcial de cada persona es muy diferente.

Más que contar, Farhadi nos muestra verdades importantes acerca de la moralidad. En *Un héroe*, hay una escena en la que una organización benéfica tiene que decidir si encubrir un embarazoso incidente, con el fin de proteger su reputación y continuar haciendo buenas obras, o ser veraz. Podemos hacer un comentario filosófico al respecto y hablar de las prioridades contrapuestas de las éticas utilitarista, aristotélica o kantiana: el mejor resultado para todos, ser de buen carácter o cumplir con nuestro deber respectivamente. Pero es la especificidad de las circunstancias lo que torna tan difícil el dilema, impidiendo que la película llegue a una conclusión clara y ordenada. La teoría es menos útil que la atención esmerada a la situación, como la que le presta Farhadi. Prueba de que no necesitamos el marco de las tres teorías para llegar al corazón de este dilema es que, como iraní, las fuentes filosóficas de Farhadi, en caso de tenerlas, es probable que fuesen diferentes de todos modos.

Los personajes de Farhadi no son ni héroes ni villanos. Son todos personas corrientes que no desearían hacer daño a nadie. Sus películas nos muestran lo fácil que resulta justificar pequeñas mentiras y faltas ante nosotros mismos, a menudo en nombre de una buena causa, y cómo esto puede llevarnos por una senda traicionera. A quien esté interesado en la naturaleza de la moralidad, las películas de Farhadi le enseñarán tanto como un texto teórico, si no más. Estas películas no se limitan a ilustrar la filosofía, sino que la cultivan.

Martha Nussbaum ha sido una de las más entusiastas defensoras recientes de los usos de la literatura y las artes en filosofía, recurriendo con frecuencia a ambas en sus propios escritos de ética y política: «Me imagino una colaboración entre la filosofía y las artes en la que la filosofía se centraría en los problemas éticos y las obras de arte dirigirían la imaginación de un modo más concreto. Necesitamos textos que despierten la imaginación simpatética si aspiramos no solo a hablar de ella, sino también a cultivarla».

Nussbaum habla de la importancia del arte no solo para la imaginación simpatética y la empatía emocional, sino también para alimentar la empatía *cognitiva*: la capacidad de penetrar en los procesos de pensamiento ajenos. Esta clase de imaginación intelectual es muy necesaria en la actualidad. Como ella dice:

> Cuando nos enfrentamos a situaciones en las que, además de polarización política, tenemos polarización étnica y religiosa, la escucha no solo requiere argumentos, sino también un cultivo de la imaginación. Necesitamos comprender de dónde vienen los otros, cuál es su historia, cuál su experiencia de la vida. [...] Antes de condenar, intentemos imaginar y entender de dónde vienen las distintas personas. Si no lo hacemos, será mucho más fácil incitar al odio, incluso a la violencia contra los otros.

Dado que creo que necesitamos inspirarnos en una variedad de formas de pensar, incluidas las creativas, decidí que los epígrafes de este libro no procediesen de filósofos reconocidos. Al final me decanté por citas de uno de los escritores más filosóficos de todos los tiempos, Fiódor Dostoievski. Deseo señalar que, aunque sea bueno ser ecléctico, una sola fuente intelectual puede ser lo bastante rica en sí misma como para merecer toda una vida de exploración. La tensión entre profundidad y extensión nunca puede ser eliminada, sino tan solo gestionada.

Cómo ser ecléctico

- Aborda un asunto desde más de un ángulo, con el fin de que pienses en su totalidad y no solo en una parte.
- Recuerda que las fronteras disciplinares no son las de la naturaleza.
- Unir las piezas es tan importante como hacer cada una

de ellas: tanto los ensambladores como los fabricantes de piezas son esenciales.

- Comprueba si alguien ha pensado ya en algo antes de tratarlo como territorio virgen.
- Siempre existe un equilibrio entre profundidad y extensión, por lo que has de ser consciente de lo que estás sacrificando cuando eliges una en lugar de la otra.
- Respeta a los especialistas estrechos y sé consciente de lo que no sabes antes de pronunciarte sobre sus áreas de especialización.
- Sé sensible al contexto, incluidos el histórico, el biográfico y el social.
- No supongas que la pregunta que estás formulando es la misma que la que han hecho otros. Bajo la superficie, lo superficialmente similar puede ser muy diferente.
- Evita la *falacia de la domesticación*: pensar en lo desconocido de maneras que resulten familiares, recreándolo a tu propia imagen en el proceso.
- Evita la *falacia naturalista*: argumentar desde lo que es natural hasta lo que es bueno o correcto.
- Respeta la brecha es/debe. Los hechos informan nuestros juicios de valor, pero, en última instancia, no los justifican.
- Involúcrate con las artes para desarrollar la empatía emocional y cognitiva requerida para ser capaz de ver las cosas de un modo diferente y para razonar éticamente. Las artes narrativas cultivan de hecho la filosofía mostrando más que diciendo, haciéndonos prestar más atención, que es siempre la piedra angular del buen pensar.

CAPÍTULO 7

Sé psicólogo

> No hay que olvidar que las razones de las acciones humanas normalmente son infinitamente más complejas y diversas de lo que después siempre solemos explicar, y rara vez se dibujan de una forma tan definida.
>
> FIÓDOR DOSTOIEVSKI, *El idiota*

Si tuviésemos que dibujar un árbol genealógico de las disciplinas académicas, casi todas hundirían sus raíces en la filosofía. Una a una fueron abandonando el nido y ganando su independencia: biología, física, zoología, retórica, psicología, lingüística, economía, política, meteorología, geología.

Una de las hijas más jóvenes de la filosofía es la psicología. Durante la mayor parte de nuestra historia, la psicología fue cultivada por lo que hoy consideramos filósofos. David Hume es quizá el ejemplo más destacado. Su tema principal era la naturaleza humana, y sus escritos sobre causación y ética versaban al menos tanto sobre nuestra forma de pensar como sobre el funcionamiento del mundo. Todavía en 1890, el autor de *Principios de psicología*, William James, era identificado principalmente como un filósofo. Por aquel entonces, la psicología apenas estaba comenzando a separarse de la filosofía, un proceso iniciado en 1879, cuando Wilhelm Wundt abrió el primer laboratorio dedicado a los estudios psicológicos en la Universidad de Leipzig.

La separación de la psicología y la filosofía ha supuesto un coste para ambas disciplinas y la filosofía ha pagado el más alto. Simplificando en exceso, la psicología se hace cargo de cómo pensamos *de hecho*, en tanto que la filosofía se ocupa de cómo *deberíamos* pensar. Para la psicología, esto ha desembocado en una incomodidad con las cuestiones «normativas», las referidas a cómo *deberíamos* pensar o sentir. En más de una ocasión ha dado por sentado lo que es «saludable» o «normal» sobre la base de supuestos a menudo cuestionables que el tiempo ha demostrado que son prejuicios o teorías de moda. Esto ha contribuido a cometer errores espantosos, como la clasificación de la homosexualidad como patología hasta 1973 por parte de la Asociación Estadounidense de Psiquiatría, y la persistencia de la teoría de la «madre nevera», que culpaba del autismo infantil a la falta de calor maternal. En otros casos, la renuencia de la psicología a lidiar con las cuestiones normativas por temor a comprometer su estatus como ciencia ha delegado esa tarea en otros, tal vez menos informados.

Para la filosofía, el problema estriba en que para aprender cómo *deberíamos* pensar necesitamos conocer muchas cosas sobre cómo pensamos *de hecho*. Sin una comprensión adecuada del funcionamiento de la mente humana, las prescripciones para usarla mejor pueden ser, en el mejor de los casos, poco prácticas y, en el peor, completamente erróneas. La mente humana rara vez procede sobre la base de la pura racionalidad, sin mácula alguna de emoción ni prejuicio. Esto puede ser posible al considerar las cuestiones más abstractas de las matemáticas y las ciencias, pero cualquier cosa en la que tengan que ver asuntos humanos ha de implicar algo más que la pura lógica.

Consideremos las formas en las que la filosofía viene recurriendo desde hace tiempo a los experimentos de pensamiento. A grandes rasgos, estos experimentos mentales son escenarios hipotéticos e imaginarios, diseñados para poner a prueba creencias o teorías. Por ejemplo, imaginemos un teletransportador que te anestesie, escanee cada célula de tu cuerpo, la destruya y cree una copia perfecta en Marte que se despierte exactamente como eras. A esa persona le parecería que *tú* te acabas de despertar a millones de kilómetros de distancia. ¿Entonces la persona de Marte eres tú? Este experimento mental está diseñado para ver si pensamos que la continuidad de la vida mental en un cuerpo físicamente idéntico es suficiente para preservar la identidad personal, o si necesitamos la continuidad del mismo cuerpo exacto, hecho de los mismos átomos.

O imaginemos un mundo físicamente idéntico al nuestro en el que los *Homo sapiens*, también físicamente idénticos a nosotros, fuesen zombis, es decir, que no tuviesen conciencia. Si somos capaces de hacerlo, ¿demuestra esto que la conciencia no se puede explicar solo mediante nuestras propiedades físicas?

A mí me encantan los experimentos mentales. He escrito un libro entero basado en un centenar de ellos. Ahora bien, tienen serias limitaciones, apuntadas en el nombre que les da Daniel Dennett: bombas de intuición. Los experimentos de pensamiento son excelentes para provocar nuestras intuiciones, pero no podemos suponer que dichas intuiciones nos revelen nada verdadero acerca del mundo. No son argumentos, sino meras herramientas para poner en marcha los argumentos, obligándonos a preguntarnos por qué tenemos las intuiciones que tenemos y por qué pensamos que son correctas.

Por ejemplo, si piensas que sobrevivirías a la clase de teletransporte antes descrito, tienes que explicar por qué crees que una persona puede continuar existiendo cuando, con toda claridad, esa persona es una réplica física de un yo anterior. Esto es un poco raro. Si piensas que no sobrevivirías, has de explicar por qué crees que es tan importante para una persona continuar estando hecha exactamente de la misma materia. Después de todo, las células de tu cuerpo no cesan de cambiar.

En algunos experimentos mentales, no está claro que nuestras intuiciones proporcionen ninguna dirección útil. El exdoctorando en filosofía y músico Mylo señala que el problema estriba en que «en realidad no sabemos lo que estamos imaginando» y «ni siquiera sabemos si es posible». Con la franqueza que le permite una carrera en el negocio de la música, concluye: «Muchos de estos experimentos de pensamiento son en realidad un montón de gilipolleces, ¿verdad?».

El neurocientífico Anil Seth critica con un poco más de sutileza un género de experimentos mentales: «los argumentos de la concebibilidad». Consideremos el experimento mental de los zombis antes mencionado. La sinopsis que hace Seth del argumento basado en él es: «Si puedes imaginar un zombi, eso significa que puedes concebir un mundo que sea indistinguible del nuestro, pero en el que no existe conciencia alguna. Y si puedes concebir un mundo semejante, entonces la conciencia no puede ser un fenómeno físico».[1] En otras palabras, el mero hecho de que podamos imaginar a humanos físicamente idénticos, algunos de los cuales son conscientes y otros no, muestra que las características físicas de los humanos no bastan para explicar si son o no conscientes. Pero, como señala Seth: «Que algo sea o no concebible es con frecuencia una observación psicológica acerca de la persona que está concibiendo, no una penetración en la naturaleza de la realidad». Puedo imaginar un jumbo volando hacia atrás, pero eso no significa que pueda hacerlo. No puedo imaginar que sean ciertas la mayoría de las cosas que afirma la física cuántica, pero eso no implica que sean falsas. Ser capaces de imaginar un mundo físicamente idéntico en el que nadie sea consciente no nos revela nada acerca de esta posibilidad. A lo sumo nos dice que el concepto de un zombi no es incoherente. Pero entonces tampoco lo es el concepto de una dieta saludable compuesta únicamente de dónuts. El mero hecho de que un experimento de pensamiento nos muestre que podemos o no imaginar o concebir algo con coherencia nos dice poco o nada sobre si ese algo es el caso.

Estas lecciones son igualmente aplicables a las clases de razonamiento hipotético que empleamos en la vida cotidiana. A menudo debemos preguntarnos qué ocurriría si cambiáramos de trabajo, terminéramos una relación, no hubiéramos cometido *ese* horrible error, hubiéramos elegido presidente a este o a aquel. No podemos vivir sin imaginar semejantes escenarios, pero hemos de tener cuidado para no confundir los límites de nuestra imaginación con lo que es efectivamente posible o probable. Nuestras corazonadas sobre posibilidades alternativas necesitan someterse al escrutinio racional. La fortaleza de nuestras convicciones no debería seguirse simplemente de la aparente facilidad con la que podemos o no imaginar algo.

Los experimentos mentales son especialmente comunes en la filosofía moral, donde se emplean con frecuencia para extraer principios generales mediante un ejemplo concreto. En el artículo seminal de Onora O'Neill «Lifeboat Earth» [La Tierra como un bote salvavidas], se nos pide que imaginemos qué haríamos si fuésemos en un abarrotado bote salvavidas con espacio suficiente y raciones para todos. Cualquier persona decente diría que no deberíamos arrojar a nadie por la borda ni negarle su parte de las raciones. «A bordo de un bote salvavidas bien equipado, cualquier distribución de alimentos y agua que conduzca a la muerte es un asesinato y no solo un caso de permitir una muerte», dice O'Neill. Esto establecía un principio general: «Negar recursos disponibles y abocar así a la muerte es un asesinato». Por consiguiente, cualquier sistema económico o político mundial que niegue los recursos suficientes, con el resultado de muerte o enfermedad grave, supone también el asesinato efectivo de personas. Aun cuando los relativamente ricos del mundo no nos propongamos matar, al participar en un sistema que priva a las personas de bienes básicos, «matamos a pesar de todo y no nos limitamos a permitir morir».

Ahora bien, ¿por qué habríamos de suponer que nuestra reacción a este caso específico revela un principio más general y robusto? Los psicólogos Daniel Kahneman y Amos Tversky nos dicen que, en situaciones con carga emocional como la del bote salvavidas, cuando nos encontramos cara a cara con las personas, decidimos de manera rápida, intuitiva e inconsciente usar lo que ellos denominan el «sistema 1» de la mente. Este funciona de un modo muy diferente a la deliberación lenta, racional y consciente preferida por los filósofos, que ellos designan como «sistema 2».

Experimentos mentales como el de «La Tierra como un bote salvavidas» parecen dar por sentado que la mejor manera de averiguar lo que deberíamos pensar en términos racionales no es el recurso al frío y racional sistema 2, sino el uso del caliente y emocional sistema 1 con el fin de generar una respuesta intuitiva, y luego hacer que el sistema 2 extraiga de ella un principio racional. Ahora bien, ¿por qué los filósofos, paladines del sistema 2, habrían de dejarse guiar por el sistema 1?

De hecho, muchos de ellos no lo hacen. Algunos filósofos morales empiezan pensando con el sistema 1 y aducen que si este choca con las intuiciones del sistema 2, adiós a la intuición. Su objetivo es elaborar una ética racional que evite las «distorsiones» de la emoción. Por ejemplo, los comunistas mantienen que el uso óptimo de los recursos consistiría en distribuir de cada uno de acuerdo con sus capacidades y a cada uno conforme a sus necesidades, en tanto que los utilitaristas sostienen que deberíamos obrar en aras del mayor bien para el mayor número. Ambos principios conllevan que, aunque una madre o un padre podrían considerar justificado mimar a sus hijos mientras otros mueren de hambre, eso está mal. Su trato favorable es un sesgo que debería ser superado.

El problema de este enfoque hiperracional es que violenta la esencia de la moralidad. Como he señalado con anterioridad, yo tiendo a pensar que la moralidad está enraizada en la psicología, lo que Adam Smith llamaba «simpatía moral». La razón por sí sola no brinda motivación alguna para ser bondadoso. Dejar que la intuición dicte los principios morales puede ser erróneo, pero delegar por completo la tarea de la formación de principios en la mente lógica también parece equivocado. Lo que necesitamos es un modo mejor de entender la relación entre lo que con excesiva nitidez llamamos *razón* y *emoción*. En una mente bien ordenada, estas fuerzas no son contrarios que compiten. Antes bien, existe un diálogo entre ellas que reconoce, como sostiene T. M. Scanlon, que las emociones pueden ser razones.

Para Scanlon, la categoría de la emoción es, con demasiada frecuencia, «una cesta en la que echamos cosas como una forma de decir que no podemos seguir discutiendo sobre ellas, o que son arbitrarias, o algo por el estilo». Cree que, de hecho, «experimentar la mayoría de las emociones, como la ira o el resentimiento, es verse uno mismo como dotado de razones para hacer diversas cosas». Esas emociones-como-razones no siempre están justificadas en términos racionales, sino que están abiertas a la crítica y el análisis. «¿Sabes?, me molesta algo, siento que tengo una razón para vengarme», dice Scanlon. «¿De veras la tengo?». Examinémoslo. A veces está justificado el resentimiento: alguien se ha atribuido el mérito de tu trabajo o ha sido recompensado por hacerlo peor que tú. En otros casos, el resentimiento es injustificado y no es más que envidia. Las emociones se hallan ligadas a juicios que están abiertos a semejante escrutinio racional. De ahí que Scanlon comente: «Creo que deberíamos huir de la idea de un ámbito de la razón que es más lógico, y la emoción que es independiente, personal o algo por el estilo».

El polímata francés del siglo XVII Blaise Pascal pudo haber estado en lo cierto al afirmar: «El corazón tiene razones que la razón ignora». No obstante, muchas de las razones del corazón pueden ser conocidas por la razón e incluso moldeadas por ella. El prejuicio puede ser superado mediante la constatación de que es infundado; el amor, menguado por el conocimiento de lo que es imposible de amar; la empatía, aumentada por una mayor comprensión. Hemos de ser cuidadosos para no establecer una distinción demasiado simplista entre pensar y sentir, como si solo el corazón pudiera movernos y la cabeza fuera una especie de observadora analítica y desinteresada. El ideal al que deberíamos aspirar, sin ser capaces de alcanzarlo del todo, es la armonía entre nuestras emociones y nuestras creencias. La falta de esta supone un fracaso del pensamiento, así como del sentimiento. No pensamos tan bien ni con tanta claridad como podríamos si nuestros pensamientos no nos motivan a actuar como deberían hacerlo nuestras creencias. Por ejemplo, si continúas tratando a las mujeres como inferiores a los hombres, aun cuando no suscribas ni por un instante la idea de que lo sean, en realidad no has entendido en absoluto la igualdad entre los sexos. Hay algún tipo de cortocircuito que necesitas reparar.

Eso no siempre es fácil. Podemos cambiar, podemos aprender de nuestros errores pasados, podemos tomar decisiones, podemos sorprender. Los seres humanos podemos ser «máquinas biológicas», pero no somos robots preprogramados. Sin embargo, tal vez sobrestimemos el alcance de la plasticidad humana. Las ilusiones y el deseo de negar que la acción humana esté tan sujeta a las leyes de causa y efecto como el resto de la naturaleza pueden llevarnos a ignorar la abundancia de evidencias sólidas de que, habida cuenta de cómo son las personas, las formas en las que se han comportado en el pasado son una de las mejores guías de cómo actuarán en el futuro.

Esto resulta más evidente cuando pensamos en los grupos humanos. Tomemos como ejemplo la segunda guerra del Golfo. Los estadounidenses y sus aliados deberían haber sabido por la historia que la invasión de una nación extranjera, desgarrada por las divisiones étnicas, y el intento de establecer allí un gobierno democrático desde cero jamás terminaría bien. Sin embargo, se las arreglaron para convencerse a sí mismos de que en esa ocasión sería diferente.

O pregúntate: dado que los acuerdos no vinculantes nunca han logrado frenar lo suficiente las emisiones de gases de efecto invernadero en el pasado, ¿acaso es racional esperar que empiecen a hacerlo de repente en el futuro? Si los participantes en una conferencia intergubernamental proclaman: «Esta vez es diferente», ¿no tenemos motivos para desconfiar de ellos?

Al anticipar el futuro, tenemos que identificar lo que es significativamente diferente de los precedentes pasados. En lo tocante a los seres humanos, en masa o como individuos, tiendo a la visión pesimista de que la carga de la prueba recae en quienes han de demostrar que han cambiado. Conceder a las personas el beneficio de la duda es un acto de generosidad, no de racionalidad.

Consideremos un ejemplo mundano. Imaginemos que Jo ha montado un negocio en tres ocasiones y ha fracasado en todas. Ahora tiene una nueva empresa. Sus escépticos amigos y banqueros examinan su historial y no tienen ningún motivo para pensar que su suerte vaya a cambiar. Jo dice que ha aprendido de sus errores y que esta vez tendrá éxito. Jo corre el riesgo de engañarse a sí misma y hacerse ilusiones, mientras que los demás se arriesgan a juzgarla en exceso en función de su trayectoria anterior en vez de ceñirse a los méritos del plan actual. No existe ningún principio general de aprendizaje del pasado que nos diga quién está en lo cierto. No obstante, si pecásemos de escepticismo, acertaríamos más de lo que nos equivocaríamos. La carga de la prueba recae en Jo para que explique por qué deberían ser diferentes las cosas en esta ocasión. Las personas pueden cambiar, pero creo que una consideración honesta de las evidencias sugiere que no lo hacen tanto ni tan a menudo como nos gustaría pensar que pueden.

Esta no es la única forma en la que un conocimiento de psicología nos conduce a una evaluación cautelosa de nuestra capacidad para superar nuestros arraigados hábitos de pensamiento. Gracias a la popularización de la obra de brillantes psicólogos como Dan Ariely, Daniel T. Gilbert, Daniel Kahneman y otros cuyo nombre no es Dan, como Elizabeth Loftus, puede que queden pocas personas en el mundo que ignoren que nuestro pensamiento está sistemáticamente distorsionado por una miríada de sesgos cognitivos.[2] En cierto sentido nos hemos vuelto *demasiado* conscientes de ello. Steven Pinker lamenta que «en las ciencias sociales y en los medios de comunicación se retrata al ser humano como un cavernícola extemporáneo, preparado para reaccionar ante un león en la hierba con una serie de sesgos, puntos ciegos, falacias e ilusiones».[3] Es habitual oír decir que la racionalidad es un espejismo, no más que un conjunto de racionalizaciones para nuestros prejuicios, instintos y creencias previas.

No tenemos por qué ser tan pesimistas. El hecho de que los psicólogos hayan descubierto tantos de estos sesgos evidencia de por sí el poder de la razón para dejar al descubierto el error y la ilusión. Si bien resulta ingenuo pensar que alguna vez podremos superar por completo nuestras limitaciones, es posible llegar a ser más conscientes de las malas pasadas que nos juega nuestra mente y, de esta forma, pensar mejor.

Consideremos el sesgo de confirmación. Esta es la tendencia a reparar en las evidencias y los argumentos que respaldan nuestras creencias y pasar por alto aquellos que las cuestionan. Se ha rebautizado recientemente como el *sesgo de mi lado*, para enfatizar la medida en la que la confirmación que buscamos es la que nos conviene.[4] Un ejemplo muy típico es cuando alguien que cree en la eficacia de una medicina herbaria no probada se aferra a cualquier anécdota de alguien que mejora al tomarla, al tiempo que ignora los casos fallidos y los estudios que demuestran que no es mejor que un placebo. También ignora el hecho evidente de que la mayoría de las personas mejoran de todos modos con el tiempo. La explicación más sencilla de esta recuperación es la natural «regresión a la media»: la tendencia de cualquier sistema a regresar a su estado de equilibrio normal. Esta regresión tiende a comenzar poco después de que los síntomas se acerquen a su peor momento, que es precisamente cuando la mayoría empieza con sus «remedios». La gente prefiere la más débil teoría de que el tratamiento ha funcionado, porque esa es la explicación que desean oír. Cuando asumimos que sabemos cuál debería ser la conclusión correcta, los malos argumentos en favor de esta tienden a parecer más sólidos de lo que son.

Cabría suponer que un pensador riguroso, como un filósofo, debería ser capaz de superar esta obvia debilidad. Sin embargo, lo cierto es que la filosofía puede empeorarla, toda vez que las destrezas de razonamiento avanzado pueden permitir a las personas idear ingeniosos argumentos para explicar cualquier conflicto aparente entre sus concepciones y la realidad. David Hume detectó esta circunstancia siglos antes de que lo hicieran los psicólogos modernos: «La pasión por la filosofía —escribió— solo puede servir de hecho, mediante un empleo imprudente, para fomentar una inclinación predominante y empujar la mente con resolución más firme a una posición a la que, ya de por sí, *tiende* demasiado por predisposición y propensión del temperamento natural». El resultado es la racionalización en lugar de la racionalidad: la «indolencia natural» de la mente «busca una apariencia de razón para permitirse una licencia total e incontrolada».[5]

Resulta difícil identificar ejemplos irrefutables de esto, porque la astucia de los filósofos es tal que sus racionalizaciones pueden aventajar a los razonamientos inmotivados de algunas personas. Estoy bastante convencido, sin embargo, de que la solución de Richard Swinburne al problema del mal puede ser una mera racionalización. El problema del mal estriba en que parece imposible que el mundo pueda estar gobernado por un Dios omnipotente, omnisciente, que es todo amor, habida cuenta de la cantidad de sufrimiento inútil que en él existe. Debe ser que Dios no lo conoce, no se preocupa de él o no puede evitarlo. En cualquiera de los casos, dejaría de ser Dios tal como lo conocemos.

Los intentos de responder a esto se denominan *teodiceas*. Las más populares de ellas aducen que el sufrimiento es inevitable y necesario, por lo que hasta el mejor de los mundos posibles ha de incluirlo. De ahí que Swinburne definiese el sufrimiento causado por la enfermedad como «la arenilla que hace posible la perla de diferentes clases de reacción», creando la oportunidad de «mostrar valentía, paciencia y compasión». En cuanto a aquellos que mueren en batallas estériles, como la matanza masiva de reclutas que no reportó ningún beneficio estratégico en el Somme, Swinburne señaló la supuesta ventaja para quienes estaban al mando: «Solo porque algunas personas sufrirán si toman la decisión equivocada, se abre para ellas la posibilidad de tomar grandes decisiones erróneas. Tal sucede con el soldado en el Somme, su vida tiene utilidad porque, mediante su disponibilidad, abre para otras muchas personas la posibilidad de las grandes decisiones».

En otras palabras, es bueno para todos que vivamos en un mundo en el que los individuos puedan asumir la responsabilidad de sus acciones y hacer cosas espantosas. Deberíamos estar contentos de que nuestra vida sea útil de esta forma, incluso cuando se use terriblemente mal, porque es «no solo un bien para otros, sino que es un bien para *mí* si yo soy de utilidad para otros».

Esto se me antoja escalofriante. Mientras me exponía sus argumentos, yo experimentaba una sensación de indignación moral ante su capacidad de autoconvencerse con toda sinceridad de que todo aquel espantoso sufrimiento fue para bien y de mostrarse optimista al respecto. Piensa en las cosas realmente horribles que soportan personas y animales, como torturas, abusos sexuales y enfermedades terribles, muchas de las cuales nada tienen que ver con permitir que las decisiones equivocadas tengan sus consecuencias. Para mí, esta es la peor expresión del poder de la razón. Racionaliza la atrocidad ante nosotros mismos con el fin de preservar nuestras creencias preexistentes. Yo admiro mucho más a los creyentes religiosos que no encuentran sentido al mal en el mundo y viven con las contradicciones que conlleva su creencia en un Dios que es todo amor, profundamente atribulados por ello.

Es difícil combatir el sesgo de confirmación, pero la autoconciencia puede al menos reducir su potencia, aun cuando no llegue a eliminarlo. Hemos de acostumbrarnos a preguntarnos: «¿Es este argumento de veras tan bueno o tan malo como parece, o es que me empeño en que lo sea?». Si lo hacemos, creo que podemos discernir con facilidad cuándo queremos que un argumento funcione o no. Nos disponemos a mofarnos incluso antes de que alguien de quien tendemos a discrepar haya abierto la boca, y esperamos con impaciencia escuchar o leer lo que tienen que decir aquellos a quienes admiramos. Nos ponemos a la defensiva cuando cuestionan nuestras opiniones y nos resulta placentero que las secunden. Estos signos reveladores deberían alertarnos para revisar de nuevo nuestro razonamiento, para tratar de imaginar qué pensaría de él quien estuviese libre de sesgos.

Otra distorsión que podemos paliar es el sesgo implícito. Aunque existe cierta controversia respecto de su profundidad y amplitud, hay evidencias sólidas de que somos influenciados por los estereotipos y los prejuicios, habitualmente en un nivel inconsciente. Tal es el poder del sesgo que incluso puede afectar de manera negativa a la autopercepción de una persona. A título de ejemplo, se dividió a doscientas mujeres en dos grupos y se les hizo una prueba de matemáticas. A un grupo se le indicó que la prueba formaba parte de un experimento para ver por qué los hombres obtenían por lo general mejores resultados en matemáticas que las mujeres, mientras que al otro grupo se le contó que se trataba de un simple experimento sobre rendimiento en matemáticas. El grupo predispuesto con el estereotipo de que los hombres eran mejores en matemáticas respondió correctamente en torno al 80 por ciento de las preguntas, mientras que el otro grupo contestó bien cerca del 90 por ciento. En otras palabras, la mera conciencia de un estereotipo negativo se convierte en una profecía autocumplida.[6]

Cabría pensar que las personas inteligentes como los filósofos nunca son presa de tan burdos estereotipos, pero la respuesta evidente a la pregunta que da título al terrorífico sitio web «What Is It Like to Be a Woman in Philosophy?» («¿Qué supone ser mujer en filosofía?») es «enfrentarse constantemente al sexismo». Fijémonos en el testimonio típico de una estudiante de doctorado de Filosofía (que dista de ser el peor):

> Con respecto a la dinámica de las clases, observo que las preguntas y los comentarios se reciben de un modo mucho más favorable cuando los presenta un estudiante varón. Cuando una mujer hace una pregunta o un comentario, tiende a ser a) malinterpretado, b) no considerado lo suficientemente interesante para merecer la atención o el desarrollo, o c) discutido con brevedad solo para que uno de los hombres lo retome, lo que, de alguna forma, lo convierte en una idea digna de más atención. Rara vez escucho a un profesor (hombre) elogiar a alguna de las mujeres por su contribución a la discusión.[7]

Los profesores no estaban discriminando de manera deliberada. Se estaban tomando menos en serio a las mujeres de forma inconsciente. La mujer que declaraba esto también tenía que cuestionar el estereotipo interiorizado de una «mujer quejica» cuando se quejaba, lo que le hacía preguntarse si sería víctima de un sesgo de confirmación y estaría malinterpretando acciones inofensivas, exentas de toda discriminación: «A menudo siento que podría estar buscando cosas inexistentes o viendo patrones imaginarios. Creo que, en el fondo, sé que eso no es cierto, pero no me fío lo suficiente de mi experiencia personal». El eslogan «Sé consciente de tus privilegios» solo nos cuenta la mitad de la historia: hemos de reconocer asimismo los efectos de nuestra falta de privilegios.

En lo tocante a la igualdad de género, la filosofía ha estado históricamente rezagada. Tengo la fuerte sospecha de que esto obedece en parte a que los filósofos confían tanto en su capacidad de razonar con claridad que no se han tomado en serio la posibilidad de ser víctimas del sesgo implícito. De semejante falta de autoconciencia es precisamente de lo que se nutren los prejuicios inconscientes para obrar sin control.

Corregir el sesgo implícito es difícil porque, al igual que el sesgo de confirmación, es inconsciente por naturaleza. No obstante, por mi experiencia, una vez que eres consciente de la omnipresencia de semejantes distorsiones, puedes vigilarte y detectarlas en muchos de los casos, si no en todos. Si me descubro criticando a una mujer, por ejemplo, me pregunto si hablaría del mismo modo de un hombre con los mismos defectos. Por imperfectos que sean esos controles, son preferibles a la alternativa.

En resumidas cuentas, ninguna cantidad de conocimientos acerca de lo que hace sólido o falaz un argumento basta para protegernos contra los sesgos cognitivos. Se requieren asimismo autoconciencia y autoconocimiento, que solo se obtienen con esfuerzo. No puedes confiar en lo que te parece transparente sobre ti mismo. Necesitas verte desde fuera y aprender de lo que la psicología nos ha enseñado acerca de las fuentes ocultas del pensamiento. Conoce a tu enemigo, especialmente cuando ese enemigo reside en tu interior.

No obstante, hay un aspecto en el que es importante resistirse a recurrir en exceso a la psicología. Me refiero a la tentación de psicologizar, esto es, suponer que las personas están argumentando sobre la base de sus supuestas motivaciones psicológicas, con frecuencia ocultas. La tentación es fuerte porque, en efecto, es cierto que somos proclives al pensamiento motivado: creer aquello que deseamos creer, encontrar argumentos en favor de las conclusiones que queremos que sean verdaderas. Y también es cierto que nuestras motivaciones son a menudo inconscientes y se hallan impulsadas por la emoción. Ahora bien, eso no implica que se nos dé bien identificar esos impulsores inconscientes en los demás.

A fin de apreciar los encantos y los peligros de la psicologización, consideremos la explicación que brinda Simon Critchley del atractivo del pesimismo nihilista tanto de Schopenhauer en el siglo XIX como de John Gray en la actualidad: «Se trata de un diagnóstico de los tiempos increíblemente seductor que nos permite sentir alguna suerte de emoción en las situaciones sombrías en las que nos hallamos. No hay nada más emocionante que escuchar que las cosas son absolutamente espantosas e imposibles de reformar. *Perros de paja* [de Gray] es un libro estimulantemente deprimente y creo que ese es el motivo de su éxito: que, en cierto sentido, la gente desea ese consuelo de la desesperación».

Hay algo de cierto en ello. Ahora bien, la interpretación de Critchley no dice nada sobre si los argumentos de Gray son buenos o no. Todas las tentativas de psicologizar eluden la cuestión de esta guisa. Aunque es razonable la hipótesis de que la mayoría de las personas ejercen con suma frecuencia el pensamiento motivado, esto no es un argumento en contra de ningún caso concreto de razonamiento. Si el argumento es bueno, no importa que sea o no el fruto del pensamiento motivado. Si es malo, sus defectos deberían ser evidentes, incluso en ausencia de conocimiento de sus motivaciones psicológicas.

En cierta ocasión, Richard Swinburne me enmendó aquí la plana con razón. Él sostiene varias posiciones filosóficas que hoy en día defienden casi en exclusiva los teístas, como que tenemos un alma inmaterial y que las evidencias apuntan a la existencia de un Dios omnipotente, omnisciente y todo amor. Yo le señalé entonces que sus argumentos parecen en buena medida pensamientos motivados, ya que, sin ciertos compromisos cristianos teístas, resultaría improbable que hubiese llegado a defender esas ideas. Los argumentos que parecen conducirlo de manera inexorable a determinadas conclusiones no llevan a otros por los mismos derroteros.

El caso es que sigo pensando que es cierto. Con todo, Swinburne tenía razón al objetar que esa no es forma de argumentar: «Yo también puedo jugar esa carta a la inversa y decir que el único motivo por el que las personas niegan lo que tienen delante de las narices es que son prisioneras del dogma fisicalista que impera en nuestro tiempo. Todos podemos jugar a ese juego, y no nos conduce a ninguna parte. Hemos de considerar los argumentos en función de sus puntos fuertes».

Swinburne me acusaba de hecho de cometer la falacia *ad hominem*: atacar al argumentador en lugar del argumento. Esta es una versión de la *falacia genética*: criticar un argumento sobre la base de sus turbios orígenes en vez del propio argumento. Por ejemplo, la ciencia soviética estaba obstaculizada por la ideología marxista-leninista, pero esa sería una razón pobre para desestimar la labor de ciertos científicos, como el premio Nobel Nikolái Semiónov. El ataque al argumentador o a los orígenes del argumento no aborda la sustancia del argumento mismo. Puede que yo esté lleno de malas intenciones, pero, si planteo un buen argumento, es un buen argumento.

Todo el mundo sabe que la argumentación *ad hominem* es falaz. Ello no impide que hasta los filósofos la practiquen. Cuando lo hacen, observo que es casi siempre en su versión psicologizante, allí donde se cree haber identificado las motivaciones que socavan la credibilidad del argumento. Por ejemplo, cuando Ray Monk escribió una biografía crítica de Bertrand Russell, muchos se quejaron de que Monk tenía alguna suerte de agenda oculta. Él lo negó y señaló una reseña «particularmente desagradable» escrita por uno de sus colegas, A. C. Grayling, quien dijo que Monk «se encontró en la espantosa situación de recibir una oferta de mucho dinero por escribir sobre un hombre a quien detestaba, como ya sabía cuando depositó el cheque en su banco».[8] «No es cierto —replicó Monk—. La mayoría de las cosas que me horrorizaban las fui descubriendo en el curso de la investigación».

Amia Srinivasan, una estrella reciente de la filosofía contemporánea, ofreció asimismo un ejemplo asombroso de psicologización en una entrevista en la que declaró:

> Las mujeres transexcluyentes son con mucha frecuencia lesbianas cisgénero que, por muy buenas razones, tienen problemas con su cuerpo precisamente porque van a ser interpretadas de una manera particular en una cultura heteronormativa profundamente lesbofóbica. Han aprendido a lidiar con sus frustraciones al respecto de un modo particular, y les desagrada la idea de que alguien se enfrente a ellas de una forma distinta.[9]

Como señaló su entrevistadora, Rachel Cooke: «Me parece extraordinario que alguien tan interesado en la igualdad y la libertad generalice de esta manera respecto de un grupo entero de personas (las lesbianas)». En defensa de Srinivasan cabría aducir que este no es su *argumento* en contra de las lesbianas transexcluyentes, sino una explicación psicológica de sus errores. La psicologización en este contexto proporciona una especie de «teoría del error» especulativa: una explicación de lo que extraviaba a las personas, no una explicación de sus equivocaciones. Aun así, salta a la vista que la sugerencia de Srinivasan es demasiado especulativa, inverosímil, generalizadora y no comprobable. Sería preferible no haberla formulado.

A veces puede existir un papel legítimo para una suerte de psicologización. Al escribir su libro clásico *The Sceptical Feminist* a finales de los años setenta del pasado siglo, Janet Radcliffe Richards desarrolló una manera de pensar que se asemeja a los principios de la terapia cognitivo-conductual (TCC). La idea es que puedes encontrar sentido a lo que las personas dicen o hacen preguntando qué supuestos harían racionales sus acciones o conclusiones. Eso te proporciona una hipótesis, para poner a prueba, acerca de lo que de veras cree una persona. Radcliffe Richards ponía el ejemplo de la resistencia de la gente a que las mujeres tengan los mismos derechos, pese a su profesada creencia en la igualdad. Esto solo tiene sentido si suponemos que continúan creyendo en algunas diferencias fundamentales entre los sexos que justifican un tratamiento diferencial. Sin embargo, al igual que en la TCC, donde no le corresponde al terapeuta decirle al cliente cuáles son sus pensamientos automáticos o implícitos, todo cuanto este método genera son posibles explicaciones que han de ser exploradas y comprobadas.

Este uso limitado y legítimo de las explicaciones psicologizantes sugiere que la prohibición absoluta de las argumentaciones *ad hominem* es un error. Más aún, creo que las violaciones reiteradas de la convención «no *ad hominem*» muestran que la gente sabe que es una equivocación. Por ejemplo, varios años atrás participé en una conferencia sobre ética animal en la que intentaba articular las formas en las que las personas que matan y comen animales pueden tener al mismo tiempo una relación profunda y respetuosa con ellos. Uno de mis ejemplos fue el protagonista ficticio de *El viejo y el mar* de Hemingway. Cuando llegó el momento del debate, uno de los filósofos más veteranos de la sala alzó una mano, pero, antes de formular su pregunta, señaló que, «por cierto» —indicando con esta frase y otras similares que sabía que esta no era una objeción admisible—, Hemingway había mezclado en cierta ocasión carne con cristales rotos, se la había dado a un perro para que la comiera y alardeaba de que había tardado al menos un día en morir en agonía. Por consiguiente, no pensemos que Hemingway era ninguna autoridad en relaciones respetuosas con los animales. Acto seguido planteó su «auténtica» objeción.

Lo que me sorprendió fue que no solo se trataba de un ejemplo flagrante de falacia *ad hominem* (dado que mi argumento se basaba en el ejemplo de un personaje de ficción creado por Hemingway, no en el propio escritor), sino que el objetor *sabía* que no se trataba de una objeción legítima. Sin embargo, la formuló de todos modos. ¿Por qué? No lo sé. No obstante, en términos generales, creo que, pese a los rechazos oficiales de los argumentos *ad hominem*, la mayoría de nosotros sentimos que, al menos en ocasiones, el carácter del argumentador *es* un dato relevante a la hora de evaluar sus argumentos. Y, a mi juicio, acertamos al pensar de este modo. En este caso, se está sugiriendo que, aunque podría parecer que el libro de Hemingway ejemplifica una profunda conexión con la naturaleza, deberíamos dudar de que Hemingway sea un testigo fiable y preguntarnos si simplemente estamos siendo atraídos por una diestra prosa. No se comete aquí ninguna falacia *ad hominem*, porque no estamos ante un intento de mostrar la invalidez del argumento. Tan solo es un aviso.

Esta distinción es sutil, pero tiene su importancia. Al fin y a la postre, los argumentos y las evidencias han de basarse en sus propios méritos. Dicho esto, sería estúpido ignorar las señales de advertencia de que la persona que ofrece el argumento puede tener motivos ocultos o no ser tan fiable como pensamos. Análogamente, las motivaciones psicológicas profundas de las personas son demasiado oscuras como para que osemos pensar que las conocemos. Con todo, el interés en por qué la gente cree lo que cree, cuando parece obviamente falso, no es solo natural, sino también saludable. Tan solo resulta problemático si lo confundimos con el genuino contraargumento.

Hemos de considerar las motivaciones *y* evaluar los argumentos, pero por separado. Hallamos una buena ilustración de ello en la pregunta, tan útil como potencialmente distractora, «*Cui bono?*». ¿Quién se beneficia? «Seguir la pista del dinero», literalmente o no, es a menudo la mejor manera de averiguar lo que sucede en realidad. Si aquellos que argumentan que la prohibición de la publicidad del tabaco no reducirá su consumo son los fabricantes de cigarrillos, tengamos cuidado.

A veces, el mero hecho de que algo aparezca en las noticias plantea interrogantes acerca de a quién le beneficia que figure en la agenda. El estratega político australiano Lynton Crosby se ha hecho célebre por su defensa de la «estrategia del gato muerto», descrita aquí por uno de sus clientes más maquiavélicos, el entonces primer ministro británico Boris Johnson:

> Hay una cosa absolutamente cierta cuando se tira un gato muerto sobre la mesa del comedor, y no me refiero a que la gente se escandalice, se alarme o se indigne. Eso es cierto pero irrelevante. La cuestión clave, dice mi amigo australiano, es que todos gritarán: «¡Cielos, hay un gato muerto en la mesa!». En otras palabras, estarán hablando del gato muerto, que es de lo que quieres que hablen, y no sobre el asunto que te ha estado causando tantos quebraderos de cabeza.

Algunos atribuyen al entonces secretario de Defensa conservador Michael Fallon la victoria de su partido en las elecciones generales de 2015 al tirar uno de esos gatos muertos sobre la mesa en un momento oportuno. El Partido Laborista, en la oposición, había estado avanzando en los sondeos de opinión hasta que Fallon dijo que se estaba preparando para deshacerse de las armas nucleares de Gran Bretaña a fin de garantizar un acuerdo de coalición con el Partido Nacional Escocés. No importaba que no tuviera ninguna prueba de ello. La acusación acaparó los titulares y llevó a la gente a centrarse en la defensa, justo el asunto tradicionalmente percibido como el punto más débil de los laboristas. No solo eso, sino que Fallon vinculó su falsa afirmación con interrogantes más amplios acerca de Ed Miliband, quien había derrotado a su hermano para convertirse en líder del Partido Laborista: «Miliband apuñaló a su propio hermano por la espalda para alzarse con el liderazgo de los laboristas. Ahora está dispuesto a apuñalar por la espalda al Reino Unido para llegar a ser primer ministro». Desafiando las encuestas de opinión, los conservadores lograron ganar. Incluso si se exagera el impacto del lanzamiento del gato de Fallon, este es un claro ejemplo de la estrategia en acción.

El mero conocimiento de quién se beneficia no nos dice nada sobre la veracidad de la afirmación. El riesgo de preguntar *cui bono* estriba en que, al igual que los ataques *ad hominem*, no se enfrenta directamente a los argumentos y entraña el peligro de cometer la falacia genética, condenando algo por sus orígenes más que por su naturaleza. Consideremos la crisis de los opiáceos en Estados Unidos. ¿Quién se beneficiaba del incremento masivo de las prescripciones de medicamentos analgésicos? Las compañías farmacéuticas, por supuesto. Ahora bien, estas se benefician del aumento del uso de cualquiera de sus fármacos. Dado que todos los medicamentos son fabricados por las empresas farmacéuticas, ¿quiere eso decir que deberíamos suponer que ninguno de ellos es terapéutico? *Cui bono* puede convertirse enseguida en un argumento (pésimo, por cierto) en favor de la reticencia a la vacunación.

La costumbre de preguntar *cui bono* nos habría alertado ante el hecho de que Fallon tenía un interés particular en calumniar a Miliband. Ahora bien, en una campaña electoral, cualquier afirmación está diseñada para beneficiar al enunciador. Nadie dice nada que crea que vaya a perjudicarle. Eso no significa que todo cuanto se diga sea falso. Por consiguiente, en el contexto de la política, *cui bono* debería hacernos recelar de todo sin desdeñar nada. «Eso es lo que dirán ellos» no implica «eso es falso».

Cuando alguien habla como si saber quién se beneficia condujese de forma automática a la prueba irrefutable, está aplicando el principio de manera perezosa y selectiva, porque su aplicación sistemática desemboca en la contradicción. Las empresas farmacéuticas dicen que sus vacunas tienen una eficacia de un 85 por ciento. Bueno, eso dirán ellas, ¿no? Pero cuando los escépticos con las vacunas sostienen que estas están matando a la gente, también es eso lo que dirán. Las compañías biotecnológicas dirán que los cultivos genéticamente modificados son seguros, pero los ecologistas dirán que no lo son.

Mantenerse alerta ante los impulsores psicológicos de los argumentos es un modo útil de atraer nuestra atención hacia las razones para ser cautelosos o de ayudarnos a entender por qué los argumentos que nos parecen tan débiles resultan tan atractivos para otros. Ahora bien, dado que nuestras hipótesis acerca de las motivaciones son tan a menudo especulativas por naturaleza, en general deberíamos evitarlas. Confiamos demasiado en nuestra capacidad de detectar lo que impulsa a otras personas, cuando con frecuencia no sabemos siquiera lo que nos mueve a nosotros mismos. Probablemente sea preferible reservar la especulación acerca de las motivaciones ocultas para las conversaciones privadas y para nuestros propios pensamientos. Un modo mejor de recurrir a la psicología es permanecer alerta ante la infinidad de sesgos y distorsiones que interfieren en nuestro propio pensamiento.

Cómo ser psicólogo

- Pon a prueba tus intuiciones, no pongas a prueba tus creencias en contra de ellas.
- Al pensar en términos hipotéticos, no confundas lo que puedes imaginar con lo que ocurre en realidad.
- No mantengas separadas la emoción y la razón. Reconoce los juicios implícitos en las emociones y utiliza tu razón para que te ayude a regularlas.
- Da a las personas la oportunidad de demostrar que han cambiado, pero recuerda que la carga de la prueba recae en ellas. Si esperas que los seres humanos sigan siendo esencialmente iguales, normalmente acertarás y solo te llevarás algunas sorpresas.
- Evita el sesgo de confirmación: buscar y recordar evidencias que respalden tu opinión e ignorar todo aquello que sea demasiado desafiante.
- Sé consciente de tus privilegios y de tu falta de ellos. El sesgo implícito nos afecta a todos, tanto a los perpetradores como a las víctimas de los estereotipos negativos.
- No psicologices. Muchas de las fuentes del pensamiento y del sentimiento están ocultas, pero determinar con certeza cuáles son es siempre una especulación. Pregúntate qué está impulsando a los individuos, pero ocúpate de lo que efectivamente dicen y hacen.
- Evita la falacia *ad hominem*: atacar al argumentador en vez del argumento. Está bien usar el carácter o las motivaciones de un argumentador como señales de advertencia, pero no como un argumento concreto en su contra.

- Evita la falacia genética: atacar la fuente de una idea en lugar de la idea misma.
- Sigue la pista del dinero, pero recuerda que «eso es lo que ellos dirán» no implica «eso es falso».

CAPÍTULO 8

Reconoce lo que importa

> Es hombre inteligente, pero la inteligencia no basta para saber comportarse sagazmente.
>
> FIÓDOR DOSTOIEVSKI, *Crimen y castigo*

La filosofía flirtea a menudo con el sinsentido y, de vez en cuando, el flirteo se convierte en una seria aventura. Tales momentos pueden sofocar el deseo de vivir. Recuerdo uno de esos bajones mientras escuchaba una conferencia en torno a un artículo titulado «House-cleaning and the Time of a Killing» [La limpieza de la casa y la hora de un asesinato]. Su primera y terriblemente árida oración reza: «Judith Jarvis Thomson ha señalado que existe una dificultad para especificar la hora en que se produce un asesinato». He aquí el supuesto problema.

Supongamos que Bugsy dispara a Babyface. Babyface es trasladado urgentemente al hospital, los polis persiguen a Bugsy y lo matan a tiros. Unas horas después, Babyface muere. Así pues, ¿cuándo mató Bugsy a Babyface? No cuando le disparó, porque Babyface no había muerto todavía. Pero tampoco cuando murió Babyface, pues Bugsy ya estaba muerto, y ¿cómo podría un hombre muerto matar a alguien? Por tanto, no parece existir ninguna hora en la que se cometiese el asesinato. Sin embargo, hubo un asesinato. ¿Cómo pudo semejante acontecimiento no haber ocurrido a ninguna hora?[1]

Si estás intrigado por cuándo Bugsy mató a Babyface, puede que sea porque te gustan los acertijos de lógica, lo cual está bien. Para mí, sin embargo, se trata de un problema obviamente generado por el lenguaje. No existe ningún enigma esencial respecto de lo que ha sucedido y cuándo ha sido. Podemos describir la cronología íntegra de los hechos. Solo surge un problema si insistimos en que, en algún lugar de esta línea temporal, hemos de ubicar algo llamado «el asesinato». Si lo hacemos, entonces se trata de quién puede sugerir el modo más plausible de hacerlo. Jarvis Thomson, por ejemplo, propone que las acciones pueden tener entre sus partes sucesos que no son acciones. El asesinato es, pues, un evento que se prolonga en el tiempo desde el disparo hasta la muerte.

Ahora bien, solo existe un problema que precisa una solución si hacemos la suposición infundada de que cada vez que utilizamos el nombre de un suceso como «un asesinato», este ha de referirse a un acontecimiento en un momento determinado. No todo aquello a lo que nos referimos con el nombre de un suceso tiene unas fronteras temporales precisas. La Ilustración no comenzó en un momento preciso el día de 1651 en que Thomas Hobbes publicó su *Leviatán*, en parte porque no existe ningún segundo específico en el que quepa decir que se ha publicado un libro. «Publicación» no es un evento discreto, sino un proceso con un inicio y un final indeterminados. No hay ninguna necesidad de atormentarse por el momento exacto en que Bugsy mató a Babyface cuando sabemos todo lo que ocurrió y cuándo. Esto parece un clásico error categorial: el lenguaje nos ha engañado haciéndonos pensar que un asesinato es un suceso en un momento determinado, cuando en este caso la palabra se está empleando como abreviatura para describir algo que se desarrolló a lo largo del tiempo.

Podría estar equivocado al respecto. Tal vez exista una buena razón por la que necesitemos la capacidad de ser más precisos respecto de cuándo se producen acciones como los asesinatos, y dicha razón no sea obvia para un torpe metafísico como yo. Ahora bien, para que alguien se tome en serio el acertijo, ha de entender por qué es importante. De lo contrario, será tan solo un «crucigrama a gran escala», como describía Joan Bakewell mucha de la filosofía contemporánea, añadiendo: «Parte de ella es un juego brillante, y hay personas que disfrutan de lo lindo practicándolo». Ray Monk estaba tan abatido por «la sensación de que no se decía ni se contemplaba nada serio, sino una serie de juegos intelectuales seguidos como una carrera», que dejó de hecho el mundo académico durante bastante tiempo a comienzos de la década de 1980. Haciéndose eco de Bakewell, decía: «Me descubrí pensando que el placer que uno obtiene de esa clase de problemas no es más profundo que el que se experimenta al hacer un crucigrama».

Muchos de los filósofos a los que más valoro han confesado que buena parte de la filosofía se les antoja un sinsentido. No estoy seguro de que suceda lo mismo en otras disciplinas. Uno puede decidir que le apasiona la física teórica más que la experimental, la historia azteca más que la normanda, la geografía humana más que la física, pero pocos describirían los subcampos en los que han perdido interés como una pérdida de tiempo. Se diría que la palabrería es a la filosofía lo que las ratas a las ciudades: nunca está a más de unos cuantos pasos.

Monk no es el único que cuestiona el valor de gran parte de la filosofía. Mary Warnock se sentía frustrada por cierta clase «trivial» de filosofía moral con la que entró en contacto en Oxford durante y después de la Segunda Guerra Mundial: «Estoy pensando en particular en H. A. Prichard, que era un filósofo muy influyente en Oxford justo antes de la guerra y cuyos libros sobre filosofía moral estaban repletos de preguntas como si uno tenía derecho a noticias de la familia, si había cumplido con su deber al echar la carta al buzón o solo si la carta había sido recibida por su destinatario».

Filósofas como Warnock, Philippa Foot, Mary Midgley e Iris Murdoch contribuyeron a bajar a la tierra la filosofía moral. ¿Tenía algo que ver con ello el hecho de que fueran mujeres? En tal caso, no tenía por qué deberse a ninguna diferencia esencial en el sexo biológico. La «cultura machista» no es algo que se encuentre al examinar los cromosomas bajo un microscopio, pero aun así es real. «Es una peculiaridad masculina el deseo de elevarse por los aires y dar vueltas en círculos sin relacionarlos con nada más —decía Warnock—. Creo que hay menos probabilidades de que las mujeres estén dispuestas a dedicar su tiempo a los juegos filosóficos, y tengo la impresión de que eso es lo que está haciendo en gran medida la filosofía». Análogamente, Mary Midgley se quejaba de que las universidades estaban llenas de «hombres jóvenes que han de abrirse camino. Inevitablemente impera la competitividad. El asunto de ganar en las discusiones deviene muy importante, la faceta abogadesca del filosofar no puede dejar de salir a la luz. Creo que es cierto que si hay más presencia de mujeres, esto no sucede tanto».

Podemos jugar a juegos intelectuales si queremos, pero no los confundamos con el trabajo serio. Como ha señalado el filósofo Nicholas Rescher: «Está claro que, si no tuviésemos a nuestra disposición la distinción entre lo importante y lo no importante, la humanidad no podría entender adecuadamente, enseñar exitosamente ni practicar eficazmente la ciencia».[2]

Confundir lo trivial con lo relevante, lo vacío con lo sustantivo, lo intrascendente con lo importante es algo que cualquiera puede hacer en cualquier ámbito, no solo en filosofía. Pensemos en los negocios. Las suposiciones respecto de las prioridades conducen con frecuencia a gerentes y trabajadores a dedicar demasiado tiempo y energía mental a cosas de escasa importancia. Se pasan horas pensando en detalles del diseño del nuevo sitio web, cuando se piensa poco en asuntos fundamentales de funcionalidad. Las reuniones inútiles absorben tiempo porque lo que hace la gente es reunirse. El énfasis en la reestructuración causa más daño por la disrupción que los beneficios que genera en forma de nuevos y mejores sistemas.

Al igual que ciertas cosas se consideran más importantes de lo que son, a veces se pasa por alto lo que importa porque todos asumen que es trivial. Antes de que Ignaz Semmelweis desarrollase los procedimientos antisépticos para los médicos, se consideraba poco importante que los médicos se lavaran o no las manos. Unos cambios aparentemente menores en las reglas de los préstamos hipotecarios resultaron tener consecuencias catastróficas cuando las hipotecas de alto riesgo alimentaron la crisis financiera de 2008.

Una destreza de pensamiento clave es determinar qué merece más reflexión y qué necesita menos. El impulso y el hábito nos impiden a menudo hacer esto y desvían nuestras energías. Los problemas genuinamente importantes también pueden dar origen a otras cuestiones que cobran vida propia y no importan en absoluto para el problema original. Adquirir el hábito de preguntar «¿Es esto de veras lo que debería estar pensando?» es el antídoto más simple y efectivo contra tales distracciones.

Una advertencia. «Importante» no siempre significa «útil». El físico Alan Sokal se hizo famoso por publicar un artículo académico falso que parodiaba en líneas generales los enfoques posmodernos de la ciencia. No obstante, nunca estuvo en contra de toda la filosofía de la ciencia, que teoriza la naturaleza de la empresa científica. Citó el famoso comentario de Richard Feynman de que la «filosofía de la ciencia es tan útil para los científicos como la ornitología para las aves». Ahora bien, como señala Sokal: «La ornitología no pretende ser útil para las aves». De ahí que la cita de Feynman no tenga por qué ser peyorativa para con la filosofía de la ciencia. «Clarifica lo que hacen los científicos, con independencia de que les sirva o no de ayuda. Si la filosofía de la ciencia no ayudara en absoluto a trabajar a los científicos, seguiría siendo una útil contribución a la filosofía».

La comprensión posee un valor en sí misma, pero no si nos limitamos a entender cómo funcionan unos cuantos conceptos en un sistema filosófico sumamente artificial. Los buenos pensadores no piensan en todo con la misma intensidad. Entienden lo que importa y lo que no.

Nadie se propone pensar de forma deliberada en cosas carentes de importancia. Sin embargo, a veces nos apresuramos a aceptar lo que es importante para otros cuando no lo es para nosotros. Olvidamos que las personas poseen diferentes juicios o suposiciones acerca de lo que realmente importa. Consideremos el cambio climático. Para muchos, la prioridad es detener y preferiblemente revertir el calentamiento global. Si esto es lo que importa, entonces nos plantearemos cualquier cosa que pueda ayudar, incluida la energía nuclear, la captura y el almacenamiento del carbono y los impuestos sobre el carbono. Entonces, ¿por qué hay muchos «ecologistas profundos» que se oponen a algunas o a todas estas cosas? Porque, para ellos, hay otros temas importantes, quizá incluso más. Aspiran a un cambio fundamental en el encaje de la sociedad humana con el resto de la naturaleza, por lo que rechazan las medidas que protejan en algún sentido la economía de mercado global, incluso si detienen el cambio climático. Si nos permitimos creer que lo que les importa a estas personas es lo mismo que lo que les importa a otras, nuestras discusiones sobre políticas climáticas tendrán propósitos contrapuestos.

No existe ningún algoritmo capaz de determinar lo que importa en un debate dado, ya que la importancia es relativa a los asuntos y a nuestros intereses en ellos. Como sucede con frecuencia, la determinación de lo que importa es ante todo una cuestión de prestar mucha atención y asegurarnos de que los términos, la historia o el contexto del debate no nos hayan distraído.

Daniel Dennett ofrece un ejemplo estupendo de esto en sus obras sobre el libre albedrío. El elocuente subtítulo de su primer libro sobre el tema, *Elbow Room* [*La libertad de acción*] era *The Varieties of Free Will Worth Wanting* [Las variedades del libre albedrío que merece la pena tener]. Circulan por ahí diferentes concepciones del libre albedrío y, como afirma Dennett: «Es un juego de niños definir las variedades del libre albedrío que no podemos tener. Así pues, la cuestión es por qué deberían importarnos».

Por ejemplo, en su reseña de *La evolución de la libertad* de Dennett, Jerry Fodor señalaba: «Uno quiere ser lo que, según la tradición, era Eva cuando mordió la manzana. Perfectamente libre para hacer otra cosa. Tan perfectamente libre, de hecho, que ni siquiera Dios sabía de qué lado se inclinaría».[3]

«¿Por qué habríamos de desear esa clase de libertad? —pregunta Dennett—. Es como querer la clase de libertad que nos permita desafiar las leyes de la física e influir en los acontecimientos fuera de nuestro cono de luz». Lo que Fodor denomina «libertad perfecta» consiste en ser capaz de tener y obrar conforme a deseos que no sean fruto de tu historia; no estar limitado por tu carácter, tus valores establecidos, tus creencias y demás. Eso no parece tanto libre albedrío como un caprichoso generador de decisiones aleatorias. Para Dennett, la libertad que de veras importa es la facultad de «actuar por razones que sean nuestras razones». Por eso cree que las mayores amenazas a la libertad son políticas, no metafísicas.

La cuestión del libre albedrío es inmensa y no espero que estés cautivado con la idea de Dennett a la luz de este sucinto resumen.[4] El ejemplo ilustra meramente cómo las discrepancias aparentemente profundas respecto de cómo es el mundo pueden ser con frecuencia en realidad discrepancias acerca de lo que importa.

Cuando no tenemos claro lo que realmente está en juego para las diferentes partes, podemos dejarnos arrastrar y emplear términos erróneos. Consideremos la campaña del referéndum sobre si el Reino Unido debía salir de la Unión Europea. En retrospectiva, los defensores de la permanencia dedicaron demasiado tiempo a advertir del impacto que la salida ejercería sobre la economía. Pero ¿quién pensaba de verdad que ese era el alfa y el omega? La mayoría de los partidarios de la salida querían que el Reino Unido tuviera más soberanía, incluso si eso empobrecía un poco al país. La mayor parte de los defensores de la permanencia deseaban una Europa más unida, aunque ello ralentizase el crecimiento económico. Si no sabemos qué es importante tanto para nosotros mismos como para los demás, acabamos dedicando mucho tiempo a pensar bien en las cosas equivocadas, y eso es un error tan grande como pensar mal en las cosas correctas.

Ver un asunto desde el punto de vista de los otros puede ser también una buena forma de afinar y poner a prueba nuestras propias creencias acerca de lo que importa. «Si somos incapaces de explicar por qué nuestras preguntas son interesantes para las personas ajenas al campo, entonces es probable que nos estemos embarcando mutuamente en una misión inútil», dice Dennett.

Las estructuras y los incentivos institucionales también pueden inducirnos a pensar en las cosas equivocadas. Las guías del pensamiento crítico rara vez mencionan estos factores. Asumen que, siempre y cuando nuestros argumentos sean válidos, estemos interpretando de forma correcta los hechos apropiados, evitando falacias y demás, estamos razonando bien. Sin embargo, un pensador verdaderamente crítico cuestionaría si todo este pensamiento formalmente riguroso está al servicio de la meta adecuada. Puede que las estructuras y los incentivos no interfieran en la mecánica del razonamiento, pero pueden conducir a su aplicación inapropiada.

Nigel Warburton, autor de numerosas introducciones populares a la filosofía, lidiaba con esto en el mundo académico. Él creía que los requisitos que imponía a los académicos el Ejercicio de Evaluación de la Investigación de «producir en serie cuatro artículos en cinco o siete años» lleva a no escribir nada más que «notas a pie de página a las notas a pie de página». Pasan por el aro, escribiendo sobre «cosas que serán buenas para sus carreras más que sobre lo que les interesa». Warburton acabó por tirar la toalla.

Yo admiro a cualquiera que haya examinado de cerca su profesión y haya concluido que lo que más le importa no es lo mejor para su carrera y, sin embargo, haya seguido sus convicciones. En la mayoría de los casos les beneficia la decisión, ya que les permite alinear sus energías con sus talentos. Anthony Kenny es un buen ejemplo de ello. Llegó a conocer a Donald Davidson, una de las figuras destacadas de la filosofía anglófona del siglo XX. «Se hizo evidente para mí que él era un filósofo mucho mejor que yo —cuenta Kenny—. Pero sentí también que el sistema que estaba creando era una especie de sistema artificial que en realidad guardaba muy poca relación con la filosofía de la mente y la acción tal como yo la entendía. Brillaría y sería emocionante durante algún tiempo, pero no supondría una contribución fundamental a la disciplina». Esto se me antoja un juicio increíblemente clarividente que requería confianza. Davidson estaba emergiendo como un gigante, pero Kenny veía —creo que con buen tino— que, en un par de generaciones, casi habría caído en el olvido.

Kenny entendía lo que esto implicaba para su propia carrera: «Bien, pensé, si él es mucho mejor que yo y no es capaz de hacer una contribución a la disciplina, a mí me compensaría mucho más no intentar aportar nada». En su lugar, se centró en interpretar y explicar las obras de personas como Platón, Aristóteles y Tomás de Aquino: «Podía recrearme en las grandes mentes del pasado y eso me resultaba mucho más placentero». También se reveló muy fructífero. Kenny escribió varios libros excelentes que, aunque puedan ser tan efímeros como los de Davidson, han ayudado enormemente a entender la filosofía. Si hubiera estado menos alerta ante las formas en las que la vida académica estaba configurada para canalizar sus energías en otras direcciones, podría haber terminado con facilidad convirtiéndose en un Davidson de segunda fila en lugar de un Kenny de primera categoría.

Al margen de la filosofía, nuestro razonamiento está mal encaminado por numerosos factores institucionales. En los negocios, la cultura empresarial puede llevarnos a invertir demasiado tiempo en pensar en las comunicaciones y no lo suficiente en la sustancia de lo que estamos comunicando. Este es un riesgo más evidente en lo que atañe a la responsabilidad corporativa y social, donde las demandas de los informes medioambientales pueden distraer la atención de las actuaciones ecológicas. O podemos estar tan dedicados a la investigación y el desarrollo que no nos esforcemos lo suficiente en pensar en las realidades comerciales. Pensemos en el difunto Clive Sinclair y sus ingeniosas pero impopulares invenciones, la más notable de las cuales fue el triciclo eléctrico reclinado C5.

Las presiones sociales sutiles también pueden impedirnos pensar bien. Tendemos a relacionarnos sobre todo con personas bastante similares a nosotros y a leer medios que tienen una visión del mundo próxima a la nuestra. Por consiguiente, tenemos incentivos para llegar a ciertas opiniones y se nos empuja constantemente a pensar en determinados temas y no en otros. Cuánto tiempo piense una persona en Palestina más que en China, o viceversa, dependerá con frecuencia de la relativa importancia de esas regiones en sus redes de pares, no de cuál merezca una reflexión más detenida en términos objetivos. Tendemos a leer solo para añadir cada vez más informaciones que respalden nuestras concepciones, en lugar de cuestionarlas. Incluso si nuestras ideas no necesitan ser cuestionadas, llega un punto en el que un mayor gasto de recursos mentales arroja rendimientos decrecientes. Si tenemos una opinión bien informada y establecida sobre Palestina, no necesitamos continuar leyendo con voracidad al respecto. Tal vez podríamos emplear ese tiempo en informarnos mejor sobre otro tema que desconocemos en gran medida.

En un nivel más general aún, los aspectos prácticos de la vida pueden dejar poco espacio para la clase de reflexión que muchos consideran importante. Yo lo experimenté recientemente cuando me mudé de casa, en múltiples y prolongadas etapas. Me sentía frustrado por la cantidad de espacio mental que ocupaban la logística, las decisiones relativas a la pintura, el almacenamiento, si hacer o aceptar ofertas, y suma y sigue. A veces sentía que, si tenía alguna pretensión de vivir la vida de la mente, esta era ahora una completa farsa.

La expresión «economía de la atención» ha cobrado relevancia en los últimos años a medida que los medios de toda índole intentan acaparar nuestro tiempo. Ahora bien, existe asimismo una economía de la atención interna en la que desviamos preciosos recursos de tiempo y esfuerzo cognitivo. En esta economía, el mercado se ve afectado por múltiples factores externos y sociales, a menudo sutiles. Nuestro reto consiste en hacer más eficiente esta economía de la atención, con el fin de que pensemos en lo que, considerándolo todo, nuestro juicio piensa que deberíamos estar pensando. De vez en cuando necesitamos dar un paso atrás y preguntarnos cuál es ese juicio que lo considera todo. Si no lo hacemos, nuestros deseos, incluido aquello en lo que queremos pensar, pueden llegar a estar demasiado influenciados por los factores sociales y azarosos. Nuestra economía de la atención está siendo dirigida en exceso como una economía de consumo en la que nuestros deseos son moldeados por el *marketing* y la publicidad, no por nuestros deseos más profundos.

El antiguo texto sánscrito indio *Nyaya Sutras*, escrito en algún momento entre los siglos VI y II a. C., supuestamente por Akṣapāda Gautama, establece algunos de los principios clave del debate, dividiéndolos en tres clases. En *jalpa* y *vitanda* el objetivo es la victoria, pero en *vada*, el debate bueno y honesto, el objetivo es la verdad. Gautama veía que, con excesiva frecuencia, lo que se considera importante en un debate es vencer. Yo lo he visto en la filosofía académica, donde *captar* a alguien significa principalmente pillarlo, en lugar de entenderlo: «¡Te pillé!», en vez de «Ya lo pillé». La meta del razonamiento debería ser la verdad o la mejor comprensión, pero a nadie le gusta ser un perdedor, y si empezamos aseverando una cosa, nuestro deseo de que sea cierta es a menudo más fuerte que nuestro deseo de averiguar cuál es el caso en realidad.

Este instinto competitivo nos conduce con frecuencia a buscar los puntos débiles en las posiciones diferentes de las nuestras. Huelga decir que hay algo bueno en el hecho de poner a prueba cualquier argumento todo lo posible. Ahora bien, para que semejante test de debilidad sea genuino, debería poner a prueba la mejor versión del argumento, no la peor. De ahí la tradición milenaria del debate formal en la filosofía india, en el que los interlocutores se ven forzados a enfrentarse a los más sólidos contraargumentos e incluso a hacer de abogados del diablo.

Este requisito tiene por objeto impedir que cometan la falacia del hombre de paja. Un argumento del hombre de paja echa por tierra alegremente una afirmación o una creencia, pero en realidad no es el que el oponente defiende. El argumento derrota una débil versión del hombre de paja, en tanto que la real y más sólida permanece intacta. Por ejemplo, algunos han argüido que la obligatoriedad de las vacunas supone una violación de los derechos humanos, ya que la interferencia forzosa en la integridad física de alguien es, en términos legales, agresión con lesiones. Ahora bien, en la mayoría de los casos, la obligatoriedad de las vacunas no implica la inyección forzosa. Simplemente significa que si alguien opta por no vacunarse, sus movimientos se ven limitados o, en casos extremos, recibe una multa. Cabe argumentar que esto supone una vulneración de los derechos humanos, pero eso no se sostiene con facilidad. Si uno se opone a la obligatoriedad de las vacunas, resulta más sencillo argumentar en contra de la versión del hombre de paja en la que se equipara con la agresión con lesiones.

El principio de caridad, ampliamente aceptado por los filósofos, lleva más lejos el requisito de evitar los hombres de paja. No solo nos exige evitar los blancos fáciles y espurios, sino también asegurarnos de que nos enfrentamos a la mejor y más sólida versión de un argumento. Por ejemplo, son muchos quienes ahora sostienen que la defensa del consumo de carne ha sido destruida por motivos medioambientales. Dado que siempre se requiere más tierra para crear una caloría de carne que una caloría vegetal, el consumo de carne supone un uso ineficiente de los recursos. Esto parece evidente y es una clave importante. Si fuera tan obvio, ¿cómo podría pensar de otra manera una persona inteligente? El principio de caridad nos incita a preguntar: ¿no tienen una respuesta a esto los defensores más reflexivos del consumo de carne?

En efecto, la tienen. Muchos pastos no son aptos para la agricultura de labranza y muchos animales pueden ser alimentados con residuos del sistema alimentario que no son aptos para el consumo humano. Ese es un buen argumento contra la idea de que todos deberíamos hacernos veganos por motivos medioambientales. (El bienestar animal es otro asunto). Pero también los defensores del consumo de carne deberían adoptar el principio de caridad. Puede que hayan refutado un mal argumento en su contra, pero ¿han rebatido los mejores? Al menos, debería ser evidente que no se trata de una defensa de la habitual industria cárnica, ya que proporciona al ganado pienso cultivado en tierras que se podrían utilizar para producir plantas comestibles para los humanos, no solo vacas que vagan por los pastos y pollos y cerdos que comen desechos.

Este breve resumen muestra que, cuando buscamos los mejores argumentos del otro lado, podemos hacer auténticos progresos. Cada parte se ve obligada a adaptar sus afirmaciones, renunciar a las más descuidadas y concentrarse en las mejores. El principio de caridad nos alienta a abordar la consideración detenida de las cosas como una empresa conjunta para alcanzar la verdad, no como una competición en la que cada parte ha salido a ganar. Esto es importante para crear un espacio civil constructivo para la discusión. «Tendemos a ver a la gente que defiende la posición contraria como fuerzas demoníacas que hemos de derrotar —observa Martha Nussbaum—. Nuestras tertulias radiofónicas y nuestra cultura de internet alientan esta tendencia. No escuchamos lo que dicen, solo queremos hablar más alto y ganar la batalla». Nussbaum sostiene que, si cuentas con una buena formación en humanidades, «aprendes que cada persona tiene sus razones. Aprendes a escuchar esas razones».

Nuestra comprensión de las creencias ajenas se profundiza asimismo si pensamos en *por qué* las personas creen lo que creen. Por ejemplo, en el Reino Unido, mucha gente ha creído falsamente que los inmigrantes reciben más prestaciones sociales y tienen mayor prioridad para conseguir una vivienda que los ciudadanos nacidos en el Reino Unido. Si pensásemos que lo único importante aquí era la verdad o la falsedad de la creencia, nos sentiríamos consternados por la prevalencia de estos mitos y supondríamos que la única explicación es la xenofobia. En cambio, si atendemos a la cuestión de por qué la gente está tan dispuesta a creer semejantes falsedades, veremos que muchas personas creen que sus comunidades han sido ignoradas por los políticos, que hablan más de las necesidades y los derechos de las minorías que de los problemas de las comunidades blancas de clase trabajadora. Las falsas creencias pueden verse entonces como lo que son: síntomas de una insatisfacción, no su causa.

Con excesiva frecuencia, cuando tenemos claro que una conclusión es falsa, perdemos el interés en los motivos por los que otros han llegado a ella. Debería suceder lo contrario: cuando las personas inteligentes creen cosas falsas, resulta especialmente interesante averiguar el porqué. En la mayoría de los casos, descubriremos verdades en juego. Por ejemplo, yo tengo poca paciencia con los antivacunas, pero incluso ellos tienen alguna verdad de su lado. Resumiendo un argumento en su libro *Antifrágil*, Nassim Nicholas Taleb afirmaba que «la medicina es para las personas muy enfermas, nunca para las sanas», y que «los humanos no han hecho prácticamente *nada* para "mejorar" la naturaleza o ayudar con atajos que no acabara perjudicando con efectos secundarios *inadvertidos*».[5] Su idea básica es que, habida cuenta de que toda medicina entraña riesgos, no deberíamos tomar ninguna a menos que de veras debamos hacerlo. Cabría desestimarla sin más una vez que nos percatamos de que su conclusión lógica es que no deberíamos haber utilizado las vacunas que han erradicado prácticamente o por completo de nuestras vidas la viruela, la poliomielitis, la tuberculosis, el cólera y la peste bubónica, por no mencionar las que nos están ayudando a asimilar la covid-19.[6] Ahora bien, si la evidente falsedad de esta conclusión pone fin a nuestro interés en el argumento, nos privamos de la oportunidad de reflexionar más sobre cuándo deberíamos o no someternos a tratamiento médico electivo.

A veces, las ideas más fructíferas surgen cuando una parte es capaz de ver un argumento mejor para algo que el propuesto por su defensor. Consideremos el «baño de bosque»: la práctica de moda de inspiración japonesa consistente en caminar por los bosques por su beneficio terapéutico. Los defensores acérrimos del baño de bosque hablan mucho de las investigaciones que han atribuido algunos de sus beneficios específicamente a la inhalación de compuestos orgánicos volátiles antimicrobianos llamados fitoncidas, producidos por las coníferas. La base científica es sólida, pero los beneficios para la salud son demasiado marginales para justificar la búsqueda de paseos por los bosques. Pero también es cierto algo más importante: que caminar por el bosque nos hace bien sencillamente porque implica estar al aire libre, relajarse, hacer ejercicio y disfrutar de la naturaleza. Aplicando el principio de caridad, podemos ver que existen mejores razones para el baño de bosque que las aducidas por las personas demasiado impresionadas por el efecto de los fitoncidas.

Anthony Gottlieb es un usuario modelo del principio de caridad. Su genial historia de la filosofía en dos volúmenes abarca varias ideas que, a los ojos modernos, parecen excéntricas cuando menos. Ahí está Parménides, quien sostenía que jamás podemos hablar de lo que no es, o Anaxágoras, que pensaba que el aire sostenía la Tierra. «Muchas de estas ideas resultan bastante locas —reconoce—. Pero entonces traté de profundizar un poco más a fin de entender por qué Parménides, por poner un ejemplo, decía lo que decía. Cuando intentas hacer eso, en la mayoría de los casos das con una suerte de justificación de forma casi automática. [...] Muchas de las ideas que parecen disparatadas solo lo parecen porque no te has fijado más que en su superficie».

Puede que yo haya ofrecido ya un ejemplo de ello. Antes cité a Michael Martin, quien decía que no podía pensar en un solo libro escrito a finales del siglo XX por alguien que no fuese un filósofo académico y que tuviera algún interés para los filósofos académicos. Es una declaración sorprendente, y sería fácil pensar que delata únicamente una asombrosa estrechez de miras. No obstante, Martin tiene sus razones, e incluso si uno no las comparte, no son estúpidas. Él sostenía que existe una distinción entre la filosofía y la filosofía académica, y que «los filósofos académicos tienen un interés en los textos fundamentales, el canon de la filosofía, y dicho canon no cesa de cambiar con el tiempo». Se dedica a «transmitir ciertas tradiciones y destrezas de pensamiento, e identificar y resolver problemas, de generación en generación». En otras palabras, hoy en día tiene una función muy particular y limitada, y por ello las contribuciones actuales a la disciplina proceden de manera abrumadora de su interior.

La aplicación del principio de caridad requiere una de las virtudes filosóficas clave: la empatía cognitiva. Mientras que la empatía emocional es un sentir-con-otros, la empatía cognitiva es la capacidad de pensar-con-otros, de entender sus creencias y las razones que tienen para profesarlas. Puedes ser la persona más lista del mundo, pero si no comprendes lo que piensan los demás y por qué lo piensan, tus críticas y tus preguntas errarán el blanco.

Podemos conceder tanto demasiada caridad como demasiado poca. Hablé con Daniel Dennett poco después de su debate con el notable filósofo cristiano Alvin Plantinga. Dennett admitía que le resultaba difícil atribuir razonabilidad a la obra de Plantinga y de muchos otros filósofos de la religión. En otras palabras, podemos llevar demasiado lejos el principio de caridad, le sugerí. «Sí». Nuestro respeto hacia las posiciones ajenas tiene sus límites. «No existe ninguna forma cortés de preguntarle a alguien: "¿Has considerado la posibilidad de que tu vida entera haya estado consagrada a un engaño?" —dice Dennett—. Pero se trata de una buena pregunta y, por descontado, va a ofender a la gente. Eso es duro. Hay personas que necesitan un cubo de agua fría en la cara y otras que necesitan un trato muy suave».

La retirada de la presunción de razonabilidad es rara en filosofía, como debería serlo en todo debate civil. No obstante, eso no significa que a veces no esté justificada. Myisha Cherry ha argüido en *The Case for Rage* que las normas del desacuerdo civil a veces solo actúan para proteger el confortable *statu quo* y para mantener en su lugar a los desfavorecidos. Martha Nussbaum también ha escrito acerca de la validez de los tipos adecuados de ira como una emoción política. Cuando los asuntos importan de veras, mostrar emoción es cuando menos comprensible y, en ocasiones, necesario. A veces necesitamos señalar la seriedad de la disputa y no presentarla como un cortés debate de salón.

En ciertos casos, el principio de caridad exige que dejemos a un lado como errores desafortunados algunas de las cosas que dice la gente. Por ejemplo, Kant sostenía que estamos obligados en términos morales a hacer solo aquellas cosas que podemos desear de manera consistente que todo el mundo haga. No robamos porque no podemos desear de buena fe que otros también roben, y lo mismo vale para el asesinato, el adulterio, etc. Es habitual aducir que el propio Kant mostró que esto conduce a conclusiones absurdas. Llegó a escribir que si un potencial asesino llamase a tu puerta y te preguntase si conocías el paradero de su víctima, no deberías mentir, ya que la mentira no es algo que puedas desear que todo el mundo practique.

No estamos empleando el principio de caridad si interpretamos esto como la prueba irrefutable que destruye toda la filosofía kantiana. Antes bien, deberíamos aceptar que hasta los mejores filósofos meten la pata y dicen bobadas. Eso no socava la totalidad. Onora O'Neill nunca ha encontrado mucho sentido en la negativa de Kant a mentir al asesino a la luz del conjunto de su filosofía. No obstante, sigue siendo una kantiana y declara: «Siempre cabe encontrar ejemplos absurdos en cualquier filosofía, por lo que me inclino en conjunto a fijarme en la estructura, no en los ejemplos».

O'Neill está hablando de lo que cabría denominar la *falacia del desliz revelador*. Nos apresuramos a suponer que cuando alguien dice algo estúpido, escandaloso o sencillamente falso, eso mina todas sus demás afirmaciones. Sospecho que esto obedece en parte a la aceptación colectiva de una cosmovisión freudiana por la que nuestros lapsus son más reveladores que nuestras palabras y acciones ordinarias. Ahora bien, al igual que Freud señaló que a veces un cigarro es solo un cigarro, no todos los lapsus son freudianos. Como sugiere O'Neill, deberíamos prestar más atención a los patrones del habla y el comportamiento de los individuos, y no tanta a sus aberraciones ocasionales.

Los ejemplos más comunes de la falacia del desliz revelador conciernen al lenguaje ofensivo. En el pasado reciente, más de un miembro del Parlamento británico ha sido sorprendido empleando una anticuada expresión que contiene la palabra que empieza con N, un insulto racista que exige una disculpa. Ahora bien, ¿acaso un único uso de esa palabra demuestra que alguien sea racista? Yo creo que no y puedo ponerme a mí mismo como ejemplo. Crecí cuando se usaban de forma rutinaria como insultos ciertas palabras que hoy se estiman ofensivas, como *poof* («maricón») y *spastic* («subnormal»). Estas palabras se hallan alojadas en el fondo de mi cerebro, y no puedo asegurar que no vaya a utilizar jamás alguna de ellas, tal vez en un momento de agitación o de ligera embriaguez, no como un insulto contra los homosexuales o las personas con dificultades de aprendizaje, sino como términos inapropiados arrancados de mi léxico interno al intentar decir que alguien es débil o estúpido. De hecho, a mis veintipocos años me morí de vergüenza al describirme como «un maricón con las arañas» en compañía de unos homosexuales. Por fortuna, estos emplearon el principio de caridad y vieron que el patrón de mi comportamiento era más revelador que aquel estúpido desliz verbal. Del mismo modo, si alguien usa un insulto racista, deberíamos preguntarnos si este encaja o choca con su conducta general antes de extraer conclusiones respecto de lo que ello revela acerca de su carácter moral. Insisto en que el uso de tales palabras es inadecuado, pero un solo uso no basta para justificar las generalizaciones negativas sobre el usuario.

Ciertos lapsus son, en efecto, reveladores. Cuando Hillary Clinton calificó de «deplorables» a los votantes de Trump, probablemente estaba expresando un auténtico desprecio que había estado intentando ocultar. No obstante, nuestras razones para pensar esto (o negarlo) se basan en todas las demás cosas que sabemos acerca de Clinton. Por sí solo, el lapsus dice muy poco.

Una forma de aplicar el principio de caridad es proponer una «teoría del error» plausible. Si las personas están equivocadas y no son estúpidas, ¿por qué se equivocan? ¿Qué explica la aceptación generalizada de un error? Las teorías del error cobran una importancia especial cuando proponemos ideas que van contra la opinión establecida o experta. No basta con argumentar por qué tenemos razón. Hemos de explicar por qué tantos otros están equivocados.

Por desgracia, la teoría del error a la que recurrimos la mayoría de nosotros es que la gente es estúpida, corrupta o fanática. Decimos que los demás son crédulos, que se dejan engañar por hábiles oradores que parecen inteligentes, que solo quieren estar tranquilos, que desean sentirse importantes, que se limitan a seguir las modas. A veces, cualquiera de estas cosas puede ser cierta. Sin embargo, en términos generales, tales explicaciones son demasiado precipitadas y desdeñosas.

Una buena teoría del error debería explicar por qué una visión errónea parece verosímil y racional. ¿Supera su prueba la teoría del error de Richard Swinburne sobre la creencia de la gente en las almas inmateriales?

> La ciencia ha descubierto que solíamos sostener unas creencias muy primitivas que hoy sabemos que no son verdaderas, y que solíamos ser religiosos, luego es probable que la religión no sea cierta en la actualidad, lo que salta a la vista que no es un argumento deductivo válido. La gente se ha sentido abrumada por la ciencia y, por ende, le ha profesado un respeto excesivo. Yo soy muy partidario de la ciencia, pero no debemos atribuir a esta la capacidad de hacer declaraciones que excedan su ámbito particular.

En otras palabras, las personas se han vuelto demasiado respetuosas con la ciencia y creen que esta no deja espacio para las almas; por lo tanto, no creen en las almas. Algunas, en efecto, otorgan a la ciencia más autoridad de la que deberían. Sin embargo, la idea de que la gente rechaza la religión porque la mete sin pensarlo en el mismo saco que otras visiones precientíficas y «primitivas» se me antoja poco caritativa y falsa. La mayoría de las personas no religiosas no *suponen* que las concepciones religiosas (al menos algunas) son primitivas y acientíficas, sino que *concluyen* que lo son, y por ese motivo las rechazan. Además, la teoría del error de Swinburne podría explicar por qué una persona relativamente irreflexiva puede asumir que la religión es una reliquia, pero no explica por qué los filósofos y los neurocientíficos profesionales rechazan la idea de que las mentes y los cuerpos se componen de sustancias diferentes, una creencia que no requiere ninguna convicción religiosa. Así pues, la teoría del error es débil a mi juicio. No solo no explica por qué la gente se ha equivocado, sino que ni siquiera explica por qué es comprensible su equivocación.

¿Y si damos la vuelta a las cosas y preguntamos —suponiendo que creamos que no existen buenos argumentos en favor de la existencia de un alma inmaterial— por qué alguien supuestamente inteligente como Swinburne puede estar tan equivocado? A este propósito, nuestra teoría del error es en ciertos sentidos simple y en otros compleja. Su esencia es que las creencias no se sostienen en el vacío. Si creemos ciertas cosas acerca de Dios y la creación, unas creencias encajan con ellas con más naturalidad que otras. La creencia en las almas inmateriales concuerda muy bien con muchos de los compromisos teístas de un cristiano como Swinburne. Dado que ningún argumento ni evidencia puede demostrar más allá de toda duda que no puedan existir, Swinburne tiene más creencias a favor que en contra de la existencia de las almas. Por consiguiente, la fuente del error no reside en los argumentos aducidos por Swinburne en pro del alma inmaterial (que son evidentemente débiles en sí mismos), sino en el más amplio conjunto de compromisos teístas que apuntalan dichos argumentos.

En la vida ordinaria, muchas teorías del error pueden ser bastante simples. Puede que la gente no entienda la ciencia, puede que obtengan sus informaciones de fuentes poco fiables, puede que prejuzguen a ciertas autoridades porque desconfíen de ellas, puede que la aceptación de la verdad resulte incómoda o embarazosa. No siempre es difícil entender por qué se equivoca la gente si estamos acostumbrados a preguntarnos por qué una persona inteligente podría estar confundida.

Otra forma de comprender a aquellos de quienes discrepamos es no centrarnos tanto en *qué* creen cuanto en *cómo* creen. Por ejemplo, en el debate sobre el libre albedrío, muchos están plenamente de acuerdo respecto de las clases de agencia que poseen o no los seres humanos. Creen que estos toman decisiones, pero que estas se hallan determinadas por las circunstancias y por sus historias vitales hasta tal punto que, en cualquier momento dado, no podrían haber obrado de otro modo. Otros tienen una concepción más relajada y consideran que poseemos la suficiente autonomía como para afirmar que tenemos libre albedrío, en tanto que otros piensan que es terrible y que *ese* grado de autonomía no supone una libertad real en absoluto. Coinciden en los hechos básicos, pero adoptan actitudes muy diferentes hacia ellos.

A veces describo esto como la importancia ignorada de la entonación. La creencia de que «en un momento dado no podemos hacer nada más que lo que hacemos» puede decirse con consternación y horror o con aceptación serena. (Una idea relacionada es «el *solo* del filósofo». La inserción de la palabra *solo* en una afirmación hace que suene menos creíble, aun cuando no varíe la esencia de la afirmación. Compárese «Los seres humanos son máquinas biológicas» y «Los seres humanos son solo máquinas biológicas». Cuando escuchemos que algo se describe como «solo» esto o aquello, probemos a eliminar el «solo» y ver qué es lo que cambia).

Pensemos en la creencia de que quienes no sean salvados por Jesús serán enviados al infierno por toda la eternidad. Esto es horrible. Cabe alegar que cualquiera que piense que un Dios bondadoso haría que sucediese tal cosa es malvado, ya que estaría diciendo que es bueno atormentar para siempre a seres humanos falibles por el delito de no ser lo suficientemente sabios como para creer en un Dios sádico.

No obstante, la inmensa mayoría de las personas que declaran creer esto no son malvadas. Son con frecuencia muy bondadosas. Resulta tentador pensar que *en realidad* no creen que las personas como yo vayamos a ir al infierno. Es más preciso decir que el modo en que profesan esta creencia es diferente de la forma en que sostienen muchas otras. El psicólogo Hugo Mercier distingue entre creencias intuitivas (o afectivas) y reflexivas. Las creencias intuitivas son las que usamos para movernos por el mundo y las que sentimos profundamente que son verdaderas. Creemos que beber gasolina nos pondrá enfermos, por lo que no la bebemos; creemos que el fuego quema y mantenemos la distancia; creemos que amamos a nuestra pareja, así que la tratamos bien y pasamos tiempo con ella. Las creencias reflexivas, por su parte, son creencias a las que asentimos, pero que afectan poco o nada a nuestras acciones. Creemos que los pasteles son insanos, pero los comemos sin sufrir mucha disonancia cognitiva. Creemos que es terrible que haya personas que mueran de hambre, pero no nos indignamos con frecuencia ni hacemos ningún esfuerzo para alimentarlas. Yo conozco incluso a muchas personas, incluidos algunos filósofos, que me dicen que creen que es inmoral comer animales, pero siguen disfrutando de un buen bistec.

La creencia en la condenación eterna es más reflexiva que intuitiva. Es una creencia sincera, pero se mantiene compartimentada y alejada de las creencias afectivas acerca del valor y la adorabilidad de las vidas humanas.

Esto podría resultarnos extraño, pero deberíamos recordar que todos tenemos creencias semejantes y que, por horrible que esto sea, suele ser más inofensivo de lo que parece.

Los filósofos hablan del «contenido semántico» de las creencias y de su «valor de verdad». Esto refleja los supuestos «logocéntricos» (centrados en las palabras) del pensamiento occidental, que tiende a suponer que los contenidos de las creencias son sus características más importantes. El contenido semántico es relevante cuando intentamos que nuestras descripciones del mundo sean certeras. Sin embargo, en la vida cotidiana, el lenguaje funciona de maneras más diversas. Si pensamos demasiado como filósofos en las conversaciones diarias, nos arriesgamos a tomarnos al pie de la letra lo que dice la gente. En vez de intentar comprender solo *lo que* creen las personas, deberíamos reflexionar más sobre *cómo* creen. Si lo hacemos, tendremos más probabilidades de proponer una buena teoría del error cuando se equivoquen.

Para llegar al corazón de lo que importa, hemos de ser capaces de hacer algo más que procesar argumentos y entender los razonamientos ajenos. El factor F requiere *perspicacia*. Esta no es una capacidad mística de ver más allá de las apariencias, sino la facultad de reparar en lo que otros han pasado por alto, de identificar lo que importa de veras, de clarificar lo oscuro.

«Los grandes filósofos son los dotados de perspicacia, la perspicacia para captar lo importante —afirma Ray Monk—. A nuestros estudiantes les decimos: "No te limites a darme tu conclusión, dame argumentos". Pero ¿quién lee a Nietzsche, quién lee a Wittgenstein, quién lee a Kierkegaard, presentándolo como si fuera un ejercicio de cálculo proposicional, y dice si se aprueba o no el argumento en cuestión? Eso resultaría tremendamente aburrido y fuera de lugar».

Michael Martin parece el paradigma del filósofo analítico e hiperracional contemporáneo. No obstante, también tiene claro que ser una especie de procesador de alto rendimiento no basta para convertirse en un gran pensador. Cita el libro clásico de Elizabeth Anscombe *Intención* como un ejemplo de «una excelente obra de filosofía que no contiene prácticamente ningún argumento». Antes bien, es un análisis de lo que significa actuar de forma intencionada, que señala hechos como que, al hacer una cosa, como pasarte el dedo por la garganta, puedes estar haciendo intencionadamente otra, como ordenar el asesinato de alguien. Martin comenta que en ese artículo «nos hacemos una idea real de ciertos aspectos de lo que es la naturaleza de la acción intencional y lo que tiene de especial la razón práctica. [...] Desafío a cualquiera que tenga algún gusto por la filosofía a no entusiasmarse al leer ese texto».

Philippa Foot es un magnífico ejemplo de una filósofa con una visión tremendamente perspicaz de la relación entre la moralidad y nuestro entendimiento de los hechos relativos a la naturaleza humana. Su forma de trabajar paciente y reposada se traduce en una obra que llega al corazón de las cosas y no contiene nada superfluo. «No creo que pueda abreviarse», respondió con apropiada frugalidad cuando le pregunté por su libro *Bondad natural.* Rehúye la ostentosa gimnasia mental que hallamos en gran parte de la filosofía, pero posee en cambio una sagaz visión de lo que está en juego y lo que es importante.

El novelista y bioético Alexander McCall Smith sugería que la perspicacia implica «una capacidad de contextualizar los constructos teóricos y moderarlos con un sentido de lo que efectivamente funcionará o puede funcionar en la sociedad humana». Esto exige a su vez la comprensión de la naturaleza humana. Como señala A. C. Grayling: «Si intentamos planificarlo todo sobre bases puramente racionales y geométricas, iría a contracorriente de la naturaleza humana. Por consiguiente, lo mejor y lo más racional es seguirla».

Con frecuencia resulta frustrante hablar de sabiduría y perspicacia porque suena nebuloso. Como dice Martin, es imposible especificar con exactitud en qué consiste la capacidad de juzgar con acierto: «No puedo describir una máquina de Turing que nos permita distinguir las buenas obras filosóficas de las malas». La precisión es aquí esquiva, y tratar de precisar las cosas es tan fútil como intentar clavar gelatina en la pared. No obstante, las cosas más importantes son a veces las más difíciles de captar. Precisamente porque no existe ningún algoritmo para el buen pensamiento, la perspicacia y la sabiduría requieren una destreza que solo puede dimanar del ejercicio de las virtudes del buen razonamiento.

La perspicacia genuina es rara, y por ese motivo, como decía Bernard Williams, «el noventa por ciento de la filosofía en cualquier momento no es muy bueno». Aunque, por otra parte, «el noventa por ciento de cualquier disciplina no es muy bueno». El conocimiento de lo que importa es lo que nos permite distinguir ese 10 por ciento. (También nos permite percatarnos de que lo que aquí importa no es si la cifra del 10 por ciento es literalmente correcta; el 10 por ciento significa la pequeña minoría de material realmente valioso, cualquiera que sea el auténtico porcentaje).

Si desarrollamos un buen olfato para lo relevante, podemos descubrirnos ignorando partes enteras de una disciplina, incluso algunas de las que se han considerado históricamente fundamentales. A título de ejemplo, la mayoría de los teístas contemporáneos convienen en que los argumentos tradicionales en favor de la existencia de Dios son débiles e irrelevantes. En esta línea, Peter

Vardy ha escrito libros enteros sobre ellos como un servicio a los estudiantes, pero piensa que «son una pérdida de tiempo. En realidad, me parecen aburridos porque no creo que la religión se base en ellos. No encontramos a nadie que diga: "Bueno, yo pensaba que había un 68 por ciento de probabilidades de que existiera Dios, pero acabo de leer un artículo en *The Philosophers' Magazine* que ha incrementado la probabilidad en un 7 por ciento, así que voy a hacerme jesuita". Eso es ridículo». Al igual que Vardy, podemos juzgar interesantes los argumentos por razones filosóficas, pero si los estimásemos relevantes para decidir si creemos o no en Dios, estaríamos en un error.

La relevancia es siempre situacional. Considerado *sub specie aeternitatis* («bajo el aspecto de la eternidad»), no existe nada importante. Dentro del ámbito humano, hay veces en que, por muy relevante que sea un problema en términos filosóficos, no lo es en otros contextos. Esto es probablemente lo que sucede con los debates metafísicos en torno al libre albedrío. Oliver Letwin, filósofo y político conservador, sostiene que es «de una evidencia palmaria» que no podemos tener vida social sin culpa, ira y responsabilidad. Acepta que existe «un profundo nexo filosófico de cuestiones» relativas a la reconciliación de esto con «el hecho crudo de que somos máquinas y de que existen las leyes de la física». No obstante, no necesita resolverlas para hacer política. «No supone un problema práctico para la vida moral ni política». Por ese motivo, incluso la mayoría de las personas que sostienen que los humanos carecemos de libre albedrío dicen que no podemos dejar de actuar como si lo tuviéramos, y que poco o nada influye esto en la asunción de responsabilidad legal.

En otras ocasiones, las reflexiones más profundas pueden ser relevantes, pero son de escasa utilidad. El político y politólogo Tony Wright señaló que, en el meollo del gobierno: «Los intelectuales resultan poco útiles en su conjunto porque siempre te hablarán de las numerosas caras de una cuestión y de lo difícil que es todo». El momento de participar en la discusión genuina está «habitualmente alejado de la parte espinosa del poder. Sucede con frecuencia cuando los partidos y las tradiciones políticas están intentando pensar detenidamente en lo que se traen entre manos, o redefinirse o reorientarse». La filosofía tiene su tiempo y su lugar.

A veces, lo más importante no es la filosofía ni la actividad intelectual de ninguna índole. Durante muchos años, casi nadie sabía que el filósofo Michael Dummett era increíblemente activo en el apoyo a los derechos de los refugiados. Como recuerda uno de sus estudiantes de entonces, el futuro narcotraficante Howard Marks, a veces eso triunfaba sobre la filosofía. En cierta ocasión, Marks había faltado a un seminario con Dummett para hablar en los tribunales en nombre de alguien que había sido arrestado en una manifestación contra Enoch Powell, el parlamentario conservador cuyo célebre discurso sobre los «ríos de sangre» había inflamado los sentimientos en contra de la inmigración. Marks se sintió menos culpable por haber hecho novillos cuando descubrió que Dummett también estaba allí, hablando en favor de otro manifestante arrestado: «Es una maravillosa combinación, la moral correcta, una mente brillante y alguien que se mata fumando. Aquello se me antojaba muy reconfortante».

Cómo saber lo que importa

- Puedes jugar a juegos intelectuales si lo deseas, siempre que no los confundas con el trabajo serio.
- No asumas que la diferencia entre lo trivial y lo relevante es la que todo el mundo piensa que es.
- Valora el entendimiento por sí mismo. Lo importante no es siempre una cuestión práctica.
- Si deseas entender a las personas de las que discrepas, intenta descubrir si a ellas y a ti os importan cosas

diferentes. Muchas aparentes discrepancias acerca de los hechos son en el fondo desacuerdos relativos a los valores.

- Evita que tus prioridades estén sesgadas por los incentivos y las estructuras institucionales.
- Cuestiona lo que tus grupos de pares consideran más importante.
- Evita los hombres de paja. La victoria es hueca cuando el oponente es hueco.
- Aplica el principio de caridad: asume que los otros no son estúpidos y considera las mejores versiones de sus puntos de vista y sus argumentos, mejores incluso que las que ellos ofrecen.
- No pienses solo en *lo que* las personas creen, sino también en *por qué* lo creen.
- Piensa asimismo en *cómo* creen. Muchas creencias son meramente reflexivas: estamos sinceramente de acuerdo con ellas, pero no influyen en nuestra manera habitual de pensar y de vivir.
- No supongas que un desliz o un error son indicativos de fallos más profundos o más amplios. Unas veces lo son y otras no.
- Dispón de una *teoría del error*, una explicación de por qué la gente cree algo cuando tú estás tan seguro de que es falso.
- Recuerda que lo que importa en ciertos contextos no importa en absoluto en otros. La relevancia es situacional.
- Intenta cultivar la perspicacia, no solo la inteligencia. Mantente siempre atento al quid de una cuestión, lo realmente importante.

CAPÍTULO 9

Pierde tu ego

> En general, son muy pocos, increíblemente pocos, los individuos que nacen aunque solo sea con un atisbo de aptitud para decir algo nuevo.
>
> Fiódor Dostoievski, *Crimen y castigo*

Con el éxito mundial de *Zen y el arte del mantenimiento de la motocicleta*, Robert Pirsig se convirtió en una superestrella internacional. El libro era una combinación única de ficción, memorias y meditaciones filosóficas. Era un viaje intelectual genuinamente inspirador que puso en marcha los motores filosóficos de muchos lectores.

Sin embargo, Pirsig pensaba que *Zen* era una mera introducción a su sistema filosófico plenamente desarrollado, que él designaba como la «metafísica de la calidad» o MdC. Según la MdC, la «calidad» o el «valor» es el constituyente fundamental del universo, si bien es asimismo indefinible en gran medida. Expuso de manera más cabal su MdC en la secuela *Lila: una indagación sobre la moral*. Pero el mundo, especialmente el filosófico, no se conmovió.

Muchos años más tarde, en una mal concebida entrevista escrita conmigo que no generó ningún compromiso genuino, Pirsig declaró: «Me molesta que *Lila* no tenga el éxito debido entre los filósofos académicos. En mi opinión, es un libro mucho más importante que *Zen y el arte del mantenimiento de la motocicleta*. Me siento como alguien que intenta vender billetes de cinco dólares a dos dólares cada uno y apenas lo logra».

En lugar de tener la satisfacción de escribir uno de los libros más significativos del siglo XX, Pirsig vivía con la amargura de ser el Gran Pensador desdeñado por el mundo. Y lo que tal vez sea más importante, en vez de continuar profundizando en su comprensión a lo largo de su vida, se pasó décadas defendiendo con tenacidad la posición que había desarrollado en su juventud. Quizá Pirsig sea un genio no reconocido. Es más probable que su ego inflase su justificable sensación de logro. En su mente, sus ideas eran grandes; era la filosofía la que empequeñecía.

El caso de Pirsig es excepcional, pero el poder del ego no lo es. Este nos afecta a todos y es un obstáculo insidioso para la claridad del pensamiento. No obstante, algunos son capaces de aflojar su control. Pensemos en el gran filósofo estadounidense ya fallecido Hilary Putnam. «No es ningún secreto que he cambiado de parecer en un par de cuestiones importantes —declaró en cierta ocasión—. Nunca he considerado una virtud adoptar una posición y tratar de granjearme la fama como una persona que defiende dicha postura, como un proveedor de una marca, como si estuviese vendiendo copos de maíz».

Las ideas de Putnam respecto del cambio de opinión son poco controvertidas. Nadie piensa que la ridícula obstinación sea un sello distintivo del buen pensador. No obstante, la verdad incómoda es que la mayoría de nosotros rara vez cambiamos de parecer, al menos en los temas importantes. En filosofía, Putnam tenía fama de cambiar de posición cada dos por tres solo porque tales cambios son poco habituales.

El miedo a esta vida intelectual de un solo carril fue una de las razones por las que el *DJ* y músico Mylo dejó un doctorado para seguir una carrera musical: «En cualquier ámbito académico, los individuos parecen alcanzar su posición entre los veinte y los cuarenta años, y luego siguen dando la brasa otras dos décadas hasta acabar consiguiendo un volumen-homenaje o algo por el estilo. Si no te andas con cuidado, esa puede ser una forma bastante aburrida de pasarte la vida».

Son pocos los filósofos que expresan inquietudes al respecto. Una excepción es Christine Korsgaard, quien reconocía abiertamente: «A medida que envejezco, me resulta cada vez más desconcertante la manera en que mi propia obra parece estar desempaquetando una caja que recibí en la escuela de posgrado. Con el tiempo llegas a pensar: vale, llevo treinta años siendo una pensadora profesional y no parezco haber cambiado de opinión en muchos asuntos, lo cual no deja de ser alarmante».

Hay algo que decir a propósito del «desempaquetado incesante». Sin duda, este ha reportado beneficios a la obra de Korsgaard, que no ha cesado de explorar las formas en las que forjamos nuestra identidad mediante nuestra vida y nuestras acciones. Como yo le sugerí, ¿acaso algunas de las cosas más interesantes no son precisamente el resultado de coger una idea que, si lo piensas, es ineludiblemente cierta, y luego desempaquetarla, porque es en el desempaquetado donde surge la sorpresa? «Eso espero», me respondió.

Existen buenas razones para que nuestras creencias no cambien de un día para otro. Si eres remotamente racional, tus creencias forman un conjunto más o menos coherente. Si alguien cree, por ejemplo, que el reiki no funciona, no suele ser únicamente por sus ideas acerca del reiki en particular. Puede que no sepa nada al respecto, aparte de que afirma sanar a distancia. Su rechazo del reiki guardará relación con ideas más amplias acerca del funcionamiento del mundo. Estas conectan con cosas como la existencia de Dios o de un más allá, que a su vez están ligadas a sus valores y objetivos vitales. Estas creencias constituyen un conjunto que se refuerza mutuamente. No puedes cambiar una sin que eso repercuta en muchas otras. Si llegases a creer que el reiki funciona, muchas otras creencias caerían como fichas de dominó. Cada una de nuestras creencias contribuye a mantener las demás en su lugar.

Así pues, si te enfrentas a un desafío a una idea particular que defiendes, incluso si no tienes una refutación directa, la totalidad de tus creencias testificarán a menudo de modo indirecto en su contra. Cualquier estudio aparentemente sólido que parezca demostrar que el reiki funciona será acogido justificadamente con escepticismo si resulta incompatible con muchas otras creencias que consideremos bien fundadas.

Por consiguiente, es razonable que cueste hacernos cambiar de parecer en asuntos importantes. No es de extrañar que, como señala el filósofo de la ciencia David Papineau: «El cambio a una nueva forma de pensar no es un proceso simple. Si ya tienes una opinión, lo natural es que te resistas a las alternativas. Para verte forzado a considerar las nuevas opciones, primero has de ablandarte. Solo entonces estarás preparado para la conversión».[1]

Ahora bien, si existe un perfecto equilibrio entre los cambios de opinión y la constancia rígida, la mayoría de nosotros propendemos a la inflexibilidad. La apertura adecuada al cambio requiere el autocuestionamiento habitual, que no es algo que resulte natural ni cómodo. Tampoco es probable que nos granjee el respeto. Decimos que las personas tienen el «coraje de sus convicciones» y vemos las «renuncias» o los «giros de 180 grados» como una debilidad más que como una admirable disposición a cambiar de parecer.

Tendemos a apegarnos mucho a nuestras creencias, ya que estas forman una parte real de nuestra identidad. Somos lo que pensamos y hacemos, por lo que la renuncia a una creencia fundamental supone el repudio de una parte de nosotros mismos. Tener una creencia se asemeja más a tener un cuerpo o un compañero de vida que un coche o un reloj. Nuestra relación con las creencias es íntima. Hace falta humildad para aceptar cuándo estamos equivocados. Es una afrenta para nuestro ego.

Cambiar de opinión no es una virtud intrínseca en mayor medida que defender nuestra posición. La clave está en cambiar de parecer cuando las razones para hacerlo lleguen a ser suficientemente fuertes, y mantenernos firmes cuando los contraargumentos sean débiles, aun cuando sean numerosos y populares. Ahora bien, habida cuenta de que existen tantos obstáculos para cambiar de opinión, hemos de compensar más la inercia actitudinal que la inconstancia. No basta con estar «abiertos al cambio» de la manera informal en que la mayoría de la gente declara estarlo. Necesitamos «ablandarnos», como dice Papineau, cuestionándonos en serio a nosotros mismos y buscando el desafío. Para ello, hemos de vencer el orgullo. Sin embargo, la modestia se está convirtiendo a pasos agigantados en una virtud pasada de moda. En nuestra época, la autoconfianza va de la mano de la ambición y el éxito. Los mansos no solo no heredarán la tierra, sino que ni siquiera reclamarán un rincón decente de ella.

Por mi experiencia, la gente tiende a sentirse demasiado orgullosa de sus propias ideas. Esta mañana, por ejemplo, recibí uno de esos correos electrónicos que llegan a mi bandeja de entrada con una agotadora regularidad. Era de «un tío de veinticinco años» que decía: «Tengo una teoría que creo que le resultará bastante interesante. He desarrollado una filosofía que defiende la ausencia de verdad objetiva en la realidad».

Suspiro. Soy comprensivo. La mayoría de las personas que escriben este tipo de correos electrónicos son inteligentes y serias, pero carecen de compañeros o profesores capaces de refrenar sus excesos, sugerirles las lecturas adecuadas y ofrecerles una crítica constructiva. No deseo que tiren la toalla ni estoy sugiriendo que yo sea mejor pensador que ellos por tener un doctorado y una lista de publicaciones. Pero también me irrita un poco su arrogancia. He aquí otra persona convencida de haber hecho, sin ayuda de nadie, un importante descubrimiento filosófico que ninguna de las grandes mentes de los últimos milenios ha logrado efectuar, habitualmente sin haber profundizado en sus obras.

Los filósofos no son inmunes al orgullo vanaglorioso. Son pocos los que lo declaran de forma explícita, pero yo he escuchado con frecuencia la queja repetida de que no hay suficientes personas interesadas en su obra o que aprecien la significación de su contribución a la disciplina. Puede suceder incluso que el exceso de confianza sea un activo profesional. Rebecca Goldstein observa que «a veces los filósofos más exitosos son aquellos que poseen intuiciones y convicciones tan fuertes en una determinada dirección que les resulta muy muy duro tomar en consideración e incluso comprender a aquellos que no ven las cosas de ese modo».

Es aleccionadora la historia del mal concebido ataque de Jerry Fodor en 2010 a la teoría de la selección natural de Darwin, en un célebre libro de la última etapa de su carrera que, a juicio de muchos, empañó su reputación. Fodor, cuyos principales trabajos versaban sobre la mente y el lenguaje, me dijo: «Nunca me he dedicado a la filosofía de la biología ni sé mucho de biología en sentido estricto», y «No presumo de tener un conocimiento amplio de los datos reales y los resultados experimentales en biología». Pensaba que eso no importaba porque «lo que se enseña a los filósofos en la escuela de posgrado es, en un sentido muy laxo, a ocuparse de las relaciones conceptuales o, simple y llanamente, de la solidez de los argumentos. Se trata de un tipo de formación que puede suponer una contribución característica a un programa plenamente empírico», incluso de biología. Se consideraba capaz de identificar «una especie de incoherencia conceptual en los fundamentos del panorama darwiniano», pese a saber muy poco sobre sus detalles. Confiaba en que su coautor biólogo sustanciaría la dimensión científica.

No voy a intentar sintetizar sus argumentos, porque requeriría dedicar varios párrafos a lo que casi todos los que conocen su ciencia evolucionista creen que está totalmente desencaminado. Consideremos este fulminante resumen a cargo de los filósofos Ned Block y Philip Kitcher: «Aparentemente impertérritos ante las devastadoras críticas de los escritos precedentes de Fodor sobre la teoría evolucionista, se expresan con plena seguridad, confiados en que su limitada comprensión de la biología basta para su propósito crítico. El argumento resultante es doblemente defectuoso: es biológicamente irrelevante y filosóficamente confuso».[2]

En otros aspectos, Fodor es muy modesto: «Puede que esté equivocado —señalaba a propósito de su ataque a la teoría darwiniana—. No sería la primera vez. Me equivoco con muchísima frecuencia. A veces no encuentro siquiera el tapón del dentífrico. Lo que importa no soy yo. Lo que importa es si los argumentos son buenos o no».

Es cierto que muchas personas de éxito, incluidos intelectuales, científicos y artistas, son arrogantes. No obstante, eso no significa que su arrogancia sea necesaria para su éxito. Correlación no equivale a causación. La determinación, el talento y el trabajo duro podrían haber sido suficientes sin el pavoneo. La arrogancia casi siempre es injustificada, y las escasas excepciones que son tan buenas como creen ser confirman la regla.

No tenemos motivo alguno para pensar que el genio requiera o merezca arrogancia. Le pregunté a Rebecca Goldstein si había conocido a algún genio y me respondió que sí: Saul Kripke. «Escucharle era escuchar a alguien que te conducía a un lugar al que jamás habrías pensado ir. En mis tiempos de estudiante de posgrado, él daba esos seminarios sin apuntes, sin nada, y aquello sonaba a música; en realidad lo era». Sin embargo, Kripke no era arrogante. Tan solo era ferozmente inteligente y no le interesaba nada más que la filosofía.

Los mejores filósofos con los que me he encontrado no han sido arrogantes, mientras que los pocos realmente engreídos han sido de segunda fila. No creo que se trate de una coincidencia. El exceso de confianza hace menos probable que verifiquemos y pongamos a prueba nuestras ideas para detectar sus defectos y mejorarlas. Nos alienta a enamorarnos de los argumentos y los conceptos, que no son tan inteligentes ni tan útiles como piensan sus creadores.

La modestia adecuada no es una cuestión de autodesprecio. Consiste más bien en identificar con claridad nuestras propias debilidades y limitaciones. Creo que no he conocido a nadie que ejemplifique esto mejor que Philippa Foot. Ella aceptaba libremente que no era una erudita: «Yo no leo ni soy capaz de recordar todos estos libros ni todos sus detalles. [...] No podría dar una charla de cinco minutos sobre docenas de filósofos. No podría hablar de Spinoza. En realidad, soy muy inculta». Más sorprendentes eran estas palabras: «Creo que tengo unas ciertas dotes filosóficas. Pero no soy inteligente, no me resulta fácil seguir las argumentaciones». Esto le sonaría ridículamente autodespreciativo a cualquiera que conociese a Foot y su obra. Es evidente que se trata de una persona instruida e inteligente. No obstante, creo que con «inteligente» se estaba refiriendo a una agilidad y habilidad lógica para procesar cálculos complejos con rapidez. Puedo creer que Foot no fuese especialmente inteligente en ese sentido y que no fuese una académica tan buena como muchos de sus colegas. El reconocimiento de estas debilidades por parte de Foot requería una aguda autoconciencia.

Foot sabía que sus talentos eran más sutiles. Tenía una gran perspicacia y una mente penetrante, pero no era rápida. Tenía un buen olfato para lo correcto, pero no los ojos para verlo con claridad de inmediato: «Creo que sé quién es bueno. A menudo, si escucho una ponencia, sé dónde se ha equivocado, suena errónea. Lo sé de manera intuitiva». Uno de sus colegas solía decir que lanzaba bengalas, pero no sabía cómo responder a ellas. Para hacer fructificar sus pensamientos, necesitaba tiempo y cuidado. «Se talaron bosques para ese libro», dice de su única monografía, *Bondad natural*, que sostenía que la moralidad está enraizada en nuestra comprensión de lo que los seres humanos necesitan para vivir bien. Escribía cada año en cuadernos, reservando uno solo para las anécdotas que ayudarían a concretar sus ideas para el lector.

La manera de cultivar su filosofía refleja su modestia. Pasaba horas conversando con filósofos a los que erróneamente consideraba mejores que ella. Recordaba a John Campbell: «Era maravilloso hablar con él porque los egos acababan en la hoguera. A ambos nos complacía que el otro nos mostrara que estábamos equivocados».

Mary Warnock es otra filósofa con una humildad que dista de ser falsa: «Creo que es justo el veredicto de que lo que yo he hecho posee un valor bastante modesto. [...] Mi trabajo no ha sido mucho ni de gran calidad. Me considero una jugadora suplente en la profesión». Una vez más, hay algo potencialmente absurdo en este comentario, porque Warnock hizo un trabajo estupendo. No obstante, no destacó por la originalidad de su pensamiento. Explicaba con gran destreza las ideas ajenas y, lo que es más importante, presidía con brillantez las comisiones de ética que contribuían a reunir a expertos para hacer políticas públicas. Esta labor puede obtener una puntuación más baja en términos filosóficos, pero dejó un legado mayor que muchas obras de filósofos «mejores».

Foot y Warnock son modelos de modestia intelectual. Deberíamos tomar conciencia de nuestras fortalezas y debilidades para no precipitarnos a opinar sobre un tema de estadística si no se nos dan bien los números, o a quejarnos del veredicto de un proceso judicial cuando sabemos poco o nada de derecho. Mientras escribo estas líneas, los comentaristas y los usuarios de los medios sociales están expresando opiniones acerca de la decisión de absolver a cuatro personas de los cargos de causar daño criminal al derribar la estatua de Edward Colston en Bristol en 2020. Muchos están convencidos de que sus opiniones, basadas en el seguimiento superficial de la cobertura informativa, son más legítimas que las de un jurado que ha escuchado durante días las evidencias con la ayuda de abogados expertos. Diríase que es fuerte la tentación de opinar más allá de nuestra competencia.

El conocimiento de nuestras capacidades no se puede separar del conocimiento de nuestros límites. Esto es una herejía en una cultura en la que se nos dice que tenemos que «creer en nosotros mismos» para destacar. La duda es un veneno. Ahora bien, conocer nuestros límites no debería implicar instalarnos de manera segura dentro de ellos. Bernard Williams lo expresa con concisión: «Un rasgo básico de todas nuestras vidas es que no solo nadie puede hacerlo todo, sino que nadie puede hacer todo cuanto necesitaría. Como dijo en algún lugar T. S. Eliot, salvo que vayas más allá de lo que resulta sensato hacer, no vas a llegar a ninguna parte». Deberíamos esforzarnos al máximo, con plena conciencia de nuestra temeridad. Sin embargo, si no tenemos ni idea de cuáles son nuestros límites, bien podemos terminar presionando infructuosamente en los lugares equivocados.

Parafraseando a Winston Churchill, somos una especie modesta con muchos motivos para ser modestos. Hemos conseguido grandes cosas y hemos expandido enormemente nuestra comprensión. No obstante, el error y la lisa y llana estupidez nunca están lejos. El orgullo precede a la caída, tanto en el razonamiento como en la vida.

Los egos se inflan con facilidad cuando eres el pez más grande en un pequeño estanque. Por desgracia, la academia está llena de charcos así. Cuanto más pequeño sea el nicho que intentamos llenar, mayores serán nuestras oportunidades de llenar una parte significativa de él. De ahí que nos volvamos posesivos no solo en relación con nuestras propias ideas, sino también respecto a nuestros pequeños campos de interés. Es natural, pues estos devienen partes de nuestra identidad. Cuando las personas se unen a grupos humanistas, escépticos, budistas o ecologistas, tienen a menudo el sentimiento de pertenencia que fomenta su apego a las ideas dominantes en el seno de dichos grupos. Cuando estas son cuestionadas, nuestra identidad puede parecer amenazada.

Los pequeños estanques entrañan asimismo otros peligros. Por ejemplo, unas décadas atrás, la ética aplicada (que pone la teoría moral al servicio de los problemas sustantivos del mundo real) era un área en crecimiento. Roger Crisp, a la sazón una estrella emergente en la filosofía moral británica, estaba preocupado por un desafortunado efecto secundario de esa expansión:

> Estas pequeñas áreas de la ética aplicada se convierten en pequeños feudos y ciertos individuos que no son particularmente conocedores de la teoría filosófica en su conjunto ganan notoriedad dentro de esos ámbitos, lo cual da mala reputación a dichas áreas. Al ser novedosas, atraen mucho interés y también resulta más fácil hacerse un nombre, porque todavía no se han desarrollado los estándares para juzgar lo que es bueno y lo que es malo.

Este breve diagnóstico abarca mucho más que el síndrome del estanque pequeño. Está el encanto de la novedad. «Tal es la naturaleza de la novedad que, cuando algo agrada, se torna doblemente agradable si es nuevo», escribió David Hume. Pero, al mismo tiempo, «si desagrada, es doblemente desagradable por ese mismo motivo».[3] En nuestra cultura contemporánea, ambos factores hacen atractiva la novedad. Dado que los individuos tienden a amarla o a detestarla, el hecho de tener una idea nueva genera atención, lo que en una época de *influencers* de las redes sociales, telerrealidad, los «me gusta» y los contenidos compartidos es siempre una bendición.

La novedad también resulta atractiva porque la cultura occidental valora la originalidad. Consideremos que a menudo se piensa que existe un conflicto entre la Ilustración y el Romanticismo porque la primera elogia la razón, y el segundo, la emoción. No obstante, lo que ambos tienen en común es el encumbramiento del individuo. En la Ilustración, esto significaba derechos individuales y pensar por ti mismo; para los románticos suponía la autenticidad y la autoexpresión. En los dos contextos, tener tus propias ideas, en lugar de las ajenas, era una medalla de honor. «Es preferible que uno se equivoque a su manera a que acierte a la de otro», como Dostoievski pone en boca de Razumikhin en *Crimen y castigo*.

Ahora bien, la iconoclasia gratuita revela tanta pereza intelectual como la conformidad servil. Esta es la crítica de A. C. Grayling a John Gray, quien había forjado una carrera atacando el triunfalismo y el optimismo liberales. Grayling lo considera una forma deliberada de llevar la contraria, «un ataque a los valores liberales, a la idea de los derechos humanos, a la idea de los valores humanos, a la idea de la racionalidad, y suma y sigue». Lo califica de «una especie de pose, algo que hacer. "Combatamos la ortodoxia para poner en marcha un debate y levantar polvareda". Esto se me antoja totalmente irresponsable, porque la gente vive y muere, y mata, sobre la base de sus creencias, y no es un asunto que deba tomarse en broma». Cabría pensar que Grayling ha elegido el blanco equivocado, pero obviamente es cierto que algunos son demasiado aficionados a polemizar por puro afán de discutir y se apegan en exceso a su condición de inconformistas.

La identificación desmesurada con las ideas puede estar generalizada, pero dista de ser inevitable. Por ejemplo, David Chalmers es famoso por postular con Andy Clark la hipótesis de «la mente extendida», que sugiere que las cosas que están fuera del cráneo, como los portátiles y los teléfonos inteligentes, pueden ser literalmente extensiones de la mente. Varios años después, me confesó: «Siempre he simpatizado muchísimo con la idea, pero, al mismo tiempo, he sido un poco ambivalente al respecto. Así que cuando Andy y yo publicamos el artículo, figuraba una nota al pie que decía que los autores aparecen en orden de su grado de creencia en la tesis central». Esos autores eran Clark y Chalmers.

Hasta tal punto se asume que los individuos se comprometen plenamente con aquello que defienden, que Chalmers cuenta que muchos interpretaban esa nota al pie como un signo de que «él no creía una sola palabra de aquello» y era solo «un pistolero a sueldo». Obsérvese que la habilidad de Chalmers para defender ideas con mayor o menor firmeza no le impide ser un filósofo ambicioso que, como me comentaría más tarde, desea «apuntar alto».

Las ideas importan, y lo más importante es si son o no verdaderas. No debería importar si las creencias que tengo son mías o ajenas, ni si mi tribu está de acuerdo con ellas. Ante la disyuntiva entre creer mis propias ideas falsas y las verdaderas de otros, sé lo que yo elegiría.

Nos veremos en apuros para encontrar un filósofo que discrepe en este punto. Sin embargo, el secreto más turbio de la filosofía es que, por mucho que repitamos como loros la manida máxima socrática de que debemos limitarnos a «seguir la argumentación hasta dondequiera que nos lleve», en realidad nadie hace tal cosa. La senda por la que nos conduce la razón depende en un grado embarazoso de factores como el temperamento, la personalidad y las creencias previas. Yo me percaté de ello cuando estaba investigando para un artículo sobre la autobiografía filosófica. Llegué a ver con claridad que las personas acaban defendiendo ideas filosóficas que les atraen de manera instintiva. Quienes, por su disposición, gustan de las distinciones lógicas claras terminan —¡sorpresa, sorpresa!— haciendo distinciones lógicas claras. Quienes se sienten atraídos por la ambigüedad y el misterio evitan semejante pulcritud. Las personas que viven en su cabeza cultivan la filosofía en su cabeza; las que sienten más curiosidad por cómo funciona el mundo son más empíricas. Los individuos ambiciosos proponen teorías audaces y ambiciosas; los más modestos no osan hacerlo.

Sin embargo, como señala Stephen Mulhall:

> Los filósofos parecen tener una tendencia casi inveterada a olvidar que ellos también son seres humanos. Por razones perfectamente comprensibles, los filósofos, no específicamente, pero incluidos los filósofos analíticos, tienden a olvidar que son seres humanos situados, que son herederos de una tradición particular, de un contexto histórico y cultural concreto, que están respondiendo preguntas y desplegando métodos que tienen ya una historia de un mayor o menor grado de interés.

El afán de objetividad *es* loable. La filosofía no debería versar sobre opiniones, sino sobre razones. Por eso muchos estudiantes de filosofía cuentan historias sobre profesores que les tachaban con una línea roja cada empleo de «Yo pienso» en sus ensayos. No obstante, la supresión sistemática de la primera persona en el lenguaje filosófico crea la ilusión de que la razón es totalmente separable de los razonadores, de que los argumentos están libres de las influencias de la personalidad o la biografía. Como apunta el escritor y filósofo Michael Frayn, es más honesto «aceptar nuestras propias idiosincrasias y escribir con nuestra propia voz y desde nuestra propia perspectiva en el mundo que tratar de adoptar una completamente impersonal».

Los argumentos jamás existen sin los argumentadores. Estoy de acuerdo con Hilary Putnam, uno de los filósofos más destacados del siglo XX, cuando decía: «Creo que el filósofo debería revelarse en cierta medida como un ser humano». La obra de Putnam sobre el significado y la naturaleza de la mente no era autobiográfica ni obviamente personal. Creía en «la autoridad de la inteligencia», pero decía que esta «está siempre situada, nunca es anónima». Citaba a Walt Whitman: «quien toca este libro toca a un hombre».

Iris Murdoch comentaba: «Hacer filosofía es explorar nuestro temperamento, al tiempo que intentamos descubrir la verdad». En su serie de pódcast *Five Questions* («Cinco preguntas»), Kieran Setiya toma el enunciado de Murdoch como inspiración para una de sus cuestiones. Pregunta a cada invitado, siempre un filósofo profesional: «¿Influye tu temperamento en tu filosofía y, en caso afirmativo, de qué manera?». Los filósofos aceptarán casi siempre que este desempeña algún papel, ¿cómo no iba a hacerlo? Algunos afirman que su temperamento influye en sus motivaciones. Scott Shapiro decía: «Lo que me atrae de la filosofía es mi sensación permanente de confusión». Por su parte, Zena Hitz detectaba en ella «un odio visceral hacia el engaño y la ilusión». Otros reconocen que su temperamento afecta a su *for-*

ma de practicar la filosofía, habitualmente en sentido positivo. Tommie Shelby apuntaba: «Quiero pensar que soy muy justo con aquellos de quienes discrepo». Jennifer Hornsby concedía: «Estoy segura de que hay rasgos de mi temperamento que influyen en mi estilo, en mi forma de exponer los pensamientos, de manera oral o escrita».

Sin embargo, casi nadie acepta que el temperamento influya en las posiciones filosóficas que llega a sostener. Hornsby insiste en que «no creo que mi personalidad, si a eso se refiere el temperamento, determine lo que pienso, siempre y cuando las preguntas sean filosóficas y lo que esté haciendo sea filosofía».

Nancy Bauer es un raro ejemplo de alguien que afirma que el temperamento no es una mera influencia, sino que «*determina* prácticamente mi obra filosófica». Una minoría significativa reconoce un vínculo entre su temperamento y sus ideas, aunque no siempre de forma explícita. Cora Diamond le comentó a Setiya: «Podemos sentirnos atraídos por ideas que tal vez no encajen, y eso es, en efecto, algo que yo siento». Eso ejercerá un claro impacto en las ideas que defiende. Análogamente, Gideon Rosen declaró: «Desconfío de la profundidad en filosofía, desconfío del misterio en general».

El problema de aceptar que el temperamento desempeña un papel relevante en nuestro pensamiento es que pone en tela de juicio la idea de que las opiniones que defendemos no son solo las que nos atraen, sino también las más sólidas en términos objetivos. Rosen se traga este sapo: «La filosofía tiende a dejarlo todo como está, solo que salimos por el otro lado con una visión más profunda, más articulada y más lúcida de la cosmovisión de la que partíamos».

¿Acaso nos sorprende esto? Depende de si creemos o no que el pensamiento puede y debe estar exento de subjetividad. Debería ser incontrovertible que ningún pensador puede escapar del todo de sus sesgos, preconcepciones y preferencias al razonar. En ciertas disciplinas, como las matemáticas y las ciencias, los criterios para que una teoría sea correcta dejan suficientemente claro que, a la larga, esto no importa: las ideas verdaderas prevalecerán. En ámbitos en los que no existen formas acordadas de determinar la respuesta correcta (entre los que se incluye la mayor parte de la filosofía), eso no significa que las posiciones que defiendas reflejen meramente tu carácter, ni que no exista ningún medio de distinguir las posturas más fuertes de las más débiles. Con todo, allí donde hay más de una teoría en pugna y donde no hay ningún defecto ni conjunto de defectos decisivo en ninguna de ellas, la visión que alguien defienda va a estar parcialmente determinada por el temperamento.

No creo que esto sea nada distinto de lo que cabría esperar. Si no existen motivos puramente lógicos o probatorios para determinar cuál de una serie de posiciones es la correcta, entonces cuál sostenga una persona habrá de deberse a algo distinto de la lógica o las evidencias. Ese algo implicará el carácter o la historia personal. Esto no supone un fracaso del razonamiento ni de la filosofía: es inevitable y hemos de aceptarlo con honestidad. Por eso Miranda Fricker estaba en lo cierto al celebrar la pregunta de Setiya como un buen recordatorio de que «la filosofía tiene una autoría». Afirmaba que, si bien existen beneficios en el «autoborrado» y la «postura de imparcialidad y objetividad» típicos de la filosofía analítica, a ella no le gustaba la forma en que esta «alienta la fantasía de la no presencia, de la no autoría, del ahistoricismo».

Dado que el razonamiento es una empresa colectiva, podría ser incluso una fortaleza el hecho de que la gente que contribuye a las grandes conversaciones de la humanidad aporte una variedad de temperamentos, en particular al razonar sobre política y ética. Si intentáramos determinar la mejor manera de vivir basándonos en el pensamiento de una sola clase de personalidad, acabaríamos con una solución que no sería válida para mucha gente.

No fracasamos cuando incorporamos nuestras idiosincrasias a nuestro razonamiento. Es un fracaso, sin embargo, pretender que no estamos haciendo tal cosa y no hacer esfuerzo alguno para tenerlas en cuenta. Si sabes, por ejemplo, que te sientes temporalmente atraído por las soluciones claras y bien definidas, deberías cuestionarte tu disposición a aceptar una que otros juzgan *demasiado* clara. Veo escasas evidencias de que los filósofos hagan semejantes intentos de forma habitual. «Conócete a ti mismo», el antiguo mandamiento inscrito en el templo de Delfos y proclamado por Sócrates, ya no es un axioma filosófico.

Una de las razones es que muchos parecen pensar que el autoconocimiento ya no es siquiera una posibilidad. La respuesta más común a la pregunta de Setiya sobre cómo influye el temperamento en su filosofía es: ¿cómo se supone que voy a saber cuál es mi temperamento?

Consideremos estas respuestas, todas ellas de la primera serie. Helen Steward: «No estoy completamente segura de cómo identificar el temperamento que tengo». Miranda Fricker: «El hecho de que me formule esa pregunta presupone que tengo la más mínima idea de cómo se expresa mi temperamento en mi filosofía, pero por supuesto podría no tener ni idea al respecto». Susan Wolf: «No estoy tan segura de conocer mi temperamento ni cómo se refleja este en mi obra. [...] En realidad, otros podrían hallarse en mejor posición que yo para verlo». Richard Moran: «Tal vez yo no sea la persona más indicada para preguntar cómo influye mi temperamento en mi obra filosófica». Barry Lam: «No estoy seguro de cómo caracterizar mi propio temperamento. Esa es una de esas cosas que otros pueden conocer mucho mejor que uno mismo».

Cabría pensar que esto demuestra simplemente la modestia y la autoconciencia apropiadas. ¿Acaso no nos ha enseñado la psicología que no somos transparentes para nosotros mismos, que gran parte de nuestras motivaciones son inconscientes y que la idea de que puedes «conocerte a ti mismo» mediante la introspección es una ingenuidad? Sin embargo, como reconocían varias respuestas, nada de esto significa que no podamos tener *ningún* autoconocimiento. El realismo exige tan solo que aceptemos que no podemos obtenerlo pura y directamente de la contemplación interior. Para aprender acerca de nosotros mismos hemos de observar lo que hacemos y decimos desde fuera, y pedir a otros que nos conozcan que nos cuenten lo que ven. Puede que ni siquiera necesitemos pedírselo: basta con que prestemos más atención a lo que ya nos están contando. No cesamos de obtener retroalimentación de los otros, en las evaluaciones en el lugar de trabajo, en los informes de las revisiones por pares o de modos más informales. Se trata de información gratuita que muy pocos estudian con detenimiento.

También podemos aprender mucho alimentando el hábito de la autosupervisión cuidadosa y crítica. «Puedes descubrir muchas cosas sobre ti misma averiguando qué argumentos eludes —me explicó Janet Radcliffe Richards—. La auténtica prueba, cuando estás defendiendo algo que crees firmemente, es construir un argumento paralelo sobre un tema neutral y ver si este parece plausible. Cuando crees algo con firmeza, es fácil que cometas errores en la argumentación que detectarías de inmediato en otros contextos».

Me resulta un tanto desalentador que tantos de los filósofos de *Five Questions* no estuviesen por la labor de reconocer todo el peso que sus personalidades tenían en su filosofar, careciesen de interés en intentar comprender mejor esas influencias y se apresurasen a asumir que el autoconocimiento no puede alcanzarse. Estoy convencido de que los mejores pensadores conocen sus singularidades y sus sesgos e intentan tenerlos en cuenta. No puedes estar vigilando cuidadosamente tu propio pensamiento sin supervisar asimismo la naturaleza del pensador. «Conócete a ti mismo» continúa siendo un mandamiento filosófico clave.

Puede que la falta de autoconocimiento no siempre se interponga en el camino del pensamiento claro, pero al menos entorpece nuestra facultad de pensar en nosotros mismos y en los problemas de nuestra vida personal. A veces, a los buenos razonadores lógicos se les da mal este tipo de reflexión interna porque no son capaces de lidiar con nada que no sea nítido y calculable. Ray Monk cree que Bertrand Russell

> se veía obstaculizado en cierta medida por sus habilidades filosóficas, o al menos por su filosofía, que trazaba una distinción demasiado rígida entre los asuntos del corazón por un lado y el razonamiento por el otro. Pienso que Russell creía que cualquier cosa que no pudiese ser satisfecha mediante un argumento deductivo válido se resolvía con el capricho del sentimiento. Es decir, que está demasiado dispuesto a asumir que los sentimientos son solo irracionales y no cabe hacer nada al respecto. Por consiguiente, si se despierta una mañana y descubre que no está enamorado de Alys, se acabó.

Otro ejemplo de cuándo *no* pensar como un filósofo.

Muchos filósofos advierten contra el peligro de tomarse a uno mismo demasiado en serio. La filosofía es una disciplina seria. No contiene muchas bromas, y las que incluye no suelen ser demasiado graciosas. Destacan los filósofos capaces de hacernos reír, como Sidney Morgenbesser, quien una vez, a la aseveración de J. L. Austin de que no existe ningún lenguaje en el que un doble positivo implique una negación, respondió con las palabras «Sí, sí». En otra ocasión, un estudiante le interrumpió diciéndole: «No lo entiendo», y Morgenbesser replicó: «¿Por qué deberías tener ventaja sobre mí?».

La filosofía profesional se ha vuelto muy performativa y no suele ser conveniente proyectar inseguridad y menos aún burlarse de uno mismo. Incluso el hecho de escribir con un estilo accesible y popular puede despertar sospechas. Daniel Dennett señala: «Hay algunos filósofos que se oponen a una aproximación desenfadada a la filosofía. ¡Quieren que nos la tomemos en serio! Yo me la tomo muy en serio, pero no con solemnidad».

Christine Korsgaard usa el ingenio de manera efectiva. Uno de sus artículos académicos comenzaba con el despectivo comentario: «G. E. Moore, siempre dispuesto a ofrecerse voluntario cuando se busca un hombre de paja...». Cree que existen «buenas razones filosóficas para» semejante frivolidad, «ya que el humor es a menudo una forma de dar un paso atrás o tomar distancia, y al dar un paso atrás o tomar distancia a veces logramos una visión». Piensa asimismo que «la filosofía es la disciplina más fascinante del mundo y, sin embargo, es un tormento leer la mayor parte de ella. Estas dos cosas no encajan bien. Ha de ser posible escribir filosofía de un modo que resulte fascinante, porque en realidad lo es».

Roger-Pol Droit es un raro ejemplo de un filósofo que se deleita siendo juguetón. Al comienzo de su libro *Dernières nouvelles des choses* (que se tradujo al inglés como *How Are Things?*), escribió: «¿No tomarse en serio ninguna de las afirmaciones de este libro? Una exageración. ¿Tomárselas todas en serio? Una exageración mayor aún». Al explicarme esto, me comentó: «Personalmente prefiero los textos, los libros o las ideas en los que uno nunca está seguro del todo de si son serios o no. Y ese es el caso de algunos filósofos. Con mucha frecuencia, en Nietzsche no sabemos si está diciendo algo en serio o no». Esto encajaba con los objetivos del libro que acababa de publicar, que «no pretendía exponer ninguna teoría, sino producir la sensación de lo extraño que puede ser el mundo, paso a paso, objeto a objeto».

Slavoj Žižek, acusado a veces de ser un payaso, está dispuesto a reírse de sí mismo. Cuando le pregunté por los fundamentos psicoanalíticos de su filosofía, me interrumpió para decir: «Yo no soy un psicoanalista en ejercicio. ¿Sabes por qué no? Después de conocerme, imaginemos que llegases a tener problemas psíquicos, ¿acudirías a mí?».

El hecho de tomarse demasiado en serio a uno mismo interfiere en el buen razonamiento porque requiere olvidar todas las formas en las que hasta los seres humanos más inteligentes están siempre a un paso de ser ridículos. La fascinación de Newton con la alquimia es bien conocida, como lo es la obsesión del premio Nobel de Química Linus Pauling con las altas dosis de suplementos vitamínicos que desafían las evidencias. La honestidad intelectual no solo exige el reconocimiento de que podríamos terminar creyendo algo estúpido, sino también la constatación de que ya podríamos estar haciéndolo sin darnos cuenta. Cuando la modestia está ausente, la pomposidad cubre enseguida el vacío.

Cómo perder tu ego

- No te limites a estar abierto a cambiar de opinión, interésate activamente en hacerlo.
- El coraje de tus convicciones es a menudo la cobardía de no cambiarlas.
- Piensa siempre en cómo cambiar de opinión en una cosa podría exigirte cambiar de parecer en otras.
- La modestia sin ambición es debilitante, la ambición sin modestia es arrogancia.
- Si te descubres pensando que eres la primera persona en tener una idea, recuerda que posiblemente estés equivocado. Busca y estudia los precedentes.
- Conoce tus limitaciones; es la mejor manera de superarlas.
- Resiste la tentación de opinar por encima de tus posibilidades.
- No temas ni fetichices la novedad.
- No sobrestimes el tamaño del estanque en el que estás nadando.
- No reclames la propiedad ni seas tribal respecto de tus opiniones. Lo que importa es si son o no correctas, no a quién pertenecen.
- No te opongas solo por llevar la contraria.

- Cultiva el autoconocimiento, pero no confíes solo en la introspección para encontrarlo.
- Sé consciente de cómo influye tu temperamento en tus pensamientos e intenta tenerlo en cuenta.
- No te tomes demasiado en serio a ti mismo. Quienes no son capaces de reírse de sí mismos se vuelven irrisorios.

CAPÍTULO 10

Piensa por ti mismo, no en solitario

> Por todas partes ahora la mente del hombre empieza a perder de vista, de modo ridículo, que la única seguridad del individuo no radica en su esfuerzo personal aislado, sino en la integridad global de los esfuerzos humanos. Pero no hay duda alguna de que a ese espantoso aislamiento también le llegará el fin, y todos comprenderán, a la vez, de qué manera tan artificiosa se habían separado unos de los otros.
>
> FIÓDOR DOSTOIEVSKI, *Los hermanos Karamazov*

Robinson Crusoe es más admirado por su autosuficiencia que compadecido por su aislamiento. Es un héroe nacido de una cultura occidental individualista en la que cuanto menos dependamos de los demás, tanto mejor. (Es también producto de una sociedad colonial en la que esta autonomía no se ve comprometida en modo alguno por gozar del servicio de un hombre de piel oscura). En el Occidente moderno, la vida de la mente se retrata esencial e idealmente como solitaria. La filosofía, la ciencia y las artes se imaginan popularmente como cultivadas por genios solitarios. En filosofía, el tópico del genio solitario es encarnado por el *ego* de Descartes: el yo como una mente autónoma e interior.

«Piensa por ti mismo», se nos dice. Si nuestros profesores son más eruditos, podrían citar a Immanuel Kant: «*Sapere aude!* ¡Ten el valor de servirte de tu propio entendimiento!».

Si te tomases en serio este consejo y pensaras en él con atención por ti mismo, ¿concluirías que para pensar bien deberías procurarte una confortable buhardilla y retirarte a reflexionar?

«Cuando Robinson Crusoe regresa a la sociedad, ¿lo vuelve esta más estúpido?», pregunta David Chalmers. En cierto sentido sí. «En la isla, puede hacer más por sí solo; en sociedad puede hacer menos por sí solo». Pero, por otra parte, al regresar a casa «podría hacer mucho más en virtud de su relación con todas las personas que lo rodean». En la sociedad, «la suma total de sus capacidades es mayor».

Chalmers estaba conversando conmigo en el Congreso Mundial de Filosofía en Corea, y observaba que «la forma occidental tradicional de considerar el sistema cognitivo consiste en que cada persona es una isla cognitiva. Pensamos por nosotros mismos y luego interactuamos». Le habían contado que, en Corea, existe «un modo mucho más comunitario de pensar en esas cosas», que se halla profundamente arraigado en la cultura. Allí, al igual que por toda Asia, el pensamiento forma parte de «una interconexión mucho mayor y más grandiosa entre los pensamientos, el razonamiento y la acción».

La cuestión de si Crusoe es más inteligente en la isla es como comparar una navaja suiza con una caja de herramientas. Podemos hacer muchas más cosas con una sola navaja multiusos que con cualquiera de las herramientas de la caja. Ahora bien, podemos hacer más cosas y hacerlas mejor con la caja de herramientas entera. Pensar en solitario es como intentar convertirnos en cerebros suizos, privándonos de una mayor variedad de mentes con diversas especialidades. Ganamos autonomía cognitiva a costa de reducir la capacidad cognitiva.

El floreciente campo de la cognición social nos ha ayudado a comprender que la razón gusta y necesita de compañía. Durante muchos años, los psicólogos parecen haberse divertido mostrando lo estúpidos que somos, irónicamente, con ingeniosos experimentos. Sin embargo, una vez que empezaron a comparar lo que sucede cuando pensamos en solitario y cuando pensamos con otros, se puso de manifiesto que somos más inteligentes juntos que solos.

A título de ejemplo, la tarea de selección de Wason es un experimento clásico diseñado para demostrar lo mal que se nos da el razonamiento abstracto. Hemos de aplicar una simple regla lógica del tipo «Si *x*, entonces *y*». Unas veces esta regla tiene un contexto social, como: «Si una persona es menor de dieciocho, no puede comprar alcohol». En otros casos es puramente abstracta, como: «Si una cara de la tarjeta es amarilla, la otra cara debe tener un triángulo». El modo correcto de aplicar la regla en los contextos sociales tiende a venir a la mente de los individuos. En torno al 80 por ciento lo hacen correctamente. En cambio, en la tarea abstracta, el 85 por ciento se confunden. Si esto suena improbable, puedes comprobarlo tú mismo en línea.[1] Incluso si lo haces correctamente, casi con seguridad la respuesta te parecerá menos obvia. Lo extraordinario es que, en términos puramente lógicos, las tareas son idénticas. Sin embargo, si proponemos las mismas tareas a grupos para que las resuelvan juntos, el 80 por ciento puede solucionar bien la versión abstracta. Salir de nuestras islas cognitivas nos vuelve realmente más inteligentes.[2]

La filosofía reciente también ha estado corrigiendo sus sesgos hacia el pensamiento solitario. La epistemología social es el estudio de las dimensiones sociales de la formación y la justificación de las creencias. Se ha convertido en uno de los campos más vibrantes e interesantes de la disciplina. Antes de su surgimiento, era habitual pensar que lo social socava generalmente lo racional. Por ejemplo, cuando los científicos están muy influenciados por «factores sociales», eso interfiere con su objetividad. Hay innumerables ejemplos de ello. Basta observar cómo la industria alimentaria financiaba investigaciones que respaldaban el mito de que la grasa, no el azúcar, era el gran problema de las dietas de las personas; cómo las compañías de combustibles fósiles apoyaban las investigaciones contra el cambio climático; cómo las empresas farmacéuticas han enterrado los resultados nulos y negativos en los ensayos clínicos; cómo las empresas agrotecnológicas promueven soluciones tecnológicas a los problemas agrarios frente a las alternativas menos intensivas: la lista es larga. Lo social interfiere en lo racional introduciendo motivaciones políticas e ideológicas, distorsiones culturalmente específicas e incentivos financieros.

Todo esto es cierto, pero Alvin Goldman, uno de los pioneros de la epistemología social, sostiene que esta ofrece una visión unilateral. Obstruye la evidente verdad de que «puedes obtener más conocimiento utilizando fuentes sociales, esto es, aprovechando las experiencias y contribuciones de otros. Tal vez tengan mejores ideas, quizá una educación mejor que la tuya en ciertas materias o simplemente hayan leído más que tú sobre un tema. Lo social no entra aquí en conflicto con lo racional ni con la adquisición del conocimiento, sino que lo complementa».

Los genios solitarios no son imposibles, pero son excepciones, no la regla. También se están haciendo cada vez más raros, porque hoy existen tantos conocimientos en el mundo que ninguna persona puede interiorizar una proporción suficiente de ellos para generar algo genuinamente original. Un examen más detenido de la historia de las ideas muestra que los genios solitarios son esquivos. Los mejores filósofos han combinado la reflexión y la escritura solitarias con la interacción profunda con otros pensadores brillantes. Un modelo temprano fue Aristóteles, quien siempre comenzaba sus lecciones revisando lo que otros habían dicho sobre un tema. Al igual que la Academia de Platón, su Liceo era un lugar en el que los filósofos no cesaban de conversar. Como precursoras de la universidad moderna, estas eran comunidades de pensadores consagradas al fomento del entendimiento. Incluso las *Meditaciones* de Descartes, que leemos como una obra de reflexión privada, se publicaron con una serie de objeciones y respuestas de personas cuyas críticas Descartes buscaba de forma activa. Puede que Hume se retirase a La Flèche para escribir su primera obra maestra, pero conversaba con regularidad con los monjes eruditos de la localidad y siempre valoró la compañía y la correspondencia inteligentes. En nuestros días, la revisión por pares institucionaliza el requisito de pensar con los otros.

Pensar fuera de nuestra propia cabeza es aconsejable porque ahí es donde se han dado la mayoría de las grandes ideas del mundo. Si amases la música, serías un idiota si te limitases a escuchar tus propias composiciones o las de tu nación. Si deseas razonar, serías igual de estúpido si construyeses solo tus propios argumentos o ignorases aquellos que provienen de tierras extranjeras.

Seguimos teniendo que pensar por nosotros mismos porque siempre es nuestra responsabilidad y nuestra elección seguir o rechazar la opinión consensuada, y a veces son los iconoclastas quienes tienen razón. Ahora bien, hemos confundido la importancia de pensar por nosotros mismos con pensar en solitario. Enciérrate a pensar y probablemente saldrás con fantasías sin madurar, no con revelaciones radicales. El truco consiste en pensar por nosotros mismos con otros, pero no dejándonos llevar sin más por la corriente, sino utilizando el poder mental de los demás como ayuda para construir nuestro propio camino. ¿Cómo lograr este equilibrio?

Una manera de ampliar tu interacción mental es mirar más allá de tu propia cultura, tanto nacional como disciplinar. El politólogo y político británico Bhikhu Parekh aboga por el multiculturalismo sobre esta base. Considera que el multiculturalismo tiene como premisa la idea de que «ninguna cultura posee un monopolio sobre la sabiduría, ninguna cultura encarna todos los grandes valores y, por consiguiente, cada cultura tiene mucho que aprender de las otras mediante el diálogo. Lo que hace el diálogo es posibilitar que cada cultura cobre conciencia de sus propias suposiciones, sus fortalezas y debilidades, y aprenda cosas de las demás».

La historia sugiere que Parekh está en lo cierto y que la variedad es la sal del pensamiento. Casi todos los grandes florecimientos de la filosofía han ocurrido en tiempos y en lugares en los que la gente estaba en movimiento y las ideas fluían. La antigua Atenas era un vibrante centro comercial, como lo eran París, Ámsterdam y Edimburgo en el siglo XVIII. En todos estos casos se celebraban innumerables reuniones formales e informales de personas con diferentes historias intelectuales para pensar juntas.

Reparemos en que Parekh designa esto como «multiculturalismo interactivo» o pluralismo. El elemento interactivo es crucial. Con excesiva frecuencia se asume que el multiculturalismo consiste en celebrar una diversidad de cosmovisiones diferentes sin cuestionarlas, que el mero cuestionamiento de la sabiduría de otra cultura es una muestra de chovinismo e intolerancia. Para Parekh, el supuesto «respeto» estéril es cualquier cosa menos eso, toda vez que no trata la pluralidad de culturas como algo susceptible de crítica ni de lo que merezca la pena aprender.

La variedad en el pensamiento también se puede lograr buscando la compañía de interlocutores inteligentes, un privilegio no fácilmente disponible para todos. Muchos de mis entrevistados hablaban de lo mucho que aprendían de sus sabios pares. Michael Frayn recordaba sus apasionantes conversaciones con su director de tesis de Cambridge, Jonathan Bennett, un hombre «lleno de fuego y energía» y «el hombre más discutidor y difícil con quien me he topado jamás. [...] Le decías "Buenos días" y te lo discutía». Las supervisiones de Frayn comenzaban a mediodía y a menudo continuaban durante el almuerzo en el *pub* y en la habitación de Bennett por la tarde, y no concluían hasta después de la cena. «Era un trabajo terriblemente duro, pero absolutamente fascinante».

Cuando no podemos pensar literalmente con otros, el mero hecho de imaginar que penetramos en su mente puede servirnos de ayuda. Como a muchos novelistas, a Rebecca Goldstein le encanta que la sorprendan sus propios personajes. Su primera novela, *El problema mente-cuerpo*, está escrita en primera persona, desde el punto de vista de una protagonista muy diferente de la propia autora. En la época en la que la escribió, Goldstein recuerda haber presenciado un pequeño incidente en el metro de Nueva York. «Primero reaccioné *yo* —contaba Goldstein— y luego la oí reaccionar *a ella*. Ella es mucho más divertida que yo, tenía algo muy gracioso que decir sobre todo aquello. Es una situación extrañísima. Y me conduce a cosas que jamás pensaría por mi cuenta». Por ejemplo, dice que solo se le ocurrió la idea del «mapa de lo importante», una herramienta para pensar en todas las cosas que te importan en tu vida, porque estaba habitando en el punto de vista de su protagonista.

No todos estamos dotados de la imaginación del novelista. Pero todos podemos ver las cosas desde otras perspectivas. La mayoría de nosotros experimentamos esto cuando hemos interiorizado sin querer el punto de vista de otra persona. Nos descubrimos agudamente conscientes de lo que diría nuestro padre, de lo que pensaría nuestro colega, de cómo reaccionaría nuestra pareja. A veces tratamos conscientemente de conjurar tales voces. Los cristianos se preguntan: «¿Qué haría Jesús?» (sin ser conscientes al parecer de la blasfema arrogancia de pensar que son capaces de imaginar la mente de Dios). Intentar pensar en lo que diría o haría un amigo más sabio es natural y a menudo útil. De un modo extraño, significa que podemos pensar con otros incluso cuando estamos solos.

A veces, sin embargo, la mente colectiva puede ser más una cárcel que una liberación. En mayo de 1978 se publicó un artículo en el destacado periódico chino *Guangming Daily* titulado «Practice Is the Only Criterion for Judging the Truth» [La práctica es el único criterio para juzgar la verdad] y firmado por «The Special Commentator» («El comentarista especial»). Como escribiría veinte años más tarde el filósofo chino Ouyang Kang: «El artículo argüía que, en todas las formas de conocimiento, incluido el marxismo, su naturaleza de la verdad ha de ser juzgada y demostrada mediante la práctica. Todo conocimiento científico, incluido el marxismo, debería ser susceptible de revisión, complementación y desarrollo en la práctica, de acuerdo con las condiciones específicas bajo las cuales se aplica».

Para los filósofos chinos, aquel fue un momento de «liberación del pensamiento». «Lo habitual era que la filosofía académica estuviese subordinada a las ideas de los líderes y no tuviera ningún estatus independiente. Desde 1978, sin embargo, la investigación filosófica se ha granjeado una posición académica relativamente independiente».

La edición del artículo de Kang para *The Philosophers' Magazine* en 1998 resultó aleccionadora a la par que sorprendente. Fue un recordatorio de que la libertad de pensamiento que tantos de nosotros tenemos la fortuna de disfrutar nunca debería darse por sentada. Kang proseguía diciendo que, aunque «uno pensaría que una nueva edición de un libro de texto es una cuestión de pedagogía» en China, porque «es solo el marxismo encarnado en el libro de texto el que se consideraba marxismo ortodoxo», un cambio en lo que dicen los manuales marca un cambio en la filosofía aceptada del país.

En Occidente, la amenaza de la asfixiante conformidad no dimana de la opresión estatal, sino del pensamiento grupal. El hecho de pensar con otros reporta beneficios inmensos, pero también conlleva el riesgo del consenso excesivo, de modo que los puntos de vista alternativos ya no se registran siquiera. Se ha culpado al pensamiento grupal de diversos fracasos corporativos. Uno de los desarrolladores tempranos del concepto, el psicólogo Irving Janis, estudió el caso de la desastrosa invasión estadounidense de la bahía de Cochinos en Cuba. El presidente Kennedy y su equipo aceptaron de manera acrítica la opinión de la CIA sobre la legitimidad y el éxito potencial de la invasión, en tanto que se dejaba de lado a los escépticos. El desastre del transbordador espacial Challenger en 1986 se atribuyó a la NASA por aceptar acríticamente un juicio colectivo que el programa de lanzamientos debía respetar, lo cual implicó que no se tomara en serio a ciertos miembros clave del equipo cuando expresaron graves preocupaciones relativas a la seguridad. El pensamiento grupal no solo puede endurecer las opiniones, sino que también puede empujarlas en una dirección más extremada.

El pensamiento grupal no describe un fenómeno claro y discreto. No es una especie de enfermedad mental que siempre tenga las mismas causas y síntomas. Se entiende mejor como un término genérico para designar las mil formas en las que el pensamiento grupal puede crear demasiado consenso y conformidad. Resultaría tranquilizador creer que el pensamiento crítico es un profiláctico contra ello, pero eso supondría sucumbir a otro sesgo cognitivo: las ilusiones.

Consideremos la filosofía. ¿Puede alguien creer en serio que esta es inmune al pensamiento grupal cuando su historia está repleta de movimientos como el Círculo de Viena, el pragmatismo estadounidense, el empirismo británico, el platonismo cantabrigense, la escuela escocesa del sentido común, por no mencionar las escuelas de Budapest, de Mileto, de Kioto, de Leópolis-Varsovia y de Fráncfort, por nombrar solo algunos? Hoy en día, los departamentos universitarios siguen estando asociados con diferentes estilos y enfoques de la filosofía, de manera que, incluso en el mundo de habla inglesa, se obtiene una imagen sutilmente —y a veces obviamente— diferente de la filosofía si se estudia en Harvard, Oxford, Chicago o Essex.

Sería agradable creer que los filósofos son por naturaleza librepensadores. Sin embargo, vemos una y otra vez que las ideas filosóficas que defiende una persona dependen en gran medida de dónde haya cultivado su filosofar. Nuestras probabilidades de escapar del pensamiento grupal son mínimas si nos permitimos creer que somos inmunes a sus presiones. A nadie le gusta pensar que sigue al rebaño, pero resulta aterradoramente fácil hacerlo de forma involuntaria. Dentro de cualquier comunidad de intereses, tiende a formarse el consenso, y, una vez formado, puede ser difícil ver más allá de él.

Esto supone un peligro particular para los conservadores políticos, quienes creen que la justificación de muchas prácticas y normas sociales es que la experiencia ha demostrado que funcionan, aun cuando no siempre parezcan racionales. El político conservador y filósofo Jesse Norman concede que «es cierto desde luego que no existe ningún método infalible para distinguir entre una estúpida opinión heredada y una visión común ampliamente compartida proveniente de la sabiduría de las multitudes». Un conservador sensato no asume que las tradiciones y creencias establecidas deban ser óptimas, pero tampoco que tengamos que deshacernos de ellas si no parecen tener un sentido racional.

El pensamiento grupal no es una fuerza irresistible a la que sucumbamos de forma inexorable. Janis creía que, gracias a que la administración Kennedy escarmentó con el fiasco de la bahía de Cochinos, fue capaz de superar la crisis de los misiles cubanos un año después. Las estrategias activas pueden contrarrestar la conformidad. En los grupos, los líderes han de minimizar su implicación y alentar la crítica. Los problemas deberían ser discutidos por diferentes grupos independientes. Debería buscarse el asesoramiento externo y considerarse todas las alternativas.

Como individuos, hemos de resistirnos al pensamiento grupal por medios similares menos formales. Busca activamente opiniones que difieran de la tuya y provengan de personas ajenas a tu círculo. No obtengas todas tus informaciones de la misma fuente ni de quienes tengan posturas similares. Prepárate para cuestionar a amigos y colegas, y aprende a hacerlo sin ser agresivo ni beligerante. La lealtad debería estar reservada a las personas, no a las ideas.

La lealtad a las personas y a las ideas se confunden cuando nos permitimos convertirnos en acólitos. En Alemania, explicaba Michael Dummett, lo habitual era que «cada profesor tuviera su sistema, que se esperaba que los estudiantes estudiaran y aceptaran». Entonces me contó una historia acerca de un hombre que fue a Friburgo a estudiar con Husserl:

> Describió su llegada a la casa de Husserl y su presentación como nuevo estudiante de este. El propio Husserl le abrió la puerta, le pidió que esperase, volvió a entrar en la casa y regresó cargado con una pila de libros y le dijo: «*Hier sind meine Lebenswerke*» («Aquí está el trabajo de toda mi vida»). Esperaba que el estudiante los leyese todos antes de volver.

«Yo desapruebo esa tradición», señaló Dummett. Sin embargo, el discipulado en filosofía cuenta con una venerable tradición. Tanto en China como en el subcontinente indio se ha asumido que estudias a los pies de un maestro (por desgracia, rara vez sería una maestra) en sentido metafórico, si no literal. El discipulado enseña humildad y la necesidad de estudiar largo y tendido antes de tener la temeridad de proponer algunas de tus propias ideas, que probablemente se expresarían con deferencia como meras interpretaciones de los antiguos sabios.

En la filosofía anglófona contemporánea, esta reverencia se ha puesto patas arriba. Se espera que los estudiantes hagan trizas los argumentos de los grandes desde el primer día. Los textos clásicos como las *Meditaciones* de Descartes se usan como «práctica de tiro» para que los estudiantes agudicen sus destrezas críticas. La deferencia brilla por su ausencia.

Pesan sobre mí demasiadas influencias de la angloesfera como para perder mi compromiso con el pensamiento independiente y la crítica abierta. No obstante, este espíritu podría atemperarse probablemente mediante una mayor apreciación de la necesidad de dedicar de veras tiempo a comprender una posición antes de lanzarse al ataque. Los estudiantes reciben mensajes contradictorios cuando se les presentan las que supuestamente son las más grandes obras filosóficas de la historia basándose en el supuesto de que hasta los principiantes pueden detectar las flagrantes lagunas que estas contienen.

Hemos de evitar tanto la iconoclasia gratuita como la conformidad servil. Del mismo modo que necesitamos renunciar al sentido de propiedad sobre nuestras ideas, tenemos que despojarnos de los sentimientos erróneos de lealtad a un pensador, una teoría o una escuela en particular. Hemos de mantener la imparcialidad. Razonar bien no consiste en tomar partido.

Uno de los ejemplos más llamativos de los peligros de la parcialidad fue el culto que se desarrolló en torno a Wittgenstein, un auténtico genio que era además carismático y excéntrico. Durante muchos años, la filosofía de Cambridge estuvo casi enteramente bajo su influencia. Los estudiantes imitaban incluso sus gestos y sus formas de hablar, tal vez no intencionadamente, sino simplemente por el respeto reverencial que le profesaban.

Stephen Mulhall, un gran admirador de Wittgenstein, era perfectamente consciente de la trampa de terminar practicando una filosofía que fuese «una suerte de ventriloquía» del austriaco: «Es muy difícil ver cómo seguir adelante con y desde Wittgenstein sin sofocar tu propia voz. Puedes descubrirte limitándote a reiterar lo que él ha hecho ya».

Los acólitos adoptarán con frecuencia los métodos y las ideas de su pensador favorito y los aplicarán lo más ampliamente posible. Mulhall acepta que «eso tiene ciertos atractivos», pero «entraña asimismo grandes riesgos de actuar de una manera muy mecánica». Mulhall cree que una proporción excesiva de la labor de los filósofos wittgensteinianos de primera y segunda generación «parecía tambalearse al borde de la parodia».

La tercera vía de Mulhall requiere «reconocer lo que Wittgenstein ha hecho y continuar en deuda con ello, pero haciendo algo que exprese de un modo mucho más íntimo tus propios intereses en el tema». Esta es sin duda la mejor forma de proceder con todas las buenas ideas. Hemos de reconocer su contribución y avanzar sin dejarlas atrás ni tratarlas como verdades eternas e incuestionables. Esta es también la manera en que Anthony Kenny desarrolló su propia aproximación wittgensteiniana a la filosofía: «Wittgenstein no era un filósofo de quien yo deseara estar pendiente todo el tiempo; era alguien que me había dado unos ojos con los que contemplar las demás cosas».

Por fortuna, la devoción servil no es frecuente en la filosofía, pero tampoco es algo insólito. El ejemplo más extremo con el que me he encontrado fue el del filósofo holandés Wim Klever. En mis años universitarios me dio un curso sobre Spinoza durante un programa de intercambio Erasmus en Róterdam. Quedó patente que la misión de su vida era demostrar que Spinoza tenía razón absolutamente en todo. Consciente de que un ensayo crítico de final de curso no sería bien acogido, escribí uno que reivindicaba al gran racionalista holandés. Klever me puso un 10, una calificación absurda en una materia como la filosofía, en la que la perfección es imposible. Si sentí la tentación de pensar que la nota reflejaba mi genio, enseguida me pusieron en mi sitio cuando mis tres compañeros británicos emplearon la misma táctica adulatoria y también consiguieron la máxima puntuación.

La absoluta fidelidad a un filósofo es menos habitual que la lealtad a una escuela. En India, esto está bastante formalizado. Los filósofos del pasado están organizados en varias escuelas y, por lo general, se espera que los estudiosos actuales se ajusten a una de ellas. En el Congreso Filosófico Indio, todas las conferencias plenarias están dedicadas a una escuela particular, y cuando yo asistí, todos los oradores estaban hablando en favor de la suya.

Semejante partidismo flagrante se desaprobaría en Occidente, si bien existe de formas más o menos sutiles. Uno de los ejemplos más evidentes es la división entre la llamada filosofía analítica y la continental. Esta brecha se abrió a finales del siglo XIX y se había convertido en un cañón hacia mediados del XX. La división se entiende mejor como una diferencia de opinión acerca de cómo debería proseguir la filosofía después de Kant. Kant sostenía que nuestro conocimiento está confinado al mundo *fenoménico*, el reino de las apariencias. El mundo *nouménico* de las «cosas en sí mismas» es incognoscible. En el mundo anglófono, esto se interpretó como una luz verde para seguir adelante con nuestro filosofar esencialmente empírico y «con los pies en la tierra» y olvidar toda referencia a la realidad última como un sinsentido metafísico. En Alemania y Francia en particular, el legado kantiano condujo al surgimiento de la fenomenología, una aproximación a la filosofía que convertía en primordial el análisis de la experiencia del mundo. Esto tenía sentido después de Kant porque, si se aceptaba su filosofía, nuestra experiencia del mundo era en efecto lo único que cabía examinar.

Yo no creo que la distinción sea tan profunda como muchos suponen, pero, a lo largo de las décadas, desembocó en divisiones institucionales que exageraban las diferencias. Dependiendo de dónde estudiases y trabajases, se te presentaba un canon diferente de textos poskantianos, diferentes jergas, diferentes problemas o, cuando menos, diferentes maneras de enmarcarlos. El lenguaje de la filosofía empezó a desarrollar dos dialectos distintos que, con el tiempo, se tornaron mutuamente incomprensibles.

Según Simon Glendinning, la división adoptó asimismo un significado simbólico. Este sostiene que la filosofía se ha distinguido históricamente de la sofistería. La filosofía es la argumentación sincera con integridad, mientras que la sofistería es la exhibición de la razón sin sustancia. Con esta división vienen otros pares de opuestos valorados: «lógica y retórica; claridad y oscuridad; precisión y vaguedad; lenguaje literal y lenguaje poético; análisis y especulación». En opinión de Glendinning, con el fin de reforzar su propia autoimagen, la filosofía siempre ha necesitado este «otro» a modo de contrapunto. De ahí que, para los filósofos anglófonos, la filosofía continental se convirtiera en «la falsa personificación, por parte de la autoproclamada filosofía analítica, de una posibilidad que es intrínseca a todo filosofar y que lo amenaza, esto es, la posibilidad de estar vacío, la posibilidad de la sofistería».

Así pues, la parcialidad llevó a los anglófonos a desechar toda una tradición de filosofía que se halla tan íntimamente relacionada con ella que resulta más apropiado considerarla una gemela no idéntica. Y eso sin mencionar el desprecio casi absoluto que la filosofía occidental ha tenido hacia las tradiciones no occidentales.

Otra de las formas en las que la parcialidad infecta el razonamiento es mediante el fomento del «pensamiento en racimo» (*cluster thinking*). Este consiste en asumir que ciertas creencias forman un conjunto natural, cuando en realidad son independientes unas de otras. Esto es especialmente evidente en la política. Por ejemplo, hoy pasé por delante de un coche con una pegatina de Lesbians for Socialism que rezaba: «La liberación homosexual nunca sucederá bajo el capitalismo». Esto parece obviamente falso. El capitalismo puro es *laissez-faire*. No le importa con quién te acuestes siempre y cuando estés dispuesto a gastar. Por eso ha habido una fiebre corporativa por el «dinero rosa», con las empresas proclamando a voz en grito su apoyo a los festivales del Orgullo y los derechos LGTBQ+. Ahora bien, si eres lesbiana y socialista, resulta tentador pensar que estas creencias forman un par natural y no pueden ir separadas.

Michel Onfray ponía como ejemplo controvertido de pensamiento en racimo lo que él consideraba el tabú en la política izquierdista en contra de la crítica al islam:

> Por una parte, está el capitalismo, la burguesía, EE. UU., George Bush, el Estado de Israel; por otra, está Palestina, el islam, el Tercer Mundo, los movimientos de liberación. Elegir el islam es ir en contra de Bush y el capitalismo occidental, pero yo rechazo esta dicotomía. No quiero tomar partido ni por Bush ni por Bin Laden. Fue un gran error en el siglo XX tener que tomar partido a favor de la Unión Soviética o de Estados Unidos, lo que afectó tanto a Sartre como a Raymond Aron. Yo me alineo con personas como Camus, que se negaron a hacer esa elección.

Muchas discusiones políticas se siguen viendo obstaculizadas por el pensamiento en racimo. La lentitud de los republicanos en Estados Unidos para aceptar la realidad del cambio climático se debió en gran medida a que este se identificaba como una causa demócrata. Aunque el impuesto al carbono es casi con certeza una de las mejores formas de reducir las emisiones de gases de efecto invernadero, muchos derechistas están en contra porque la creación de nuevos impuestos recuerda demasiado al socialismo, y a muchos capitalistas no les gusta su funcionamiento dentro del sistema capitalista existente. En Europa, los partidos de izquierdas y de centro han desdeñado el patriotismo y la idea de que la inmigración pueda causar problemas porque los asocian con el nacionalismo xenófobo de derechas.

Como sugiere Michel Onfray, el pensamiento en racimo tiende a crear falsas dicotomías en las que una elección se presenta como binaria, cuando en realidad no tenemos por qué escoger. Por ejemplo, algunos ecologistas arguyen que nos enfrentamos a una disyuntiva entre el incremento del crecimiento económico y la reducción de nuestro impacto negativo en el medio ambiente. Se trata de una falsa dicotomía, porque el crecimiento económico se puede impulsar mediante el aumento de la eficiencia, no utilizando más recursos. Las energías renovables altamente eficientes, por ejemplo, podrían suministrarnos más energía y reducir al mismo tiempo nuestras emisiones de gases invernadero y nuestro uso de recursos naturales. La falsa dicotomía de «crecimiento o desarrollo ecológico» sugiere que el crecimiento verde es un oxímoron, cuando es una posibilidad muy real.

Jesse Norman me comentó: «Nos hemos alejado de un periodo bastante tedioso de pensamiento en racimo en el que podías saber supuestamente lo que alguien pensaba en conjunto con solo conocer una de sus opiniones». Sospecho que el «nosotros» de esta oración se refiere a un grupo más bien reducido. Sería bueno que, en lugar de un racimo antirracimo, llegase a ser un espíritu de la época.

El pensamiento puede ser tanto demasiado independiente como no suficientemente independiente. El ideal se ubica entre el exceso de soledad y el exceso de conformidad con el grupo. Ahora bien, este ideal no siempre se encuentra en un claro punto intermedio y puede variar en función del contexto. A veces, el grado adecuado de independencia está en el limbo del inconformista. Pero ¿cuándo?

«Por supuesto, yo pertenezco a una minoría significativa», dice Richard Swinburne. No muchos filósofos creen como él en un alma inmaterial ni que la argumentación racional en favor de la existencia de Dios sea abrumadora. Sin embargo, esto no le supone ningún problema. Dice: «Estoy muy interesado en la verdad y confío en poder aprender de otros, pero los argumentos siguen su curso... Cualquier filósofo de cualquier época tiene que enfrentarse a la gente y algunos de los mejores filósofos han estado de entrada en minoría, por lo que ese hecho no me preocupa en exceso. Lo que me preocupa son los buenos argumentos».

Estas palabras revelan una admirable independencia de espíritu. En abstracto, es difícil discrepar de ellas. Sin embargo, estoy seguro de que Swinburne no es una voz solitaria de la razón. Pese a todo el romanticismo del iconoclasta, la pura verdad es que la mayoría de los disidentes están simple y llanamente equivocados, y la mayoría defenderían sus opiniones utilizando algo similar al argumento de Swinburne. Estamos ante lo que cabría denominar la paradoja del inconformista: los inconformistas están haciendo lo correcto al intentar seguir las evidencias y los argumentos, no al rebaño; pero, cuando lo hacen, la mayoría llegan a conclusiones erróneas.

La paradoja es, no obstante, solo aparente. La verdad no es una democracia ni puede identificarse sabiendo quién pertenece a la mayoría o a la minoría. Sin embargo, si llegamos a una opinión discrepante sobre un asunto en el que existen expertos competentes, es el disenso lo que precisa justificación. La explicación por defecto, en igualdad de circunstancias, debería ser que el discrepante se ha equivocado. Si te han planteado un problema de matemáticas junto con otras veinte personas razonablemente competentes y todas llegan a la misma respuesta excepto tú, es casi seguro que el error es tuyo.

Pocos temas son tan nítidos como un problema de matemáticas. Ahora bien, incluso cuando es más complicado, siempre y cuando existan conocimientos especializados y evidencias, la carga de la prueba recae sobre el discrepante, a quien corresponde demostrar por qué todos los demás se equivocan, y no a la inversa.

Imaginemos, por ejemplo, que eres un alicatador. Estás buscando los mejores azulejos y sabes que casi todo el mundo utiliza una clase estándar para las cocinas. Pero entonces ves otro azulejo ligeramente más caro que se supone que es mucho mejor. Se vende desde hace años, pero no acaba de despegar. Te preguntas por qué. Sospechas que la industria es conservadora y no está suficientemente abierta a nuevos materiales. Sin embargo, también sabes que en el pasado se han lanzado muchos productos supuestamente maravillosos que han resultado ser malos o demasiado caros. ¿Cómo decidir si este es diferente?

La carga de la prueba recae en los fabricantes del nuevo producto, a quienes corresponde demostrar que es mejor, puesto que el antiguo ya ha sido probado. Esto no supone ningún prejuicio contra el nuevo, sino una exigencia razonada, ya que, por necesidad, los productos establecidos tienen una base de evidencias de su calidad construida a lo largo de los años, y el nuevo no.

Parte de esta carga de la prueba consiste en proporcionar una teoría del error que explique por qué la mayoría se equivoca (véase p. 193). Tal vez les falte una información clave que acaba de salir a la luz. De manera poco caritativa, podrías pensar que son simplemente conservadores, y si todos dijeran que son tonterías sin ninguna evidencia, tu explicación cínica ganaría credibilidad. En cambio, si disponen de historias de personas conocidas que han probado los nuevos azulejos sin resultados satisfactorios, la teoría del error parece débil.

El mismo principio es aplicable al cliente del alicatador. El hecho de que nueve de cada diez alicatadores estén de acuerdo en que los más caros no merecen la pena es una buena razón para suponer que así es. Por supuesto, esa suposición no es irrefutable. Deberías estar abierto a la discusión. En todo caso, si es solo la opinión de un alicatador contra todos los demás, sería imprudente aceptarla. No se trata solo de «seguir la corriente», sino de dar el peso debido al consenso de los expertos.

La carga de la prueba plantea mayores demandas a los discrepantes que a la opinión mayoritaria, porque suele ser racional suponer que la opinión de la mayoría refleja el juicio de los jueces más competentes sobre la base de las evidencias más completas. Eso no significa que los discrepantes estén siempre equivocados y deban ser desestimados, pero explica por qué la extremada cautela antes de aceptar lo que dicen no supone un pensamiento grupal estrecho de miras.

Hay veces en que la carga de la prueba no recae en los discrepantes, sino en los defensores del *statu quo*. En la política y las políticas públicas, por ejemplo, Janet Radcliffe Richards sostiene que «si una política causa un daño claro, partimos de la presuposición de que es injustificada hasta que se demuestre lo contrario, y retamos a sus defensores a desmentir esa presunción». Digan lo que digan los supuestos expertos, si una política está provocando un daño evidente, la carga de la prueba ha de recaer en aquellos que defienden la política en cuestión.

Esto supone un reto para los conservadores que asumen que la carga de la prueba siempre recae en los reformadores y nunca en los defensores del *statu quo*. Su posición es que, habida cuenta de que el cambio siempre entraña riesgos de consecuencias no deseadas, requiere en todo momento una justificación más fuerte que no hacer nada. A mi juicio, Radcliffe Richards demuestra por qué no podemos aplicar este principio de precaución de manera ciega y universal. Si el *statu quo* causa un daño evidente, entonces la carga de la prueba se invierte y recae más en los conservadores que en los reformistas.

Mi ejemplo favorito son las prohibiciones que solían imponerse a muchas mujeres a la hora de acceder a empleos tradicionalmente masculinos, como el de bombero. Dado que esto causa un daño social evidente, toda vez que excluye de ciertas profesiones a la mitad de la fuerza laboral, la carga de la prueba no recae en los reformadores, que pueden ser la minoría, sino en aquellos que desean defender el *statu quo*. Una vez que se lanza ese desafío, no cabe hacerle frente. Por ejemplo, uno de los argumentos clave empleados era que ciertos trabajos requieren un grado de fuerza física que las mujeres no poseen. Sin embargo, como aducía Radcliffe Richards, esto es absurdo: si la fuerza física es el criterio, entonces debería haber una prueba de fuerza física para el trabajo, no de sexo.[3]

Radcliffe Richards sostenía que casos como esos demuestran que «la mayoría de las argumentaciones en la vida cotidiana parecen funcionar sobre la base de partir de la conclusión que se desea defender y luego inventar una justificación para ella». De hecho, le parecía «asombroso» con cuánta frecuencia resultaba que los argumentos trillados en defensa de prácticas discriminatorias establecidas eran «sencillamente espurios». Con frecuencia, «las premisas no respaldan la conclusión o son manifiestamente inventadas con el fin de llegar a ella. Es increíble cuántas ideas familiares puedes echar por tierra de esta forma».

No siempre es fácil convenir en dónde recae la carga de la prueba. En el contexto de una emergencia de salud pública, por ejemplo, la carga de la prueba en las compañías farmacéuticas para que demuestren que un tratamiento o una vacuna son seguros puede no ser tan fuerte como lo es habitualmente. No obstante, el hábito de preguntar dónde recae la carga de la prueba es útil y tiene con frecuencia una respuesta clara.

A la hora de llegar a nuestras conclusiones, sin embargo, nuestra dependencia de los expertos es inevitable. El precio que hemos de pagar por el beneficio de aprender de otras personas es que tenemos que confiar en algunas como fuentes fiables y no podemos verificar todo cuanto dicen por sí mismas. Esto suscita la siguiente pregunta: «¿Cómo sabemos en qué expertos confiar cuando carecemos de los conocimientos especializados para juzgar su competencia?».

Yo he propuesto un proceso de «triaje epistemológico»: una evaluación de cómo clasificar las declaraciones de conocimiento experto.[4] En primer lugar, examinamos el ámbito de la pericia declarada: ¿se trata de un área en la que tenemos motivos para creer que cualquiera puede ser un experto y, en tal caso, en qué grado? Si hemos sido arrastrados hacia las teorías conspiratorias negacionistas de la covid-19, por ejemplo, nos encontraremos con afirmaciones de que el virus no es real. Tenemos razones sobradas para creer que existen robustos dominios de conocimientos especializados relevantes que pueden zanjar esta cuestión: virología, salud pública, medicina, gestión hospitalaria, y suma y sigue.

Una vez establecida la existencia de un área de especialización, la segunda etapa consiste en averiguar quiénes son los expertos relevantes. Muchos de los negacionistas de la covid-19 citan a expertos, pero a menudo no se trata de expertos en los campos relevantes. Puede resultar impresionante que una teoría esté respaldada por un físico o un químico, pero la virología y la medicina son campos específicos y no hay ninguna razón por la que alguien que estudie el bosón de Higgs deba entender por qué contraemos enfermedades respiratorias. Dadas las áreas relevantes de especialización, los expertos adecuados son virólogos, autoridades de salud pública, doctores y gerentes hospitalarios.

Esto suena evidente cuando se explica, pero resulta notable con cuánta frecuencia tratamos a «un experto en tal o cual» como un experto, punto. Pensemos cuán a menudo los medios de comunicación cuentan que «un científico dice» sin especificar de qué clase de científico se trata, ni siquiera si está hablando de un asunto científico. «El científico dice que no tenemos libre albedrío» es mi ejemplo favorito y más odiado, porque el libre albedrío no es algo cuya existencia pueda demostrar o refutar la ciencia. En cuestiones más mundanas, tu electricista puede ser experto en tu instalación eléctrica, pero no necesariamente en interiorismo o en ergonomía, así que ten cuidado antes de dejar en sus manos la elección de los accesorios y su ubicación. Un economista puede saber qué políticas de empleo es más probable que aumenten el PIB, pero no tener ni idea de cómo estas afectan a las comunidades y al bienestar de los trabajadores. Un médico puede informarte de los pronósticos de diferentes formas de tratamiento, pero no de si tu prioridad es maximizar la cantidad o la calidad del resto de tu vida.

Rechazar el respeto a la pericia no diferenciada es esencial para contrarrestar el reciente declive del respeto hacia los expertos de toda índole, arraigado en el nuevo clima populista que desconfía de cualquier tipo de élites. Jacques Rancière coincide con los populistas en que la arrogancia de las élites que desprecian a las masas supone una amenaza para la democracia. No obstante, el problema no es el conocimiento especializado *per se*, sino más bien lo que Rancière denomina «el monopolio de la especialización, la idea de que existe un solo conocimiento especializado». Esta clase de elitismo es antidemocrático precisamente porque rechaza la necesidad de que una sociedad democrática tome sus decisiones sobre la base de una pluralidad de conocimientos especializados.

Si existe un área de especialización y hay expertos relevantes, la tercera etapa de nuestro triaje consiste en preguntar si el experto particular en cuestión es digno de confianza. En el caso de la conspiración del 11S, la tercera etapa del triaje es fácil: casi todos los expertos relevantes coinciden en que el colapso no requería explosiones controladas, y sencillamente no existe motivo alguno para desconfiar de ellos.

Sin embargo, a veces hemos de ser más cuidadosos. Consideremos la teoría de que el autismo fue causado por la vacunación combinada contra las paperas, el sarampión y la rubeola (triple vírica). La ciencia médica es un área legítima y Andrew Wakefield era la persona adecuada para ser un experto: un médico y académico con un buen historial de publicaciones. Su artículo que vinculaba falsamente la triple vírica y el autismo fue publicado incluso en una prestigiosa revista revisada por pares, *The Lancet*. En términos superficiales, superó el test.

En un examen más detenido, está claro que las afirmaciones de Wakefield excedían sus conocimientos especializados. Su artículo no solo señalaba de modo explícito que no se había hallado ningún vínculo causal entre la vacuna y el autismo, sino que además estaba basado en un estudio de solo doce progenitores. Fue en una rueda y una nota de prensa donde Wakefield fue más allá y solicitó la suspensión de la vacuna de la triple vírica, lo cual fue denunciado por sus pares. Como ya hemos visto, allí donde existe un conocimiento especializado reconocido, la carga de la prueba recae siempre en los discrepantes, a quienes corresponde demostrar por qué todos los demás están equivocados. Wakefield no proporcionó esa prueba.

Incluso si su artículo revisado por pares hubiera llegado a una conclusión más sólida, un estudio de investigación no es suficiente para establecer algo en la ciencia. Con frecuencia leemos que un artículo «demuestra» que tal o cual cosa es cierta, pero casi siempre este se limita a «sugerir» que podría serlo. Cualquier hallazgo novedoso debería ser tratado en todo momento como un signo de que es preciso continuar trabajando hasta que sea corroborado por otros estudios.

Con el transcurso del tiempo, fue quedando cada vez más patente que Wakefield no era de fiar. Otros investigadores contradecían sus hallazgos y resultó que los sujetos de su estudio habían sido reclutados de entre un grupo de padres y madres que pretendían presentar una demanda contra los fabricantes de la triple vírica, y que buena parte de la financiación también había provenido de un organismo con interés en los litigios. El caso muestra que existe una necesidad muy práctica de vacunarnos contra el mal pensamiento.

El método del triaje nos ayuda a decidir en quién confiar,

cuánto y respecto de qué. Si la afirmación concierne a la astrología, tenemos muy buenas razones para suponer que no existe ningún conocimiento especializado, excepto en el sentido de saber acerca de la historia y el supuesto funcionamiento de la astrología. La opinión de un astrólogo sobre el curso del futuro no vale más que la de un bebedor solitario en un *pub*. Si se trata de una afirmación referida a la dieta, recuerda que, aunque existe un cierto conocimiento especializado, nuestro saber es muy incompleto todavía. Cualquiera que sea el tema, busquemos las mejores personas y escritos en un campo dado, no figuras aleatorias, ni las que más libros vendan o tengan más seguidores en YouTube.

A veces no está claro si un área admite conocimientos especializados genuinos. Muchas aparentan respetabilidad porque cuentan con asociaciones, acreditaciones y cualificaciones. Sin embargo, cuando las examinamos con detenimiento, descubrimos con frecuencia que poseen escaso valor. Por escoger un ejemplo deliberadamente limítrofe, puede sonar impresionante que alguien sea un maestro practicante en PNL (programación neurolingüística), pero, dado que la PNL es una profesión no regulada, lo único que esto demuestra es que el profesional ha completado con éxito la capacitación remunerada certificada por una organización normalmente con ánimo de lucro que utiliza la marca PNL. Para juzgar el valor de esto, hemos de examinar con más detalle lo que es la PNL y si sus afirmaciones se sostienen. Ello exige considerar las evaluaciones de otros profesionales de la psicoterapia, lo que a su vez requiere algún tipo de evaluación de la credibilidad de la propia psicoterapia. (Dejaré que extraigas tu propia conclusión sobre la PNL. Considéralo una tarea para casa). No hay manera de llegar al fondo de este asunto de modo concluyente, ni siquiera con toda una vida de estudio. En cada etapa, hemos de depositar una cierta cantidad de confianza y fiarnos de nuestro propio juicio.

Esto podría parecer insatisfactorio, pero, como dice Onora O'Neill: «La idea de la vida exenta de confianza se me antoja una ilusión realmente bastante infantil». Para O'Neill, no existe ninguna «forma mágica de dirigir tu vida en la que obtengas garantías y pruebas de manera que nunca tengas que confiar». Pone el ejemplo trivial de la compra de un coche: «Como soy muy inexperta, tengo que confiar en alguien. ¿En quién? ¿Por qué? ¿Tengo alguna garantía de que sea perfectamente objetivo?... Creo que lo que siempre conseguimos son evidencias imperfectas, por lo que tenemos que hacer nuestras apuestas de una manera o de otra».

El respeto al conocimiento especializado es necesario y deseable, pero nunca debería ser automático ni acrítico. Hay muchos pseudoexpertos, y ni siquiera los auténticos deberían ser considerados como oráculos absolutos. Muchos de nosotros tenemos personas a las que respetamos y admiramos profundamente, pero deberíamos estar preparados para cuestionarlas incluso a ellas. Respeta a los expertos, admira a los individuos, pero jamás seas un acólito.

Cómo pensar por ti mismo, no en solitario

- Interactúa con otras personas e ideas.
- Si tienes algún tipo de problema intelectual, intenta solucionarlo de forma colectiva, no en solitario.
- Busca la crítica constructiva de tus ideas.
- Mira más allá de tu propio interés, disciplina o cultura. Participa de manera respetuosa, pero no acrítica.
- Si no puedes preguntarles, trata de imaginar qué pensarían otras personas a las que respetas.
- No asumas que eres inmune al pensamiento grupal. Nadie lo es.
- No obtengas toda tu información de la misma fuente ni de las que ocupan una posición similar.
- Sé leal a las personas, no a las ideas.

- No seas parcial.
- Evita el pensamiento en racimo: asumir que ciertas ideas han de ir juntas, cuando cada una tiene su propia justificación independiente.
- Rechaza las falsas dicotomías, que reducen los asuntos complejos a falsas elecciones binarias. Con frecuencia, un «o esto o lo otro» oculta un «ninguno de los dos» o un «ambos».
- Pregunta dónde recae la carga de la prueba. Allí donde existen conocimientos y saberes especializados establecidos, suele ser en el discrepante. Allí donde existe un daño evidente, es en la persona que defiende las causas de ese daño.
- Elige los expertos a los que escuchar preguntándote primero si existe un área genuina de conocimiento especializado, luego estableciendo quiénes son los expertos y después comprobando las credenciales de cualquier experto particular a quien consultes.

CAPÍTULO 11

Conecta

¡Porque no siempre es cosa de comprender enseguida, porque no siempre se empieza directamente por la perfección! ¡Para alcanzar la perfección, sería necesario previamente no comprender muchas cosas!

FIÓDOR DOSTOIEVSKI, *El idiota*

Slavoj Žižek tiene una opinión interesante acerca de las contradicciones de los multiculturalistas liberales. «Por una parte, elevan e idealizan al otro. Pero, por otra parte, en el momento en que tocas los temas de la homosexualidad, los derechos de las mujeres y demás, se sienten horrorizados ante el otro». Piensa que la palabra *tolerancia* enmascara a menudo una hostilidad más profunda. «Cuando dicen "Tolerémonos mutuamente", lo que esto suele significar en la práctica es "Mantengámonos lo suficientemente alejados los unos de los otros"». Es cáustico respecto de la forma en la que los liberales idealizan las tradiciones y las prácticas de otras culturas, mientras que nunca se sienten obligados a seguir sus propias tradiciones y prácticas: «Esto no es solo autodenigración y falso respeto por el otro. Es que secretamente te favoreces en realidad a ti mismo. Es decir, percibes que otros están constreñidos por su identidad particular, en tanto que tú eres verdaderamente universal. Tu propia tolerancia es tu secreta posición universal privilegiada».

En momentos como estos, Žižek merece su reputación como uno de los pensadores más interesantes y provocativos de su tiempo. A mi juicio, todo se tuerce cuando intenta dotar a su análisis de un soporte teórico:

> En términos lacanianos, este individuo puro sería el individuo simbólico puro y lo que Lacan designa como el núcleo duro de la fantasía, objeto pequeño (a) [*objet petit a*] y demás sería ese más, esto es, por así decirlo, el resto patológico en términos kantianos. En un sentido kantiano, no puedes tener un sujeto puro con una personalidad no patológica. Necesitas un mínimo de patología para que funcione la solidaridad. Creo que en el psicoanálisis puedes hacer esto, que todos los problemas están en este nivel, de tolerancia y de intolerancia. Te enamoras por causa del objeto pequeño (a); al mismo tiempo, esto es lo que te molesta del otro, y tienes miedo de acercarte demasiado al otro.

Hay muchos problemas en Slavoj Žižek, en especial su incontinente verbosidad. Para mí, el mayor es su imposición de un marco psicoanalítico lacaniano en todo cuanto dice. Esto añade peso y profundidad a sus observaciones y análisis solo en el sentido de que los hace más largos y los carga con un bagaje agobiante.

Incluso si piensas que Žižek es un ejemplo extremo o malo, confío en persuadirte de que causamos un grave perjuicio al pensamiento claro al encasillar teóricamente nuestras ideas y argumentos. Deberíamos establecer conexiones entre ideas para tener una visión más amplia. Las teorías son herramientas explicativas importantes y, por supuesto, debemos formularlas y estudiarlas. Ahora bien, con excesiva frecuencia, el hecho de aferrarnos a una teoría y utilizarla para conectarlo todo supone un obstáculo para el buen pensamiento, no una ayuda.

Las teorías ocupan a menudo el centro de la escena en la filosofía, cuya historia se lee como una historia de ismos. Cualquier libro o curso introductorio intentará que nos familiaricemos con los significados del empirismo, racionalismo, utilitarismo, platonismo, existencialismo, confucianismo, taoísmo, pragmatismo y así sucesivamente, junto con las -logías, como la fenomenología y la deontología. En la filosofía india, te darán una lista de las escuelas ortodoxas y heterodoxas, entre las que figurarán nyāya, sāṁkhya, yoga, vedānta, budismo, jainismo, chárvaka y ājīvika. En estos catálogos de ismos, las diferentes posiciones se dividen limpiamente y se trata de determinar cuál está en lo cierto.

Sin embargo, la mayoría de los filósofos incluidos en estas categorías no encajan en ellas a la perfección. Consideremos la distinción estándar entre empiristas y racionalistas. Los libros de texto contarán que los empiristas creen que el conocimiento se basa en nuestra experiencia del mundo, en tanto que los racionalistas creen que podemos descubrir una categoría amplia de verdades importantes mediante las operaciones de la sola razón, sin la ayuda de la observación. Sobre esa base, ¿cómo categorizaríamos a los dos filósofos siguientes, a quienes ya hemos conocido?

> El filósofo A adoptó un método de duda universal tras observar que la percepción sensorial nos engaña con frecuencia. Estudió la anatomía humana y en una de sus obras incluyó un dibujo que mostraba cómo las llamas de un fuego estimulan las terminaciones nerviosas de la mano que transmiten la sensación de calor al cerebro. Sostenía que la base de todo conocimiento cierto es la conciencia de nuestro propio yo, ya que esta es la única observación sobre la que podemos tener la certeza de no estar equivocados.
>
> El filósofo B sostenía que no se puede argumentar pasando de enunciados de hechos a enunciados de valor, ya que un argumento que incluye un «debe» en su conclusión, pero ningún «debe» en sus premisas es inválido. También argüía que nuestra creencia en la causa y el efecto no se basa en ninguna observación de la causación

en el mundo. Pensaba que la certeza solo era posible al razonar sobre las «relaciones de ideas»: en otras palabras, cuando las verdades en cuestión eran lógicas en lugar de empíricas.

Habrás adivinado cuál es cuál porque lo he planteado obviamente como una pregunta capciosa para demostrar un punto. El filósofo A es el gran «racionalista» Descartes, que suena aquí como un empirista, mientras que el filósofo B es el empirista David Hume, que suena aquí como un racionalista. Huelga decir que he seleccionado cuidadosamente mis ejemplos, pero no he escogido aspectos oscuros ni marginales. Se trata de algunas de las ideas más centrales de Hume y Descartes.

Existen diferencias reales en sus enfoques respectivos que justifican su clasificación como racionalistas y empiristas. Sin embargo, no suele ser útil destacar esas etiquetas. En la práctica, ambos razonaban a partir de la experiencia y empleaban formas de análisis lógico. Lo más importante es si usaban las clases adecuadas de argumentos en los momentos oportunos, y si extraían las conclusiones correctas.

Habría que recordar asimismo que muchas de estas etiquetas se aplican de forma retrospectiva, o al menos se vuelven más importantes y más definidas *a posteriori*. En su tiempo, muchos filósofos se limitaban a intentar resolver los problemas y no se preocupaban de a qué equipo pertenecían. Kierkegaard, por ejemplo, se conoce como el padre del existencialismo, pero, si lo fue, ni siquiera conocía el nombre de su hijo filosófico, ya que precede al primer uso del término. Los materialistas Locke y Hume se habrían sorprendido sin duda al descubrir que los han metido en el mismo saco de los empiristas con el filósofo irlandés del siglo XVIII George Berkeley, quien sostenía que la realidad era de naturaleza esencialmente mental.

A veces, las etiquetas no solo se utilizan de forma anacrónica, sino también sumamente imprecisa. El término del que más se abusa es *posmoderno*, que parece aplicarse a cualquier filósofo que sea remotamente escéptico acerca de la Verdad con mayúscula. Es habitual calificar a Nietzsche de posmoderno, cuando estaba escribiendo un siglo antes de que el término existiese siquiera. Resulta desconcertante ver hacer esto a personas como Steven Pinker en el proceso mismo de defender la importancia de la verdad y la razón.[1] Como sucede con *neoliberal* y *capitalista*, *posmoderno* es un término usado de forma tan relajada en el discurso público que ha perdido todo su significado.

Por desgracia, la formación filosófica contemporánea alienta a veces el etiquetado. A los estudiantes se les asignan trabajos en los que tienen que aplicar una teoría particular a un asunto particular, como bosquejar un punto de vista utilitarista sobre la eutanasia. Esto fomenta la idea de que hay *una* concepción utilitarista de tales temas, cuando lo cierto es que existe mucha diversidad entre los utilitaristas. Esto no es solo un error de los estudios universitarios. El filósofo moral Roger Crisp decía que «los individuos disfrutan bastante con el toma y daca del debate filosófico», y esto los anima a situarse en un lado del debate con oponentes claramente definidos. «Lo que me preocupa es que la gente escriba en las revistas como si esas distinciones fuesen nítidas y hubiese un consenso sobre lo que implican».

El filósofo político británico contemporáneo Jo Wolff identifica un principio metodológico general que protege contra el refugio en un ismo. «Por lo general, si alguien ha pensado largo y tendido en un área y es inteligente, y está pensando en profundidad y presenta un cuerpo articulado de pensamientos, es muy improbable que se equivoque por completo —dice Wolff—. El error más común que cometen los individuos es tener parte de la verdad y pensar que la tienen toda».

Por ejemplo, yo no soy marxista, pero sería un estúpido si no viera que Marx hizo muchos análisis y observaciones agudas. Tampoco soy neoliberal, pero eso no significa que deba ignorar todo cuanto se ha dicho acerca de la eficiencia de los mercados. Sin embargo, resulta demasiado fácil llegar a enamorarse tanto de una forma de contemplar el mundo que todo acaba viéndose a través de la misma lente. Por ejemplo, *The Master and His Emissary*, de Iain McGilchrist, atribuye muchos desarrollos en la historia humana a las diferentes funciones de los hemisferios derecho e izquierdo del cerebro. Diríase que McGilchrist es el maestro y sus numerosos lectores se han convertido en sus emisarios, porque yo he perdido la cuenta del número de personas que me cuentan con entusiasmo por qué las diferencias entre el cerebro izquierdo y el derecho lo explican prácticamente todo. (Alerta de destripe: no lo hacen). La obra de McGilchrist contiene muchas verdades, pero no es toda la verdad, una teoría maestra acerca de todo. Otro tanto sucede con las ideas de Shoshana Zuboff sobre el capitalismo de la vigilancia, el análisis de Chomsky de la fabricación del consentimiento por parte de los Estados, la teoría de Naomi Klein del capitalismo del desastre o las teorías de Thomas Piketty sobre la relación entre propiedad del capital y desigualdad. Todos explican algunas cosas, pero ninguno lo explica todo.

Otra razón para evitar inscribirse en equipos intelectuales bien delimitados es que fomenta una mentalidad de competencia, cuando las obras más fructíferas surgen con frecuencia al unir lados opuestos en apariencia. El historiador de las ideas Jonathan Israel me habló con aprobación de Marcelo Dascal, un filósofo y lingüista de origen brasileño que sostenía que «la manera de formular los conceptos en el contexto del debate posee una tendencia intrínseca, como muestran la historia y la experiencia, a crear polaridades y dicotomías en torno a las cuales se despliega la discusión». A juicio de Dascal, las mayores innovaciones en el pensamiento ocurren cuando las grandes mentes han buscado formas de «desdicotomizar las rígidas polaridades que se habían creado trascendiendo el marco dentro del que se había planteado el debate».

Esta desdicotomización se basa en formas de «racionalidad blanda» que intentan «ablandar la lógica férrea de la polaridad que se ha formado». Sería preferible que las dicotomías no llegaran a ser tan rígidas como para que necesitasen ablandamiento. De ahí mi defensa del *ismismo*: el prejuicio justificado contra la dependencia excesiva de los ismos. Nuestros apegos a cualquier clase de idea deberían ser cautelosos y críticos.

Aunque es un error encajar por la fuerza todas nuestras ideas en un *ismo* definido, no podemos dejarlas completamente inconexas. Nuestras creencias forman un conjunto y este debería ser lo más consistente posible, sin violentar las partes. La sistematización excesiva es sofocante, su déficit aboca a la anarquía.

La filosofía de habla inglesa del siglo XX es un caso ilustrativo. Se volvió tan escéptica respecto de los grandes sistemas metafísicos que se excedió en el sentido contrario. «Cuando yo estaba en Oxford —recuerda John Searle—, el término *fragmentario* [*piecemeal*] era elogioso». Esto resulta comprensible. En la historia de la filosofía parece existir una correlación inversa entre la complejidad y el tamaño de un sistema y su credibilidad. Kant, por ejemplo, era brillante, pero creo que ningún aspecto aprovechable de su obra requiere el intrincado edificio de su sistema «arquitectónico», sus tablas de categorías y juicios y demás. Sigue valiendo la pena leer a Spinoza y Hegel, aunque a pocos les convenzan sus respectivos sistemas metafísicos en bloque.

Con todo, como apunta Rebecca Goldstein, las ideas de los filósofos encajan. «Dan Dennett tiene un cierto tipo de perfil filosófico muy diferente del de Tom Nagel, y si conoces una de sus ideas, probablemente puedas deducir las otras». Si consideramos de forma retrospectiva a todos los grandes filósofos, sus ideas conformaban un panorama general coherente. «Hume tenía desde luego una teoría general, Locke tenía una teoría general, incluso Berkeley a su manera tenía una teoría general —afirma Searle—. Por tanto, creo que en la vida intelectual nunca deberíamos conformarnos con fragmentos de información y de entendimiento. Deseamos saber cómo encaja todo».

Searle está en lo cierto. Hemos de estar en guardia contra la unión de puntos que en realidad no guardan conexión, para forzar una explicación más completa de la que estamos equipados para ofrecer. Bernard Williams nunca sucumbía a esa tentación. Recuerda como «una de las cosas más hermosas que jamás se han dicho sobre mi filosofía» un comentario de que «era liberadora, porque evitaba que la gente tuviera que pensar dentro de un cierto marco en el que una cosa parece absoluta y esencialmente conectada con alguna otra». En otras palabras, aunque pueda parecer una debilidad de la filosofía de Williams el hecho de no unir montones de puntos, su gran fortaleza radicaba en su demostración de que otros los habían conectado de forma incorrecta.

El énfasis de la filosofía del siglo XX en lo fragmentario formaba parte de una tendencia reduccionista más amplia en el pensamiento occidental. El éxito de la ciencia era un triunfo del reduccionismo, en el que el funcionamiento de la naturaleza se interpretaba descomponiéndolo en sus partes mínimas. Otras disciplinas tomaron nota y siguieron el ejemplo. Sin embargo, este método reduccionista tiene sus límites, incluso en la ciencia, donde muchas de las áreas de crecimiento están examinando en la actualidad cómo funcionan los sistemas complejos.

En la filosofía y en otras disciplinas no científicas, los enfoques reduccionistas han desplazado a los holísticos. (No ayuda el hecho de que la palabra *holístico* haya llegado a asociarse con las medicinas alternativas y a dudosos abracadabras espirituales). Mary Midgley e Iris Murdoch fueron dos filósofas que jamás cometieron ese error. Midgley comenta: «Creo que [Iris y yo] compartimos la idea de que es terriblemente importante ver la totalidad y de que uno se engaña habitualmente a sí mismo si dice "*x* es solamente *y*"». No niega que «a veces existe un buen motivo para atender solo a *y*», si bien hay también con frecuencia muy buenas razones para no hacerlo.

Las explicaciones reduccionistas no solo favorecen a las partes sobre los todos, sino que también tienden a sobrestimar el poder de las explicaciones únicas. No obstante, toda teoría tiene su alcance y sus límites. Incluso una «teoría de todo» en física no sería una teoría de todo en ningún sentido normal. Ni siquiera explicaría de forma íntegra la biología, la meteorología o la psicología, y menos aún la ética o el arte.

La forma más extrema de reduccionismo que se toma en serio en la actualidad es el cientificismo. Alex Rosenberg lo define como «la confianza exagerada en los hallazgos de la ciencia y la creencia irrazonable en que sus métodos pueden responder todas las preguntas». Como sugiere esa definición, *cientificismo* suele ser un término ofensivo y pocos se aplican la etiqueta a sí mismos. Rosenberg es una excepción. Desea reivindicar el término y convertirlo en algo positivo: «Estoy dispuesto a suscribir esa definición del cientificismo si suprimimos las palabras *exagerada* e *irrazonable*». Él cree que «los métodos de la ciencia son las únicas maneras fiables de garantizar el conocimiento de algo». Esto significa que cualquier creencia que no pueda ser comprobada mediante los métodos de la ciencia no puede ser conocimiento y debería considerarse mera opinión. La moralidad y la estética no son más que expresiones de aprobación o repugnancia. La política es solo un medio práctico de dirigir una sociedad. El «sentido de la vida» no tiene sentido. El cientificismo sugiere que la mayor parte de la filosofía es solo un vacuo juego de palabras.

El cientificismo ofrece una visión empobrecida y estrecha de la racionalidad humana. Solo puede sonar plausible introduciendo a hurtadillas la demanda poco razonable de que la razón se ocupe en exclusiva de aquello que sea objetivo y verificable en grado máximo. Pregunta en qué hechos objetivos e indudables se basa la moralidad, no encuentra ninguno y rechaza la empresa en su conjunto. Ahora bien, ¿por qué las únicas cosas que importan y las únicas cosas sobre las que podemos razonar habrían de ser aquellas que pueden resolverse mediante el mero recurso a los hechos? Esa declaración sería una afirmación que, en sí misma, no se basa en ningún hecho. «Solo importan los hechos concretos» no es una cuestión de hecho, sino de valores.

El cientificismo minimiza asimismo el papel del hecho en la

investigación no científica. La moralidad no es como la ciencia, pero tampoco es mera opinión. Consideremos los hechos de que la «raza» no es una categoría biológica significativa, que las mujeres y los hombres son por término medio igualmente inteligentes, que los animales sienten dolor, que un cigoto no tiene ningún sistema nervioso central, que las políticas económicas tienen ciertas consecuencias, y suma y sigue. Todos estos hechos poseen una significación moral evidente. La moralidad no es tan directamente controlable mediante la razón como la ciencia, pero eso no significa que resida por completo más allá de la racionalidad.

No todos los defensores del cientificismo rechazan la moralidad. El neurocientífico Sam Harris se decanta por la otra opción, aduciendo que la moralidad puede estar enteramente basada en la ciencia. Harris arguye que, siempre y cuando estemos de acuerdo en que el bienestar humano importa, con el tiempo, la neurociencia nos dirá todo cuanto necesitamos saber sobre cómo maximizarlo. Esto es increíblemente simplista. La aseveración fundamental de que el bienestar humano es lo que importa no es científica, ya que la ciencia no nos dice nada acerca de lo que debería importarnos. Incluso si llegásemos a ignorar esto de algún modo, Harris asume un consenso sencillamente inexistente. Como explicó Patricia Churchland, la visión de Harris es «muy optimista, o pesimista, según nuestro punto de vista. Diferentes personas, incluso dentro de una cultura, incluso en una misma familia, tienen visiones distintas acerca de lo que constituye su propio bienestar. Algunos gustan de vivir en el monte como los ermitaños y cavar en la tierra y cazar ciervos para obtener recursos, y otros no pueden tolerar una vida que no sea en la ciudad, en la mezcla de maravillas culturales. Así pues, las personas tienen ideas fundamentalmente diferentes sobre lo que constituye el bienestar».

El cientificismo, al igual que todas las demás formas de reduccionismo, logra unir los puntos solo en la medida en que reduce masivamente el número de puntos que decreta que es preciso unir, seleccionando tan solo aquellos que son similares y próximos entre sí. Juntarlo todo es más difícil que esto, porque nos exige conectar puntos distantes de diferentes clases. En tales casos, los vínculos han de ser más débiles, más tentativos y siempre frágiles.

El cientificismo tiene razón en que las teorías deberían basarse en hechos. Desafortunadamente, muchas personas basan lo que consideran hechos en sus teorías. Caen bajo el hechizo de una teoría y se ciegan ante cualquier evidencia de la experiencia en contra de esta. La pureza y la simplicidad de una teoría es preferible al desorden y la complejidad de la realidad, incluso cuando esta obviamente no encaja en aquella.

Recuerdo que me quedé pasmado hace muchos años cuando un filósofo político libertario me aseguró que los libres mercados funcionaban porque el economista Ludwig von Mises lo había demostrado *a priori*, esto es, mediante la pura lógica. Von Mises pensaba que la economía era una «teoría general de la acción humana» que él denominaba *praxeología*. Esta tiene un «carácter formal y apriorístico», al ser «anterior a cualquier ejemplo real de concepción y experiencia».[2] Las certezas exentas de evidencias de von Mises apuntalan la simple prescripción de los libertarios de una economía fuerte: libres mercados no regulados como el mejor mecanismo para traer la prosperidad y la felicidad humanas.

Aunque von Mises sigue siendo venerado por muchos libertarios, en las últimas décadas ha caído en desgracia junto con todas las formas de la economía clásica que no prestan la suficiente atención al comportamiento real de los individuos. Los economistas están aceptando con retraso que los seres humanos no son máquinas calculadoras desapasionadas que toman decisiones en función de sus propios intereses, sino que se hallan influenciados por toda suerte de deseos, valores y sesgos, algunos buenos y otros malos. Esa es una de las razones por las que los mercados bursátiles son tan volátiles: a veces, una exuberancia irracional colectiva lleva a los inversores a creer que el crecimiento no terminará jamás, y, en otras ocasiones, el puro miedo los lleva a vender y salir corriendo.

Mantener la teoría en su sitio y dar la última palabra a la evidencia y la experiencia es más difícil de lo que podría parecer. Incluso aquellos que creen de veras que han seguido las evidencias para llegar a sus teorías terminan con frecuencia más aferrados a las teorías que a las observaciones en las que estas se basan. Por expresarlo de otro modo, las observaciones pueden dar lugar a teorías a las que luego se dé más crédito que a aquellas.

Hemos visto un ejemplo interesante de esto durante la pandemia de la covid-19. Muchos gobiernos, deseosos de asegurarse de que sus políticas funcionasen realmente, abrazaron la ciencia conductual para obtener información sobre los efectos de aplicar diferentes restricciones. El Gobierno británico, que había creado su propio Behavioural Insights Team («Equipo de Análisis del Comportamiento») en 2010, justificaba de forma reiterada el aplazamiento o la eliminación de los confinamientos y las restricciones aduciendo que los consejos de sus expertos sugerían que la gente no los cumpliría. Como declaró en junio de 2021 el ministro de Sanidad Matt Hancock: «Las claras recomendaciones científicas en aquel momento señalaban la necesidad de tener a nuestra disposición herramientas como el confinamiento, pero también que las consecuencias y los costes del confinamiento comienzan de inmediato y, lo que es más importante, el dictamen claro en ese momento era que la gente solo lo soportaría durante un periodo limitado». Los mecanismos psicológicos basados en las evidencias, citados para justificar afirmaciones como estas, incluían «el sesgo de optimismo» (los individuos asumen que otros se pondrán enfermos, ellos no), «la reactancia» (el deseo de hacer lo contrario de lo que sentimos que nos están obligando a hacer) y «la fatiga conductual».[3]

De hecho, resultó que la mayoría de las personas estaban muy dispuestas a restringir sus conductas, con sondeos que mostraban sistemáticamente un respaldo público a las restricciones mayor que el del propio Gobierno, que parecía curiosamente aferrado a una idea *a priori* de lo que requería el amor a la libertad de los británicos.

Existe una disputa acerca de si los científicos conductuales estaban equivocados, el Gobierno estaba distorsionando su mensaje, o una mezcla de ambas cosas. (La expresión *fatiga conductual* parece ser un invento del Gobierno y no tiene ninguna fuente en los manuales ni en su propio Behavioural Insights Team).[4] Pasara lo que pasara exactamente, el episodio contiene una advertencia. Cuando los individuos están fuertemente motivados para llegar a una conclusión, son persuadidos con facilidad de que esta se halla respaldada por teorías basadas en las evidencias, aun cuando estas sean débiles. Una vez más, tenemos un ejemplo de personas que no prestan suficiente atención a las disimilitudes entre el caso en cuestión y las experiencias pasadas. La ciencia conductual es una disciplina joven y nunca se debería haber considerado como una fuente autorizada de predicciones acerca de las conductas públicas en circunstancias sin precedentes. Se le concedió un peso excesivo porque se necesitaba peso y aquella parecía ser la única fuente.

Como ya hemos visto, aprender del pasado requiere prestar mucha atención tanto a los precedentes como a la situación actual. Las dos preguntas clave son: ¿existen precedentes genuinos? ¿Hay diferencias importantes entre esos precedentes y el caso actual? Y al responder estas cuestiones, hemos de tener presente que el mundo es increíblemente complejo, y deberíamos estar en guardia contra la asunción de que podemos discernir los patrones más importantes.

Yo también he llegado a convencerme de que la teoría es más un obstáculo que una ayuda en ética. Rechazo la asunción generalizada de que, al intentar determinar las acciones moralmente correctas, primero deberíamos decidir cuáles son nuestros principios morales fundamentales y luego intentar aplicarlos al caso en cuestión. Un utilitarista preguntaría: ¿qué acción redundará en la máxima felicidad para el mayor número? Un kantiano: ¿cuál de las posibles formas de actuar podría decir de manera honesta y consistente que son las correctas para cualquiera que se encuentre en la misma situación, no solo para mí? Un confuciano: ¿impondría esta acción a los demás lo que yo no desearía para mí? Y así sucesivamente. En este género de «ética aplicada» tomamos nuestra teoría ética y luego la aplicamos a los casos concretos.

Este enfoque que prima la teoría está condenado al fracaso en el mundo real porque no estamos de acuerdo en qué teoría aplicar. Como señala Janet Radcliffe Richards: «No hay nada tan inútil, hasta donde alcanzo a ver, como decirle a un médico que si eres kantiano has de hacer esto y si eres utilitarista has de hacer aquello, aun suponiendo que existiese acuerdo entre los kantianos o los utilitaristas». Este enfoque oscurece asimismo el hecho de que, en el razonamiento moral, como dice Roger Crisp, «a menudo, cuando llegamos al meollo del asunto, hay más puntos en común de los que la gente advierte», y «tienden a converger en varias conclusiones. En la ética medioambiental, por ejemplo, la mayoría de las personas piensan que estamos destruyendo el medio ambiente de formas que no deberíamos, y están planteando argumentos por los que deberíamos dejar de hacerlo».

Jo Wolff piensa que una razón para no aferrarnos a una teoría ética es que cada una identifica algo importante respecto de nuestra vida moral (nuestro florecimiento, nuestros derechos, nuestra capacidad de elegir, nuestras relaciones sociales), y hemos de tener en cuenta todos estos aspectos, no decidir cuál triunfa sobre los demás. Toda comprensión integral de la ética «tiene que tomar en consideración todos estos elementos y ello se traduce en una teoría desordenada y compleja», dice Wolff. Eso «podría conducirnos a problemas y conflictos, pero no me parece que podamos abandonar ninguna de estas perspectivas».

Las teorías morales pueden brindarnos preguntas útiles, como: ¿tengo derecho a hacer esto?, ¿estoy causando un daño innecesario?, ¿estaría cumpliendo con mis responsabilidades?,

¿es esto justo?, ¿es equitativo? Pero la función de estos interrogantes es dirigir nuestra atención hacia aspectos de un problema que solo se pueden abordar de manera apropiada considerándolos cuidadosamente desde todos los ángulos.

Una filósofa que reconocía esto era Mary Warnock. En calidad de presidenta de dos comisiones del Gobierno británico (el Comité de Investigación sobre la Educación de Niños y Jóvenes Discapacitados en la década de 1970 y el Comité de Investigación sobre Fecundación y Embriología Humanas en la de 1980), demostró cómo los filósofos comprometidos pueden hacer contribuciones reales a la vida y las políticas públicas. «Sigo manteniendo que, incluso en la filosofía moral académica, resulta extremadamente valioso entender cuáles son los hechos sobre el terreno —decía—. Se trata de la ética situacional, si queremos ponerle un nombre».

Con el fin de captar el poder y la importancia de un enfoque situacional, consideremos la decisión de ir o no a la guerra. Esta es un área inusual de la ética, por cuanto existe un acuerdo sorprendentemente amplio respecto de los principios. La teoría de la guerra justa hunde sus raíces en el cristianismo y el islam, pero hoy es en gran medida secular. Divide las justificaciones morales de la guerra en dos categorías: *ius ad bellum* (razones justas para ir a la guerra) y *ius in bello* (justicia en el desarrollo de la guerra). Aunque existen variaciones en su formulación, la mayoría incluye un pequeño número de principios clave. Las pruebas del *ius ad bellum* son que la guerra sea una respuesta proporcionada, librada por una causa justa, con la intención correcta, con probabilidad de éxito, por una autoridad competente y solo como un último recurso. Una vez que una guerra está en marcha, las tres pruebas del *ius in bello* son que los ataques sean solo contra blancos legítimos, que toda la fuerza sea proporcionada y necesaria, y que los prisioneros de guerra reciban un trato justo.

Es difícil argumentar contra cualquiera de estos principios. Sin embargo, por supuesto, es muy fácil discutir si son satisfechos en cualquier caso particular. La insurgencia legítima para un bando es un grupo terrorista para el otro; las acciones proporcionadas de un lado son para el otro la reacción exagerada o insuficiente de contemporización; muy rara vez la guerra es literalmente el último recurso, pero cabe alegar que es el último recurso *razonable* si una espera más larga entraña el riesgo grave de un conflicto más sangriento aún o la victoria del bando injusto.

En mi libro de 2002 *Más allá de la noticia. La filosofía detrás de los titulares*, utilizaba el ejemplo de la segunda guerra del Golfo para mostrar cómo la filosofía de la teoría de la guerra justa puede ayudarnos a decidir sobre su moralidad. Advertía allí contra la atención excesiva a la retórica política e instaba a examinar los argumentos sustantivos a favor y en contra. En el párrafo final de ese capítulo, decía: «Lo que necesitamos para pasar de estas consideraciones teóricas a una decisión acerca de si apoyar o no la guerra son los hechos relativos a las amenazas, los riesgos, las intenciones y las consecuencias de las diversas opciones disponibles. [...] En ese punto, el filósofo ha de retirarse y dejar que otros dicten sus sentencias definitivas».

Veinte años después, aquello me suena como si estuviese diciendo que todo el trabajo del razonamiento moral se lleva a cabo en un nivel teórico, e incorporar las evidencias es una tarea aparte que cualquiera puede realizar. Hoy pienso que eso es falso. El razonamiento moral sobre cualquier caso concreto debe ocuparse de los hechos desde el comienzo. La forma de razonamiento moral que reza «Establece primero tus principios y luego aplícalos» es fundamental y peligrosamente errónea.

Resulta revelador el hecho de que en *Making Sense* yo no llegase a ninguna conclusión acerca de la moralidad de la segunda guerra del Golfo. Por aquel entonces, eso se me antojaba una apropiada humildad por parte del autor: mi labor no consistía en emitir un juicio moral, sino en dotar a los lectores de las herramientas para llegar a sus propias conclusiones. También estaba intentando evitar la clase de confianza excesiva que puede darte una formación filosófica. Esto es lo que Ray Monk identificaba como la causa de los pronunciamientos a menudo ingenuos de Bertrand Russell sobre asuntos políticos. «No podemos adoptar el tipo de arrogancia que Russell adoptaba y decir: "He pensado en el problema más difícil que existe, y decidir quién debería ser el próximo presidente de Estados Unidos tendría que ser pan comido". Las cosas no funcionan así».

Sin embargo, no solo estaba tratando de no ser arrogante. Simplemente no había llegado a ninguna conclusión clara. Los argumentos me parecían mucho más finamente equilibrados de lo que creía la mayoría de las personas en mi entorno social, casi todas las cuales estaban fervientemente en contra. Hoy pienso que eso se debía en parte a que muchos de los argumentos aducidos en contra de la guerra eran débiles en términos filosóficos. Esos malos argumentos captaron mi atención en exceso: estaba advirtiendo las numerosas debilidades de los argumentos contra la guerra y no sus pocas fortalezas clave. Este es uno de los riesgos de la formación filosófica. Se nos enseña a encontrar defectos y puntos débiles más que a construir buenos argumentos. El escepticismo profesional se convierte en el hábito de desconfiar de cualquiera que resulte ser el argumento dominante.

Ahora bien, creo que, en lugar de empezar pensando en la teoría de la guerra justa y luego aplicarla, debería haber comenzado por examinar los hechos con el mayor detalle posible. Por una parte, había muchas verdades incómodas que los críticos de la guerra minimizaban. Sadam Husein era un dictador asesino que había librado una guerra devastadora contra un vecino e invadido a otro. El mundo tenía motivos sobrados para pensar que contaba con armas químicas y biológicas, porque Irak tenía programas de armas tanto biológicas como nucleares en la década de 1980 y había utilizado armas químicas en la guerra de 1980-1988 con Irán y contra los kurdos y los *madan* (o árabes de las marismas) en su propio país. Además, había entorpecido de manera reiterada la labor de los inspectores de armamento de Naciones Unidas. Era una fuerza desestabilizadora en la región más volátil del mundo. La perspectiva de que su mandato continuara durante muchos más años era horrible.

Sin embargo, por otra parte, la historia ha demostrado una y otra vez que el hecho de ir a la guerra siempre da como resultado víctimas masivas y que la posibilidad de establecer un Estado democrático pacífico en el periodo de posguerra es extremadamente difícil, en especial en un país que carece de instituciones democráticas bien consolidadas y que está desgarrado por las divisiones sectarias. En resumidas cuentas, librar una guerra abocaba casi con certeza al desastre; no librarla permitiría la extensión de la terrible tragedia.

Se podían introducir esos datos en el marco de la teoría de la guerra justa y analizar si las agresiones de Sadam Husein suponían una causa justificada para la guerra, si era probable el éxito y demás consideraciones. De hecho, desgranar los argumentos de esa forma podría haber sido extremadamente útil. El análisis es una herramienta poderosa para centrar la atención. Pero, en el fondo, no se necesita una teoría ni un complejo argumento moral para llegar a la conclusión de que ir a la guerra era una peligrosa apuesta de alto riesgo que Estados Unidos y sus aliados no tenían por qué hacer.

Al pensar demasiado en la teoría se corre el riesgo de oscurecer esto, pues algo podría haberse dicho en favor de cada prueba de la teoría de la guerra justa. La causa (acabar con una tiranía asesina) era justa; la autoridad legítima invocada era una resolución de la ONU; las partes beligerantes eran Estados democráticos legítimos; las intenciones declaradas eran buenas; se protegería todo lo posible a los civiles; se respetaría la convención de Ginebra, y suma y sigue. En cuanto a la probabilidad de éxito, Estados Unidos y Reino Unido tenían confianza, y ellos estaban supuestamente armados con la mejor información.

Creo que la segunda guerra del Golfo es un buen ejemplo, a la par que terrible, de la necesidad de partir de los hechos en el razonamiento moral y de usar la teoría como ayuda para analizarlos, en vez de empezar con los principios y tratar de aplicarlos. Los enfoques que priman la teoría distraen nuestra atención de lo primordial (cómo son las cosas) y la desvían hacia lo secundario (cómo pensamos en ellas).

A veces, cuando estamos intentando encajar las piezas de un rompecabezas mental, pensamos, pensamos, pensamos y volvemos a pensar, y parece que nos estrellamos contra un muro. ¿Es posible pensar demasiado? Si por pensamiento entendemos análisis plenamente consciente y paso a paso, entonces la respuesta es ciertamente afirmativa. Para pensar bien hemos de asegurarnos de que hacemos todas las demás cosas que engrasan el motor del pensamiento. Lo más evidente es que necesitamos hacer ejercicio, intentar dormir lo suficiente y evitar pasar demasiado tiempo ebrios o resacosos.

La necesidad de algo más que la mera actividad mental queda patente en el delicioso libro de Mason Currey *Rituales cotidianos*, que describe los hábitos de 181 artistas e intelectuales. Cada uno es diferente, pero la mayoría tienen rutinas regulares y trabajan solo de tres a cinco horas diarias. Sacar tiempo para que la mente vague o se vacíe parece esencial, y por eso yo nunca me siento culpable por salir a dar un paseo o a tomar un café tras haber trabajado unas horas por la mañana, como estoy a punto de hacer ahora.

El libro de Currey es también una prueba en contra de la idea romántica de que las drogas son potenciadores cognitivos. Jackson Pollock, por ejemplo, era dipsómano, pero creó sus mejores obras en una de sus etapas más sobrias. En la mayoría de los casos, cuando las personas están colocadas dicen estupideces que solo les parecen profundas a ellas en ese momento. Los alucinógenos pueden generar profundos sentimientos de conexión y unicidad, pero esto no se traduce en declaraciones de conocimiento útiles. Los escasos ejemplos de ideas importantes inducidas por drogas no deberían interpretarse como evidencias de que la intoxicación sea, en general, una buena ayuda para el pensamiento.

La razón por la que las drogas ayudan *algunas veces* es que animan a la mente a operar en un nivel intuitivo más que racional, abriendo la posibilidad de establecer conexiones novedosas y fértiles. Dar rienda suelta a la imaginación no suplanta a la razón, sino que la alimenta. A la mente racional le queda la tarea de poner a prueba y pulir las ideas, no de proponerlas. De hecho, este es el principal papel de la imaginación.

La procedencia de estas ideas es con frecuencia un misterio. Como pregunta el novelista argentino Guillermo Martínez: «La forma en que alcanzas la verdad en matemáticas, por ejemplo, o la forma en que llegas a pensar en una nueva novela, ¿aparece de golpe sin más o llega más bien poco a poco? ¿Ves una especie de inspiración que es el final de algún razonamiento oculto?». Incluso cuando hemos estado pensando mucho en algún asunto, cuando damos con una respuesta a menudo se diría que esta aparece de repente en nuestra cabeza. Creo que rara vez tenemos la sensación de que una conclusión se ha generado literalmente mediante un proceso deductivo. Más bien, vemos si la idea es respaldada por un buen argumento *después* de haberla tenido. Eso sugiere que el buen pensamiento requiere crear las condiciones para que el procesamiento mental siga desempeñando su labor en un segundo plano, no solo tener las destrezas para analizar los argumentos cuando estos ocupan el centro de atención de nuestra mente.

Genevieve Lloyd es una filósofa que entiende que «las operaciones del intelecto y la imaginación son inseparables». La razón «implica la capacidad de reflexión crítica sobre los patrones de pensamiento heredados y la transformación de estos», y ello requiere a su vez que la imaginación conciba alternativas.

A veces tiene sentido emplear procedimientos no racionales, incluso irracionales, como herramientas para estimular nuestra imaginación y alimentar al mismo tiempo nuestro razonamiento.

Esta es la intrigante sugerencia que hizo el escritor humanista Philip Pullman cuando creó el personaje de una científica racional, Mary, que solía consultar el *I Ching*. Pullman me confesó que no creía que el *I Ching*, las cartas del tarot ni nada de esa índole revelase la verdad. En cambio, «lo que creo que hacen es brindarnos un conjunto de ideas útilmente aleatorias que pueden liberar la dimensión creativa de nuestra mente, la parte que no es racional, para encontrar cosas que, de lo contrario, no descubriríamos».

Pullman señala que Mary es «lo suficientemente brillante como para no estar delimitada por su racionalidad». Esa es una frase maravillosa. O, por expresarlo en otros términos, nuestra racionalidad no debería servirse en exclusiva de aquello que es puramente racional. La intuición, la imaginación y la especulación pueden enriquecer nuestro yo racional.

Cómo establecer las conexiones adecuadas

- Cuidado con toda clase de *ismos* y *logías*. Es preferible utilizarlos como herramientas de clasificación, no como distinciones fundamentales.
- Deja que la teoría siga a los hechos, no hagas que estos encajen en la teoría.
- Sé especialmente escéptico con las teorías éticas. No te limites a aplicarlas a los problemas del mundo real. Atiende primero a las particularidades de la situación y usa las teorías y los principios solo como herramientas que te ayuden a pensar en ella. Comprueba las teorías y sus limitaciones a través de la lente de la realidad.
- No confundas una parte importante de la verdad con la totalidad de esta.
- Intenta desdicotomizar las polaridades rígidas, no endurecerlas.

- Une los puntos que están realmente vinculados. No fuerces falsas conexiones.
- No te limites a analizar las cosas en función de sus partes. Busca explicaciones holísticas de cómo funciona el todo.
- Evita el cientificismo. Este es autodestructivo, ya que la afirmación de que las únicas verdades genuinas son científicas no es un enunciado científico.
- Emplea tu imaginación para generar ideas y corazonadas para que las analice la mente racional.
- Concede tiempo a la mente para que repose, vague y siga desarrollando su labor de forma inconsciente y misteriosa.

CAPÍTULO 12

No te rindas

> Desbarrando se puede llegar hasta la verdad. Porque desbarro, soy un ser humano. A ninguna verdad se ha llegado nunca sin haber errado hasta catorce veces, o quizá ciento catorce.
>
> FIÓDOR DOSTOIEVSKI, *Crimen y castigo*

Las virtudes de la persistencia y la resiliencia son ampliamente elogiadas. Las historias de personas que se sobreponen al fracaso y acaban triunfando son las leyendas favoritas de nuestro tiempo. La filosofía también tiene las suyas. Un artículo de David Chalmers y Andy Clark fue rechazado por tres revistas importantes antes de su aceptación final por *Analysis*. Ese artículo, «The Extended Mind» [La mente extendida], llegaría a ser con posterioridad uno de los más discutidos en la filosofía de la mente.

No obstante, la persistencia en el pensamiento no es una virtud porque conduzca de manera inevitable al triunfo final. Antes bien, la negativa a rendirse es una apuesta por seguir viviendo una vida intelectualmente comprometida, incluso en ausencia de respuestas definitivas. Para el *Homo sapiens*, pensar es parte de lo que significa vivir una vida plenamente humana y no solo un medio para un fin.

Escuché algo similar a esto, expresado con elocuencia, unos veinte años atrás, cuando Jonathan Rée dio una charla sobre Kierkegaard, de quien dijo: «La clave no reside en ser un filósofo, sino en *llegar a* serlo». Como de costumbre, recuerdo pocos detalles de la charla, pero esta idea nuclear me impresionó. Rée había descubierto algo fundamental acerca del pensamiento filosófico. Es una actividad, un proceso, un viaje con indicaciones, pero sin ningún destino. Pensar que has llegado a su final, que ya lo has resuelto todo, supone en efecto rendirse, pretender haber logrado lo imposible.

Si alguna vez somos capaces de estar en vías de llegar a ser filósofos, entonces, como dice A. C. Grayling: «Afirmar que lo somos supone un acto de temeridad. Se trata de un galardón que otros podrían concedernos si lo merecemos». En ese sentido: «Existe una infinidad de filósofos genuinos, personas que viven de manera filosófica y reflexiva, que jamás han estudiado filosofía, jamás la han enseñado, jamás se han acercado a una universidad». Inversamente, puede haber profesores de filosofía profesionales que no sean filósofos en absoluto.

Por consiguiente, pensar como un filósofo implica estar convirtiéndose continuamente en filósofo. Exige no rendirse nunca, no cesar nunca de hacer preguntas, no conformarse nunca. A algunos esto se les podría antojar un motivo para la desesperación. No obstante, todos sabemos lo que significa descansar en paz. Estar inquieto es estar vivo.

Como hemos visto, este pensamiento filosófico incesante consiste en gran medida en resolver aporías, creencias que tienen sentido de forma individual, pero que colectivamente se contradicen entre sí. Una de las razones por las que este proceso nunca termina es que estas aporías no están ahí fuera sin más a la espera de ser resueltas. En el proceso de pensar con seriedad, somos nosotros quienes las creamos en realidad. Como señala Simon Critchley: «La filosofía debería consistir en el cultivo de ciertas formas de paradojas frente a lo que pasa como sentido común». No es de extrañar que el pensamiento parezca generar con frecuencia dos preguntas nuevas por cada una que responde.

No solo no cesan de cobrar vida nuevas aporías, sino que muchos filósofos han argüido que, una vez generadas, no todas las aporías pueden ser resueltas. Kant formuló cuatro «antinomias»: contradicciones que surgen de forma inexorable cuando intentamos comprender la realidad última. Nos hallamos compelidos a creer que el universo tuvo un principio *y* que es eterno; que todo objeto tiene una parte más pequeña *y* que no existen semejantes partes fundamentales; que todo tiene una causa *y* que ciertas cosas han de ser no causadas; que existe al menos un ser necesario *y* que no hay ningún ser necesario. Thomas Nagel sostenía que no podemos reconciliar el libre albedrío con una visión objetiva del universo y que tenemos que aplicar una especie de «doble visión», viéndonos a veces a nosotros mismos desde dentro como agentes libres y a veces desde fuera como engranajes en la máquina cósmica. Colin McGinn mantiene que el problema de la conciencia no se puede solucionar nunca, porque toda especie posee límites en su capacidad de comprensión. Los gatos no pueden entender las criptomonedas y los humanos no podemos entender cómo es posible la conciencia.

Daniel Dennett cree que, al menos para ciertos asuntos, muchos de sus colegas filosóficos se precipitan al declarar irresoluble un problema: «Mi primera sospecha cuando alguien dice que estos problemas son inextricables es que está encantado de que lo sean y desea que lo sigan siendo. [...] A veces esto es transparente, como sucede con el problema de la conciencia. Hay personas como McGinn y Fodor que dicen: "Esto es insoluble, vete a jugar al tenis"».

Saber cuándo nos metemos en un callejón sin salida intelectual es una destreza importante. A veces hemos de admitir de veras la derrota. Sin embargo, con más frecuencia, la mejor respuesta a un aparente punto muerto no es tirar la toalla, sino dejar de probar una y otra vez el mismo enfoque fallido. Si pareces haberte estrellado contra un muro, existen dos posibilidades. Una es que no sea tan sólido, alto o largo como piensas y no hayas encontrado la manera de esquivarlo, atravesarlo o rodearlo. La otra es que necesites volver sobre tus pasos y probar otro callejón. Un *impasse* es a menudo una señal de que estás pensando en un problema de la forma equivocada, no de que no debas pensar en él en absoluto.

Ahora bien, con frecuencia ni siquiera llegamos a una respuesta que nos resulte plenamente satisfactoria. A veces hay respuestas más o menos buenas, pero no alcanzan a explicarlo todo ni a atar todos los cabos sueltos. El razonamiento moral suele ser así. Hay muy pocas cosas claras. Muchos se sienten frustrados por esta circunstancia, pero, según T. M. Scanlon: «Para practicar cualquier clase de filosofía necesitamos una alta tolerancia a la frustración y la incompletitud: las cosas no llegan a ser preguntas filosóficas si se pueden contestar con mucha facilidad». Como señaló en cierta ocasión Derrida: «Si las cosas fuesen sencillas, se habría corrido la voz».

En ocasiones, por muy agudas que sean nuestras facultades de pensamiento crítico, no somos capaces de responder las preguntas que nos acosan. Esto les sucede incluso a los más grandes filósofos, tal vez sobre todo a ellos. David Hume escribió que su «examen *intenso*» de las «contradicciones e imperfecciones múltiples de la razón humana me ha excitado y ha calentado mi cabeza de tal modo que estoy dispuesto a rechazar toda creencia y razonamiento, y no puedo considerar ninguna opinión ni siquiera como más probable o verosímil que otra». Se hallaba confundido con «todas esas preguntas» y comenzaba a verse «en la condición más deplorable que imaginarse pueda, privado absolutamente del uso de mis miembros y facultades».[1] Aunque pensaba que «la razón [es] incapaz de disipar estas nubes», por fortuna, «la naturaleza misma se basta para este propósito y me cura de esa melancolía y de este delirio filosófico». Seguir adelante con la vida alivia la ansiedad. «Yo como, juego una partida de *backgammon*, charlo y soy feliz con mis amigos; y cuando retorno a estas especulaciones después de tres o cuatro horas de esparcimiento, me parecen tan frías, forzadas y ridículas que no me siento con ganas de profundizar más en ellas». La vida no puede esperar las respuestas, ni necesita hacerlo.

No obstante, algunos no están dispuestos a permanecer en la incertidumbre. En una cultura en la que la tecnología promete medirlo todo, hallamos por doquier falsa certeza y precisión. No existe prueba alguna que sugiera que diez mil pasos al día son la clave de la buena condición física, pero a muchos de nosotros nos han hecho pensar que lo es y, en consecuencia, contamos cada paso que damos. Los flavanoles del cacao pueden, en efecto, «ayudar a mantener la vasodilatación dependiente del endotelio, que contribuye al flujo sanguíneo normal», pero ¿podemos creer de veras a la Autoridad Europea de Seguridad Alimentaria cuando afirma que deberíamos comer 200 mg de flavanoles de cacao al día?[2] ¿Y por qué las aplicaciones meteorológicas continúan ofreciendo pronósticos por horas con varios días de anticipación, cuando todos sabemos que estos habrán cambiado numerosas veces cuando llegue la fecha en cuestión? En cada uno de estos casos existe una falsa precisión que sugiere una certeza espuria. Sería más honesto reflejar las verdaderas incertidumbres con consejos menos precisos: mantente activo, come cantidades modestas de chocolate negro si lo deseas y sé consciente de que bien podría llover algo a lo largo del jueves.

Una de las razones por las que la honestidad sale perdiendo es que, como han demostrado los psicólogos, nos gusta la certeza. Tendemos a ser más crédulos y a confiar en aquellos que transmiten certeza y a desconfiar de quienes parecen dudar. Psicólogos como Elizabeth Loftus nos dicen que lo entendemos justo al revés. En los procesos judiciales, por ejemplo, tendemos a creer más a aquellos testigos que expresan certeza sobre lo que han visto, pero la confianza es un indicador de exactitud poco fiable. En realidad, es difícil superar este sesgo. Aunque yo sé lo que dice la psicología al respecto y detesto la arrogancia y el exceso de confianza, me sigue costando creer que alguien esté equivocado cuando expresa sus opiniones con absoluta convicción. Habida cuenta de que parece duro tachar a alguien de deshonesto o de gravemente equivocado, me resulta más cómodo pensar que quizá esté en lo cierto.

Nuestra atracción por la certeza se refleja en nuestra aversión a la incertidumbre. A menudo mantenemos algo que en realidad no queremos porque lo preferimos a los riesgos del cambio. Esta preferencia por lo «malo conocido» puede suponer una sensata prudencia, pero también puede reflejar un sesgo injustificado contra la incertidumbre. Por ejemplo, ¿deberías dejar tu empleo o aguantar? Las consecuencias de dejarlo suelen ser inciertas, en tanto que tienes una idea clara de lo que sucederá si no lo haces. Si tu empleo es aceptable, ese puede ser un motivo suficiente para quedarte. Ahora bien, si odias de veras tu trabajo, a menos que las incertidumbres de dejarlo sean potencialmente desastrosas, ¿por qué no marcharte? Con frecuencia, la respuesta es simplemente que la incertidumbre misma resulta aterradora. Quizá la filosofía pueda contribuir a domesticar esta «incertifobia», el temor excesivo a la incertidumbre. Incluso cuando la filosofía ofrece respuestas, estas no son definitivas. Es una gran maestra del arte de vivir con incertidumbre, sin respuestas finales, sin una clausura.

El grado de atracción que la certeza y la precisión ejercen sobre nosotros como individuos probablemente tenga mucho que ver con el temperamento. No obstante, podemos cambiar. Hilary Putnam, por ejemplo, sentía la atracción de la certeza, pero poseía la sabiduría suficiente para resistirse a sus encantos. Aunque le desagradaban «los límites wittgensteinianos puestos a la filosofía», decía que muchas de las «críticas [de Wittgenstein] de las trampas en las que caemos me parecen profundamente atinadas». Algunas de ellas proceden de «una creencia errónea de que la sistematicidad ha de ser posible», lo que él denomina una «obligación del filósofo». Su resistencia a estos imperativos de ordenar con claridad nuestras ideas coincidía con su creciente apreciación de la sensibilidad al contexto. La auténtica claridad requiere atender a los detalles concretos de cada problema o fenómeno. En cambio, la búsqueda de certeza tiende hacia una macroexplicación de talla única, una gran teoría sobre todo.

Stuart Hampshire se hacía eco de esto cuando hablaba de la lógica como una forma de «razonamiento convergente» en el que «cualquiera que sea competente en el tema aceptará las conclusiones de los teoremas a las que llegue. Asunto concluido». Por ejemplo, «Bertrand Russell decía en su autobiografía que, cuando leyó a Euclides, emergió de repente en un mundo que se le antojaba perfecto porque los resultados se demuestran, no hay discusión». Pero «la esencia de los problemas prácticos estriba en que nunca es "asunto concluido" en ese sentido. El razonamiento que realmente funciona es aquel que puede equivocarse, en el que asumes un riesgo. Haces todo lo posible por hacerlo bien, pero tal vez no lo logres, o quizá no esté claro lo que supone en realidad hacerlo bien».

Nos encontramos una y otra vez con que el anhelo de certezas, de validez universal, de principios que cubran todas las eventualidades, resulta ser quijotesco. Consideremos la filosofía de la ciencia. Casi todos los científicos coinciden en que ninguna descripción del «método científico» capta todo cuanto los científicos hacen en realidad. «Soy escéptico de que pueda existir alguna vez una teoría general y completa [del método científico] simplemente porque la ciencia sea cuestión de racionalidad —advierte el físico Alan Sokal—. La racionalidad es siempre adaptación a circunstancias imprevistas; ¿cómo podemos codificar tal cosa?». Los filósofos que creen poder prescribir plenamente el método científico no aciertan a reconocer que «el mundo es extremadamente complicado». Proyectan sus formas de pensar sobre los científicos, de suerte que hay «demasiada lógica formal y demasiado poco razonamiento que se aproximen a lo que los científicos hacen en efecto en la práctica».

A algunos se les antoja decepcionante que una vida racional deje tanta incertidumbre y tantos cabos sueltos. El sueño de la iluminación resulta ser la realidad de algo menos de oscuridad. Pero la desilusión es con frecuencia el resultado de empezar esperando demasiado. A. C. Grayling señala que existe a menudo la falsa suposición de que «si la razón fuese tan maravillosa, las cosas deberían ser perfectas». No es de extrañar que cuando las cosas evidentemente no son perfectas, la conclusión extraída sea que la razón no es tan maravillosa. «Creo que eso es un error», apunta. Pone el ejemplo de los sistemas rivales de televisión por satélite en el Reino Unido, Sky y BSB. Prevaleció la peor tecnología de Sky, pero eso no significa que alguien estuviese actuando de manera irracional. Había más factores implicados que la eficacia de la tecnología, como la asequibilidad, la elección de programa y cuál era la mejor inversión. Todos ellos estaban impulsados por consideraciones racionales. «Con mucha frecuencia, la razón podría traducirse en la tercera o la décima mejor opción de algo —advierte Grayling—, pero seguirá siendo el fruto de la razón y es probable que sea considerablemente mejor que dejarlo en manos de quien resulte ser el más fuerte, o del caos o del azar». La razón no garantiza decisiones ni resultados óptimos, sobre todo porque depende del uso que los falibles humanos hagan de ella. Con todo, sigue siendo la mejor herramienta con la que contamos para entender el mundo.

Paradójicamente, a veces cuanto más comprendemos, menos cosas parecen tener sentido. Recuerdo cuando varios años atrás di mi primera charla sobre mi libro acerca del libre albedrío. El primer interrogador se puso en pie y dijo: «He venido aquí esta tarde porque quería entender mejor el libre albedrío. Después de escuchar su charla, lo entiendo menos aún». Puede que mi charla no fuese buena. No obstante, aunque yo lo hubiese hecho mejor, él podría haber formulado la misma queja y mi respuesta habría seguido siendo una buena defensa. Le dije que, antes de sentarnos a pensar a fondo en las cosas, a menudo tenemos tan solo ideas vagas y confusas. Solo parecen tener sentido porque no las hemos interrogado ni hemos expuesto sus problemas y contradicciones. En semejante estado vago y prerreflexivo, parece obvio lo que es el libre albedrío y que lo poseemos. Parece obvio que el conocimiento es diferente de la creencia y que todos conocemos la diferencia. Ahora bien, cuando empezamos a pensar en estos asuntos, el examen más detenido revela que son mucho más complicados de lo que pensábamos. Por consiguiente, *una mayor claridad conlleva una mayor complejidad* e, inicialmente al menos, una mayor confusión.

En términos ideales, llegamos más lejos y la claridad nos permite dar sentido a lo que parece paradójico o contradictorio. No obstante, resultaría imprudente esperar que esto suceda siempre, y, si no ocurre, seguimos beneficiándonos de nuestro progreso hacia la claridad. Tal era, a mi juicio, la gran virtud de uno de los mejores filósofos británicos del siglo xx, Bernard Williams. Después de leerle, siento con frecuencia que entiendo mejor las cosas. Sin embargo, si alguien me preguntase cuál era la posición de Williams, yo no tendría una respuesta.

Cuando conocí a Williams, le pregunté si le agradaba esa descripción de su trabajo. «Sí —contestó—. En general, supongo que es porque pienso que la filosofía parte de la constatación de que no entendemos nuestras propias actividades y pensamientos». En lo que él se centraba era en «sugerir y abrir caminos que nos permitan comprenderlos mejor».

A algunos les parecía que este enfoque era demasiado negativo. Su viejo tutor, Dick Hare, solía decirle: «Echas todo esto por tierra, ¿qué pones en su lugar?». La respuesta de Williams era: «En ese lugar no pongo nada. No es un lugar en el que deba haber algo».

Yo estoy con Williams. Hay quienes se quejan de que recurren a la filosofía en busca de respuestas, pero acaban solo con más preguntas. Esto es un tanto injusto. Hacer progresos en nuestro pensamiento no significa necesariamente llegar a una respuesta correcta. Puede ser suficiente con rechazar una falsa o proponer una pregunta mejor. Donald Davidson dijo una vez a propósito de su amigo y colega Willard Van Orman Quine que «me alentaba a pensar que, aunque quizá era posible no llegar a la conclusión correcta en filosofía, sin duda era posible llegar a la equivocada. Descubrir los errores en filosofía es prácticamente lo único a lo que podemos aspirar en realidad».

«La clarificación es un proceso, no un estado —indica Ray Monk—. En una sesión de tutoría realmente buena, en un seminario realmente bueno, los estudiantes llegan con algo que les inquieta y salen de la sala con las ideas ligeramente más claras que al entrar. Sin embargo, no han alcanzado ningún estado final».

Jesse Norman conecta esto con la idea de Keats de la capacidad negativa, que describe como «la habilidad de no apresurarse a juzgar, mantener un tema delante de ti hasta que sus líneas se vuelvan claras y hasta que llegue a ser manejable en términos intelectuales o prácticos». Keats describía la capacidad negativa como la habilidad para permanecer «en las incertidumbres, los misterios, las dudas, sin el recurso irritable a los hechos y a la razón». Keats se equivocaría si estuviera sugiriendo que no deberíamos recurrir en absoluto a los hechos ni a la razón. El problema estriba en el «recurso *irritable*» por el que nuestro malestar nos conduce a andar a tientas con demasiada desesperación y con excesiva rapidez. Como advierte Norman: «En este momento existe un enorme repertorio de incentivos, que abarcan desde los económicos hasta los psicológicos, para cortar demasiado pronto. [...] Es muy excepcional la persona que posee la autodisciplina intelectual y la autoridad práctica para ser capaz de mantener esa distancia».

Los filósofos —y sospecho que todos nosotros— tienden hacia uno de dos objetivos diferentes: la claridad y la certeza. Ray Monk pone los ejemplos opuestos de Wittgenstein y Russell:

> La esperanza que estaba siendo frustrada en el caso de Wittgenstein era la esperanza de alcanzar una claridad completa y cristalina, y la esperanza que estaba siendo frustrada en el caso de Russell era la esperanza de lograr una certeza completa. Creo que hay algo revelador en ese contraste respecto de por qué hacemos filosofía. ¿Queremos unos fundamentos absolutamente ciertos para todo aquello que creemos, como hacía Russell?; ¿o nos sentimos un tanto desconcertados, un poco confundidos, y deseamos disipar esta confusión?

Creo que, después de más de dos milenios de ver qué enfoque resulta más fructífero, está claro, si no cierto, que ha vencido la claridad. Ninguno de ambos objetivos es absolutamente alcanzable. La claridad completa es tan imposible como la certeza completa. Ahora bien, si buscamos una mayor claridad, siempre podremos conseguir un poco más. Si queremos certeza, sin embargo, siempre nos quedaremos cortos. Aunque en términos coloquiales hablemos de alcanzar «mayor certeza», la certeza no admite grados: o se tiene o no se tiene. La única certeza que poseemos es que no es posible ningún tipo de certeza interesante.

La llamada a renunciar a la certeza y aspirar a una mayor claridad puede parecer una ambición deprimentemente modesta que conduce a resultados decepcionantes. Como indica Janet Radcliffe Richards: «Ese es el problema de la filosofía. Una vez que tenemos algo claro, nos parece obvio». Ahora bien, si eso es cierto, sin claridad, lo obvio se esconde a plena vista. Si vamos en busca de la certeza, corremos el riesgo de pasar por alto lo que tenemos delante de las narices mientras andamos a la zaga de una ficción fantástica.

Un ámbito en el que la búsqueda de absolutos y certezas resulta fatal es la política. El político y filósofo Jesse Norman rechaza «lo que Pascal llamaría *l'esprit géométrique*, la idea geométrica de que, de algún modo, las ideas políticas son el funcionamiento *a priori* a partir de un cierto ideal racional a través de la acción humana». Rastrea esto hasta la *República* de Platón, en la que la clase gobernante se «distingue por su conocimiento de los universales abstractos». Esto contrasta con el planteamiento/enfoque aristotélico de la política, que se basa en la experiencia y ve la política más como una empresa pragmática de resolución de problemas. «Si nos fijamos en la cuestión de cómo gobernar —dice Norman—, el enfoque aristotélico resulta ser mucho mejor».

Dado que la política es el arte del compromiso, un medio de gestionar intereses y valores en conflicto, es imposible que se rija por otra cosa que no sea un conjunto un tanto desordenado de acuerdos y acomodos. La política sin desacuerdos requiere dictadura. Cada vez que un gobierno ha intentado gobernar aplicando un ideal absoluto de su concepción de la justicia, el resultado ha sido la tiranía y el desastre.

Como afirma el destacado crítico comunitarista del liberalismo Michael Sandel:

> La idea en el fondo de nuestra mente de que pudiera existir una esfera pública sin fricciones destruye la deliberación democrática porque cuando forzamos a la clandestinidad o barremos bajo la alfombra algunas de las más profundas y sustantivas concepciones morales que tiene la gente y declaramos que hemos sido neutrales, con el paso del tiempo surgen el resentimiento, el cinismo y la sensación de que hemos tratado a las personas de mala fe, de que no nos hemos tomado en serio sus ideas.

El afán por lograr el consenso que puede resultar productivo en las ciencias no tiene cabida en la política. Continúa diciendo Sandel:

> No estoy seguro de que el consenso haya de ser el objetivo primordial. Vivimos en sociedades pluralistas plagadas de discrepancias sobre las concepciones de la vida buena, sobre la moralidad y la religión, y también sobre la justicia y los derechos. [...] Creo que a lo

que deberíamos aspirar es a acercarnos todo lo posible a una sociedad justa. Pero siempre existirán desacuerdos en la práctica sobre lo que la justicia requiere, sobre los derechos que han de ser respetados, sobre en qué consiste el bien común.

Si en algo deberían estar de acuerdo todas las personas razonables es en que las personas razonables continuarán discrepando. Como señala el filósofo ecologista Dale Jamieson: «Los individuos pueden creer muchas cosas diferentes sin ser irracionales. Pueden sentir de muchos modos diferentes sin ser completamente insensibles». Ahora bien, eso no significa que no sirva de nada el diálogo razonado ni el intento de compartir experiencias: «Cabe pensar cosas mejores y peores, y hay formas más o menos sensibles de sentir. La vida en comunidad consiste en parte en forjar valores compartidos». La sociedad que habla, escucha y piensa junta vive junta y en armonía, si no con plena felicidad.

La conciencia de que no se puede resolver nada a la perfección es una de las razones por las que muchos de los mejores escritores y creadores son reticentes a declarar concluida una obra. La terminación es determinada con frecuencia por un plazo arbitrario que los obliga a entregar la obra. Este perfeccionismo conduce a algunos a producir comparativamente poco, pero de la máxima calidad. Janet Radcliffe Richards, por ejemplo, solo ha escrito dos libros, con veintiún años de separación, y ambos son brillantes. Derek Parfit se dio a conocer con un artículo seminal en 1971 y tardó otros trece años en escribir un libro, y otros veintisiete en publicar la continuación en dos volúmenes.

Philippa Foot era ya octogenaria cuando publicó su primera y única monografía, *Bondad natural*, una obra maestra tan rica como poco extensa. Sin embargo, con su característica honestidad, seguía siendo consciente de que todavía le quedaban muchos asuntos pendientes de examen. Por ejemplo, confesaba: «No sé qué decir sobre la felicidad y el florecimiento. Es posible que en realidad tengamos dos conceptos de felicidad: el sentido en el que los malvados pueden florecer y hay otro sentido en el que no pueden hacerlo». Advertía que «es importante que quienquiera que lea ese libro se percate de que hay una laguna en él» y de que «eso es algo en lo que deseo trabajar». Foot no estaba siendo modesta, sino tan solo perspicaz. Los académicos de toda índole tienden a ser conscientes de aquello que todavía no comprenden, de lo que aún falta por hacer.

El perfeccionismo trae consigo sus propios problemas, y declarar concluida una obra tiene sus ventajas, aun cuando sepamos que hay margen de mejora. Pero nadie hace un buen trabajo si cree que teclear el punto final significa que su obra es todo lo buena que podría ser. David Hume, por ejemplo, escribió bastante, pero en los últimos años de su vida se dedicó principalmente a revisar sus viejas obras para nuevas ediciones. Para él no existían las versiones definitivas. Los científicos advierten con frecuencia que «es necesario realizar más investigaciones», como si de una obligación sagrada se tratase. El equivalente filosófico de esto es el anuncio casi ritual de que ciertas cuestiones son o deberían ser «el tema de otro ensayo». Todo pensador debería recordar que siempre es necesario más pensamiento. «La última palabra» solo puede ser la última palabra hasta la fecha, no la definitiva.

Otra forma de no concluir prematuramente la investigación es permanecer abiertos a ideas que no tienen sentido para nosotros. Para Simon Glendinning, el desconcierto parece ser una importante motivación: «Me he descubierto atraído por el intento de comprender cosas que no comprendo y que otros se han negado a leer alegando que no eran capaces de entenderlas». De ahí sus lecturas minuciosamente detalladas de pensadores de la talla de Heidegger, Wittgenstein y Derrida, hacia quienes muestra una «apertura a su dificultad y oscuridad que otros rehúsan brindar».

Este es otro ejemplo del principio de caridad, que hemos presentado antes. Glendinning afirma que su actitud refleja «una especie de pozo de buena disposición que tengo hacia la escritura difícil, que me induce a pensar que esas personas son mucho más inteligentes que yo». Esto entraña el riesgo de que si eres *demasiado* caritativo, dediques un tiempo excesivo a ideas que no lo merecen. Glendinning acepta que «hay casos en los que ese pozo de buena voluntad no es tan meritorio como pudiera parecer en un principio». Con todo, es preferible pecar de exceso de caridad que de rechazo. Tanto si aquellos a quienes no comprendes son más inteligentes que tú como si no, es casi seguro que son inteligentes. La idea de que no haya ningún mérito en su obra resulta inverosímil.

El tiempo es limitado, por lo que no estoy convencido de que debamos priorizar de forma activa la obra de personas que nos parecen difíciles o chaladas. Pero al menos deberíamos echarle un vistazo de vez en cuando y mantener la puerta abierta. Por ejemplo, Heidegger me resulta un tanto pretencioso e innecesariamente oscuro. No obstante, gracias a comentarios secundarios, algunas de sus ideas, como las concernientes a nuestra relación con la tecnología, han llegado a merecer mi atención, y estoy seguro de que no serán las únicas. Derrida también ha estado por lo general fuera de mi órbita y a menudo ha sido objeto de burla por parte de personas que están dentro de ella. Sin embargo, desde que leí los escritos de Glendinning sobre Derrida, he visto mucho sentido a su visión iterativa del lenguaje, y la brillante biografía de Peter Salmon vino a confirmar que no es un charlatán.

Desalienta la frecuencia con la que se escucha a la gente desestimar a pensadores como Derrida y Heidegger sobre la base de falsos rumores y caricaturas. No oiremos tales cosas de Anthony Gottlieb, porque la lección más importante que aprendió en sus años de periodista fue «no confiar en nada ni en nadie. Comprobar, comprobar y volver a comprobar». Esto le fue de gran ayuda cuando estaba escribiendo su historia de la filosofía occidental: «Es bastante notable cuánto de lo que se publica, especialmente en el periodismo, si bien he descubierto que también en los libros, es falso solo porque la gente copia lo que ha visto en otro lugar». Deberíamos verificar nuestro propio pensamiento al menos con la misma exhaustividad.

A efectos prácticos, a menudo tenemos que declarar terminado un proyecto o una línea de investigación y seguir adelante. Se avecina el plazo de entrega de este libro y, aunque confío haber reducido la brecha entre lo bueno que es y lo bueno que podría ser, una vida entera no bastaría para cerrarla por completo. Mantener abiertas las cosas no suele ser una opción práctica, pero sigue siendo un valioso estado mental. Incluso cuando tengamos que cerrar una puerta intelectual, deberíamos recordar dónde está, por si alguna vez necesitamos abrirla de nuevo.

La vida de la mente con un cuestionamiento incesante podría antojarse un trabajo demasiado arduo. En cierto sentido, esto no es desde luego nada fácil. El escritor profundamente filosófico Michael Frayn declaró en cierta ocasión: «Me he pasado la vida sumido en severas dificultades intelectuales y no veo esperanza alguna de escapar de ellas». Su elección de la palabra *esperanza* resulta interesante, toda vez que unas de sus líneas más citadas proceden de su guion para *Siempre puntual*: «No es la desesperación, Laura. Puedo soportar la desesperación. Es la esperanza». En la película, la esperanza es un tormento, ya que mantiene al protagonista pendiente de una salvación que nunca llega.

La esperanza es con frecuencia esencial. Pero es una maldición si esa esperanza jamás puede ser satisfecha. Si vivimos con la esperanza de que un día seremos capaces de resolverlo todo, de que toda la vida tendrá sentido y todo misterio se disolverá, nos estamos predisponiendo para la frustración y la decepción. Hemos de aprender a vivir con cabos sueltos, incluso quizá a disfrutar de ellos, como hace Frayn. Este me contó una conversación que tuvo con Jonathan Bennett sobre lo que los hacía más felices en la vida, y Bennett dijo que era «estar sumido en graves dificultades intelectuales». Yo he escuchado muchos consejos acerca de lo que nos hace felices en la vida, pero jamás había oído tal cosa.

Tal vez Bennett fuese un poco raro. Tiendo a coincidir con Ray Monk cuando decía: «La filosofía no nos hace felices, ni debería. ¿Por qué habría de ser consoladora la filosofía?». Ahora bien, *feliz* es una palabra escurridiza. Si la interpretamos como un sentimiento de pura y radiante alegría, es efímero y es más probable que lo encontremos al sentarnos delante de un plato de comida deliciosa que con un ejemplar de la *Crítica de la razón pura* de Kant abierto ante nosotros.

A veces concebimos la «felicidad» como «satisfacción», pero incluso eso ha de entenderse con cuidado. Si queremos decir satisfechos en el sentido de sentirnos realizados, completos, entonces eso también resulta esquivo y no se hallará pensando mucho. En cambio, si por satisfacción nos referimos al sentimiento de que algo es suficiente, es satisfactorio, entonces creo que se puede encontrar la satisfacción mediante una vida en la que pensemos en profundidad en las cosas, sin resolución.

No todo el mundo necesita vivir de esta manera. La vida sin examen puede ser digna de ser vivida. Creo que lo que hace que una vida merezca la pena es el *compromiso*. Este puede ser silencioso, como lo es para algunos que trabajan la tierra o viven en contacto permanente con el mundo natural. Para otros es social, pues están comprometidos con otras personas. Para otros es creativo: hacer cosas, cultivar las artes o la artesanía. Pensar mucho es solo otra manera de comprometerse más a fondo con el mundo. Expande nuestros horizontes mentales, abre vías de comprensión que jamás podríamos haber imaginado. Entender mejor el confuso zumbido de los acontecimientos puede ser una manera de hacer que nos sintamos más a gusto en nuestro desconcertante planeta.

Cabría pensar que esto suena demasiado optimista. ¿Acaso una mirada fría y dura al mundo no revela un mundo frío y duro? Yo no lo creo. Cuando comprendemos algo con más profundidad, se nos revela más realidad y aumenta su maravilla. Los científicos que trascienden las apariencias para observar las fuerzas fundamentales que yacen tras ellas quedan con frecuencia asombrados, no consternados. «Cada vez que la ciencia nos ha desplazado del centro de las cosas, nos ha devuelto a cambio mucho más», sostiene el neurocientífico Anil Seth.[3] De manera análoga, el físico Carlo Rovelli escribió: «Cada vez que algo sólido se pone en duda o se desmantela, se abre otra cosa que nos permite ver más allá que antes».[4]

Es cierto que no todo lo que descubrimos es positivo. A diferencia de la ciencia, la filosofía se ocupa de lo normativo: cómo deberían ser las cosas, no solo cómo son. Esto abre una brecha entre lo ideal y lo real que puede ser una fuente de decepción. No obstante, de nosotros depende cómo reaccionar ante ello. En el existencialismo francés, los absurdos de la vida eran causa de angustia, abandono y desesperación. En el existencialismo británico, provocaban risa. Con «existencialismo británico» me refiero a la obra de Monty Python. En las películas *Los caballeros de la mesa cuadrada* y *La vida de Brian*, los cómicos ridiculizaban la idea de que la vida humana estuviese guiada por algún propósito más elevado y trascendental. Antes bien, nos limitamos a ir saliendo del paso, y a menudo soportamos la crueldad y las burlas. No obstante, las películas eran comedias. Solo podemos reír porque no todo es lúgubre. «La risa es, en muchos casos, un reconocimiento de nuestra incapacidad de alcanzar un ideal —señalaba Roger Scruton—. Si no tuviéramos ideales, todo el humor sería negro».

Estar preparados para que las preguntas queden sin respuestas, para una mayor claridad sin certeza absoluta y para corregir errores, más que para lograr respuestas correctas, no debería implicar una rendición. Jean-Paul Sartre decía que «no necesitamos esperanza para obrar». En otras palabras, puesto que nunca se nos dan garantías en la vida, hemos de actuar sin ellas. No necesitamos creer en la inevitabilidad del éxito final para intentarlo; nos basta con *no* creer en la inevitabilidad del fracaso.

Ahora bien, tal vez el argumento más sólido para persistir en el proceso —a menudo frustrante, confuso y arduo— de pensar lo mejor que podamos sea que en realidad *debemos* hacerlo. En un sentido incontrovertible, el razonamiento implica «deberes». Cada vez que nos encontramos con un argumento sólido, hay un sentido en el que *deberíamos* aceptar su conclusión. Con frecuencia se supone que este «deber» del razonamiento difiere del «deber» de la ética. Yo no estoy de acuerdo con ello. Debemos pensar bien porque, cuando lo hacemos, vemos con más claridad lo que deberíamos pensar. Y si no pensamos bien ni vemos bien lo que deberíamos pensar, a menudo terminamos por creer lo que no deberíamos. Razonar lo mejor que podamos no es tan solo un medio práctico para un fin. Es un imperativo ético.

Cómo seguir adelante

- Considera el pensamiento como parte de un proceso interminable de crecimiento, no como un medio de alcanzar la sabiduría final.
- Acepta que siempre te acompañarán problemas intelectuales no resueltos y que siempre surgirán otros para ocupar el lugar de cualquiera que logres resolver.
- Cuando llegues a un callejón sin salida, podría deberse a que hayas estado siguiendo el camino equivocado. Intenta volver sobre tus pasos y abordar el asunto desde un ángulo diferente.
- La vida no puede ni debe esperar a que se resuelvan todas las incertidumbres esenciales. Manos a la obra.
- Resiste las tentaciones de la certeza, la falsa precisión y el exceso de confianza.
- Aprende a superar la incertifobia. La incertidumbre es demasiado omnipresente como para dar miedo. Cultiva la capacidad de sentirte cómodo con las incertidumbres, los misterios y las dudas.
- Acepta los límites de la esquematización y el formalismo. No todo se puede reducir a una regla o a un método.

- Si no exageras el poder de la razón, esta no te decepcionará. Es el peor método para llegar a la verdad, exceptuando todos esos otros que se han probado.
- Busca una mayor claridad, siendo consciente de que, a corto plazo, esta podría revelar más complejidad y, por consiguiente, traer más confusión todavía.
- No intentes forzar el consenso cuando se trate de los deseos, las preferencias y los valores de las personas. Equilibra las diferencias, no intentes borrarlas.
- No tienes que ser un perfeccionista para mantener la conciencia de que siempre es posible mejorar y de que nada está definitivamente completo nunca.
- Permanece abierto a lo que no comprendes.
- No olvides las satisfacciones de una vida reflexiva. Pensar en el mundo es una de las formas más profundas de comprometerse con él.

CONCLUSIÓN

> Sobre todo, evite la mentira, toda mentira, en particular la mentira consigo misma. Observe su mentira y no deje de mirarla cada hora, cada minuto.
>
> FIÓDOR DOSTOIEVSKI, *Los hermanos Karamazov*

En el trasfondo de este libro se esconde la increíblemente útil doctrina aristotélica del término medio, una versión de la cual se encuentra asimismo en Confucio. Esta dice que, para casi todas las virtudes, no existe un vicio opuesto, sino un exceso y un defecto. La generosidad es el término medio entre la prodigalidad y la tacañería; la comprensión, entre la falta de compasión y la indulgencia; el orgullo, entre el autodesprecio y la arrogancia.

Lo mismo es aplicable a las virtudes del pensar, como hemos visto repetidas veces. Puedes ser demasiado preciso, así como demasiado vago, si esa precisión es falsa. Puedes ser demasiado comprensivo con una opinión con la que no estás de acuerdo, así como demasiado desdeñoso. Puedes pensar demasiado por ti mismo o demasiado poco. Por eso, todos los consejos vienen acompañados de una advertencia para no seguirlos al pie de la letra: sigue el argumento adondequiera que te lleve, pero no lo sigas hasta el absurdo; cuestiónatelo todo, pero no siempre; define tus términos, pero no pienses que todos los términos se pueden definir. Las virtudes del pensar requieren equilibrio y juicio, y por cada forma de errar hay una forma igual y opuesta de equivocarse. Podemos aplicar cualquier regla del pensamiento crítico por exceso o por defecto, dependiendo del contexto. La doctrina del término medio es una especie de metaprincipio que deberíamos tener presente en todo momento.

No es, sin embargo, la llave maestra que libere el poder de la razón. Una tesis fundamental de este libro es que no existe ningún algoritmo para pensar bien, ningún método único que pueda aplicarse, ningún factor F. No obstante, puede resultar útil disponer de algún tipo de memorando, un marco general que mantenga unidos todos los diversos elementos del buen pensar.

Cuando intentaba dar con algo sucinto, me descubrí describiendo una especie de procedimiento. Digo «especie de procedimiento» porque, en la práctica, no es perfectamente lineal y tiene que aplicarse con sensibilidad en función del contexto, no de manera mecánica. Por desgracia, sus cuatro partes no conforman un bonito acrónimo. En su lugar, las primeras letras de *Atiende*, *Clarifica*, *Deconstruye*, *Conecta* forman el nombre de la mejor banda de *rock* de Australia, AC/DC. Esto resulta un tanto irónico, ya que el grupo no se conoce por su intelectualismo. Quizá sea un recordatorio útil de que hay ciertas cosas en las que no conviene pensar demasiado.

Atiende

El primer ingrediente es el primer paso para razonar bien, al tiempo que un componente necesario de cada movimiento subsiguiente. No me cansaré de insistir en su importancia. Casi todos los consejos de este libro se podrían describir como un ejercicio de atención: atender a las evidencias, a lo que importa, a los pasos de tu razonamiento, a las asunciones tácitas, al lenguaje que utilizas, a las contribuciones de otros expertos y disciplinas, a los trucos de la mente, a tus propios sesgos y temperamento, a tu ego, al panorama general, a las seducciones de una gran teoría, y suma y sigue.

Si esto parece un trabajo arduo, es porque en efecto lo es. El pensamiento riguroso es en gran medida una cuestión de esfuerzo y aplicación. Hemos evolucionado para ser unos «avaros cognitivos» que empleamos la mínima energía mental necesaria para conseguir la próxima comida y la siguiente descendencia. Resulta más fácil no pensar y, si es inevitable, es más divertido hacerlo de manera informal, soltando opiniones en torno a una mesa con alcohol en abundancia o escupiendo comentarios polémicos en las redes sociales. Nadie está exento de culpa, pero existe una importante diferencia entre aquellos que se afanan por mejorar y quienes no lo hacen, aquellos que llevan su inteligencia al límite y quienes permanecen tras él.

Clarifica

Una de las cosas más importantes que nos permite hacer la atención minuciosa es conseguir más claridad. Probablemente no sea exagerado decir que la mayoría de los errores son el resultado de no tener una imagen lo bastante clara de aquello en lo que estás pensando. Necesitas entender cuál es el problema en realidad y no limitarte a suponer que tú u otros ya lo captáis. ¿Qué es lo verdaderamente importante? ¿Qué está en juego? Has de clarificar cuáles son los hechos relevantes, así como qué significan los conceptos empleados. Debes aclarar cómo está estructurado el argumento, ya sea una deducción, una inducción, una abducción o alguna combinación de estas. Una mayor claridad es habitualmente lo máximo que podemos esperar en nuestro razonamiento, y si no partimos teniendo la mayor cantidad posible, es poco probable que terminemos con mucha más.

Deconstruye

Has prestado atención, has intentado ver las cosas con la mayor claridad posible. Ahora es tiempo de deconstruir, de establecer todas las distinciones necesarias, de separar los distintos aspectos del asunto. Esto tiene su parte formal: ¿cómo progresa exactamente el argumento? ¿Es sólido cada paso? Otra parte es conceptual y lingüística: ¿se esconde más de un significado detrás de una palabra? ¿Necesitamos acuñar una palabra o frase especial que sea más precisa que los conceptos que tenemos a mano? ¿Hemos metido en el mismo saco ideas que no tienen por qué formar parte de un único paquete? La deconstrucción tiene su vertiente empírica: ¿qué hechos son importantes y cuáles son secundarios, engañosos o meras cortinas de humo? Y tiene también su dimensión psicológica: ¿cuánto de lo que parece plausible es lo que deseo creer que es verdadero, y estoy rechazando algo meramente porque no me gusta? Es preciso desmontarlo todo con gran cuidado.

Conecta

La atención, la clarificación y la deconstrucción son elementos esenciales del buen pensar. Sin embargo, por sí solas no nos dejan más que una colección de piezas sin ensamblar, cuidadosamente dispuestas, pero inútiles tal como están. En algún momento tenemos que intentar unir las piezas. Solo el tiempo dirá hasta qué punto seremos capaces de completar la estructura. Ahora bien, si no intentamos siquiera unir al menos algunos de los puntos, nada habrá sido verdaderamente constructivo.

Para unir las piezas se requiere, por descontado, una atención minuciosa. Las conexiones pueden no ser evidentes. Podríamos estar convencidos de que una dieta vegana y orgánica es la más ética, pero puede que no hayamos caído en la cuenta de que, sin abonos animales, la inmensa mayoría de las granjas ecológicas no funcionarían. Acabar con los mitos puede parecer una buena idea si ignoramos que las investigaciones psicológicas sugieren que ello redunda en el afianzamiento de los propios mitos que se pretenden desacreditar. Siempre deberíamos reprimir nuestro entusiasmo a la hora de respaldar ideas que suenan emocionantes sin reflexionar a fondo sobre sus implicaciones.

El establecimiento de conexiones se beneficia de las dimensiones sociales del razonamiento. Si no leemos mucho, nos perderemos los conocimientos de otros ámbitos relacionados con los asuntos en los que estamos pensando. Si no hablamos sobre nuestras ideas con personas inteligentes, nos perderemos las sorprendentes conexiones que podrían establecer.

La fase constructiva de pensar con detenimiento en las cosas ha de llevarse a cabo con sumo cuidado, con humildad y con paciencia. Creo que es cierto que tres de los cuatro elementos del AC/DC tienen que ver principalmente con pensar en las cosas con detenimiento, y solo la última mayormente con extraer conclusiones. Y es que, si pudiéramos resumir la clave del buen pensar en un imperativo, este sería *No saques conclusiones precipitadas*. Gatea hasta ellas, con tus manos y tus rodillas, comprobando lentamente cada paso del camino. En un mundo que promete todo con rapidez y facilidad, el pensamiento ha de ser arduo y lento.

GLOSARIO DE CONCEPTOS CLAVE

Los términos con referencias cruzadas se han resaltado en negrita.

Abducción. Argumento a la mejor explicación. En igualdad de condiciones (***ceteris paribus***), las mejores explicaciones poseen una combinación de simplicidad, coherencia, exhaustividad y verificabilidad.

A posteriori. A partir de la experiencia. Las ciencias, por ejemplo, son *a posteriori*, en contraste con…

A priori. Previo a la experiencia o sin recurso a ella. Las matemáticas, por ejemplo, son *a priori*, porque para saber que 2 + 3 = 5 nos basta con saber qué significan los números y los símbolos.

Afirmación del antecedente. Una forma válida de argumento **deductivo**: si *x*, entonces *y*; *x* (el antecedente), por tanto, *y*. Por ejemplo, si esta salchicha está hecha de tofu, entonces es apta para veganos. Esta salchicha está hecha de tofu; por tanto, es apta para veganos.

Afirmación del consecuente. Una forma inválida de argumento **deductivo**: si *x*, entonces *y*; *y* (el consecuente), por tanto, *x*. Por ejemplo, si esta salchicha está hecha de tofu, entonces es apta para veganos. Esta salchicha es apta para veganos; por tanto, está hecha de tofu. (Falso: podría estar hecha de seitán, proteína vegetal texturizada o muchas otras cosas).

Aporía. Dos o más enunciados que parecen verdaderos a título individual, pero que son colectivamente inconsistentes. Un ejemplo extrañamente olvidado por los filósofos es que Stevie Wonder es un genio de la música *y* compuso la irrisoria canción *I Just Called to Say I Love You*.

Argumento trascendental. Un argumento de la estructura: «Dado que esto es manifiestamente verdadero, esto otro también ha de ser verdadero». Si los autorretratos de Rembrandt son obras geniales, entonces Rembrandt ha de ser un genio.

Argumentos de la concebibilidad. Argumentos que llegan a una conclusión sobre lo que es el caso basándose en lo que puede concebirse de modo coherente. Inconcebiblemente malos en su mayoría.

Avaros cognitivos. Los humanos somos avaros cognitivos porque tratamos de gastar la mínima cantidad de energía mental necesaria para sobrellevar el día, y adoptamos así **heurísticas** o atajos, muchos de los cuales son engañosos.

Brecha entre ser y deber. La distinción lógica entre enunciados de hechos y enunciados de valores. Ningún argumento **deductivo válido** cuyas **premisas** sean hechos puede tener una **conclusión** referida a valores. Ahora bien, eso no significa que los hechos no guarden ninguna relación con las cuestiones de valores.

Cámaras de resonancia. Espacios reales o virtuales en los que solo escuchamos opiniones iguales o próximas a las nuestras. No son nuevas: la mayoría de los vecindarios, periódicos, clubs y asociaciones han tendido a ser cámaras de resonancia.

Carga de la prueba. Algo que merece la pena establecer. En cualquier desacuerdo, ¿recae la carga más en un lado que en el otro a la hora de demostrar su tesis? En general, la carga de la prueba recae en quienes defienden algo que causa un daño evidente o que va en contra de la opinión de los expertos.

Ceguera al cambio. La extraña tendencia que tenemos a no advertir los cambios en nuestro entorno físico si nuestra atención se aparta de donde está ocurriendo el cambio o si nunca hemos atendido a ello.

Ceteris paribus. En igualdad de condiciones. Una matización útil e infrautilizada para una amplia gama de enunciados.

Cientificismo. La creencia de que solo las creencias que son científicamente verificables son significativas. El cientificismo no es científico.

Conclusión. Algo a lo que no deberíamos llegar de forma precipitada. La conclusión de un argumento **deductivo válido** debería seguirse por necesidad de las **premisas**.

Consistencia. Un estado deseable que se alcanza cuando las creencias no se contradicen entre sí.

Creencias intuitivas y reflexivas. Las creencias intuitivas son las que presentimos como ciertas y que influyen en consecuencia en nuestros comportamientos. Las creencias reflexivas son las que decimos que son verdaderas si nos preguntan, pero no afectan necesariamente a nuestros sentimientos y acciones de la manera que sería de esperar. Alguien podría creer de modo reflexivo que no debería tomarse otra cerveza, pero no sentir ningún malestar al hacerlo.

Cui bono? ¿Quién se beneficia? Una pregunta útil porque nos alerta ante los intereses creados. Ahora bien, por sí misma, la respuesta no nos dice nada acerca de la **solidez** de un argumento.

Deducción. Un argumento que intenta llegar a una **conclusión** que se sigue por necesidad de las **premisas**.

Definiciones estipulativas. Una definición que no afirmamos que capte el significado preexistente de una palabra, pero que la define tal como deseamos usarla para un propósito específico. Estas resultan aceptables cuando dejamos claro que estamos empleando una terminología especializada, pero no cuando pretendemos estar describiendo meramente el único significado verdadero.

Deslizamiento semántico. Un deslizamiento deliberado o accidental por el que el significado de una palabra deriva en algo similar o estrechamente relacionado, si bien diferente de un modo relevante. Por ejemplo, el significado de *alucinante* se fue deslizando con el transcurso del tiempo desde 'que causa alucinación' a 'fantástico'. No todos los ejemplos son tan inocuos.

Economía de la atención. El entorno de consumo contemporáneo en el que las organizaciones no cesan de competir entre sí por captar nuestra atención, habitualmente para monetizarla. Lo están haciendo bien, porque a menudo cedemos la nuestra a bajo precio.

El término medio. La virtud que reside entre el exceso y el defecto, en ética y en el razonamiento. Podemos ser demasiado vagos o demasiado precisos; exigir validez lógica cuando eso supondría pedir demasiado o aceptar menos en caso contrario; abandonar con excesiva facilidad o seguir adelante con demasiada terquedad.

Empatía cognitiva. La capacidad de entender los razonamientos ajenos, en contraste con la *empatía afectiva*: la capacidad de compartir los sentimientos del otro.

Empírico. Basado en evidencias. Las ciencias son empíricas, las matemáticas y la lógica no lo son.

Entimemas. Premisas no expresadas y a menudo asumidas. Con frecuencia merece la pena explicitarlas.

Entonación. Algo que marca una gran diferencia en nuestra manera de entender muchas creencias. Imaginemos que alguien dice de una manera serena y relajada: «Sin Dios, la moralidad queda al criterio exclusivo de los seres humanos», y otra persona lo declara aterrorizada. Una misma creencia, diferentes mundos.

Epistemología social. El estudio de la base social de la adquisición y justificación de los conocimientos.

Errores categoriales. Pensar en algo como una clase de cosa cuando es otra, o ninguna clase de cosa en absoluto.

Escepticismo. El escepticismo adopta múltiples formas y grados. El escepticismo metodológico consiste en dudar de todo como parte de un proceso de intentar establecer lo que es más seguro. El escepticismo pirrónico es una suspensión universal de la creencia sobre la base de que nada puede ser conocido. El escepticismo mitigado, como el propugnado por David Hume, aboga por compensar el hecho de que nada es seguro con la evaluación realista de las cosas que hemos de aceptar que son verdaderas.

Estrategia del gato muerto. La táctica de decir algo escandaloso o dramático, independientemente de su verdad o relevancia, con el fin de desviar la atención de algo que nos está causando dificultades. Muy popular entre los políticos.

Ética situacional. La ética situacional en minúsculas enfatiza la necesidad de prestar mucha atención a las particularidades de cualquier dilema moral dado y no aplicar con tosquedad principios generales. No debe confundirse con la Ética de la Situación Cristiana de Joseph F. Fletcher, a veces denominada *Ética Situacional*.

Exactitud. Una de las dos principales «virtudes de la verdad», junto con la **sinceridad**. Cuando prima la insistencia en la exactitud, tiende a seguirse la verdad.

Experimentos mentales o de pensamiento. Situaciones hipotéticas diseñadas para provocar intuiciones y, de esa manera, clarificar factores clave que intervienen en nuestro razonamiento. No deben confundirse con los argumentos reales.

Explicaciones holísticas. Explicaciones que se basan en cómo es y se comporta un sistema entero y dan cuenta de ello. Contrastan con el **reduccionismo**.

Falacia ad hominem. Argumentar en contra del argumentador en vez del argumento, de la persona más que de la posición. Puede ser importante saber quién está ofreciendo el argumento, pero eso nunca nos dice por sí solo si el argumento es bueno.

Falacia de agregación. La falsa creencia (normalmente un supuesto implícito) de que si algo es bueno, cuanto más de ello, mejor.

Falacia de la domesticación. Interpretar una idea de tal manera que se convierta en otra más próxima a nosotros y más familiar. Un delito común en el pensamiento transcultural.

Falacia de la equivocación. Usar mal por error o de forma deliberada una palabra con un significado ambiguo en uno de sus sentidos inapropiados. Por ejemplo, acusar a alguien de discriminación en el sentido negativo cuando simplemente está discriminando en el sentido de que reconoce una distinción real.

Falacia de la pregunta compleja. Una pregunta que no permite a nadie responderla directamente sin obligarle a admitir algo que podría no querer aceptar. Por ejemplo, ¿por qué eres tan imbécil?

Falacia del desliz revelador. Asumir que un *lapsus linguae* o un comentario descuidado revela la verdad sobre cómo es alguien en realidad, más que la totalidad de su manera habitual de hablar y comportarse.

Falacia del hombre de paja. Derrotar una versión débil de una idea o un argumento, que con frecuencia los oponentes no defienden en realidad, en lugar de una más fuerte.

Falacia genética. Rechazar un argumento o una creencia en virtud de sus cuestionables orígenes, cuando dichos orígenes no son relevantes para su verdad. Las malas personas a veces tienen buenas ideas.

Falacia naturalista. Argumentar a partir de la naturalidad de algo hasta su rectitud o bondad. Un error que es natural cometer.

Falsa dicotomía. Una elección binaria que no tiene por qué hacerse. Por ejemplo, hay quien dice que no podemos estar al mismo tiempo a favor de ilegalizar ciertas formas de desinformación y a favor de la libertad de expresión. Ahora bien, ¿es posible creer que la libertad de expresión está supeditada a no abusar de esa libertad para causar daño?

Fatiga conductual. Un caso de falsa psicología social inventado por el Gobierno británico para justificar el retraso en la introducción de las restricciones durante la pandemia de la covid-19. Un recordatorio de que no todo lo que parece auténtica ciencia lo es en realidad.

Heurística o sesgo de disponibilidad. La tendencia a basar nuestros juicios en las evidencias más recientes o destacadas, en vez de en las más fuertes y relevantes.

Heurísticas. Atajos mentales o reglas generales que nos ahorran el esfuerzo de pensar demasiado. No podemos vivir sin ellas, pero a menudo nos llevan por mal camino.

Incertifobia. Miedo a la incertidumbre. Una medida de la inmadurez intelectual.

Inducción. Argumentos a partir de la experiencia. Nunca son **deductivamente válidos**, pero no podríamos sobrevivir sin ellos.

Injusticia testimonial. Cuando no concedemos el peso debido a un testimonio, habitualmente porque no reconocemos al testigo un rango suficiente.

Ismismo. Un prejuicio justificado contra los *ismos*, las *logías* y todas las tentativas de dividir las formas de pensar en escuelas de pensamiento demasiado definidas.

La paradoja del inconformista. Los inconformistas hacen lo correcto cuando siguen las evidencias y los argumentos, no a la multitud; pero cuando lo hacen, la mayoría son conducidos a conclusiones erróneas.

Logocentrismo. Una forma de comprensión que prioriza las palabras o los conceptos.

Metainducción. Razonamiento a partir de precedentes generales acerca de «este tipo de cosas», en lugar de sobre la base de las particularidades del caso en cuestión. Útil cuando existe insuficiente información específica, pero muchas evidencias acerca de «este tipo de cosas».

Navaja de Ockham. El principio de que no debemos postular más entidades que las necesarias para explicar algo. En términos más generales, el principio de que, ***ceteris paribus***, las explicaciones más simples son preferibles a las más complejas.

Paradoja sorites o del montón. La paradoja de que una serie de pequeños cambios que individualmente no marcan ninguna diferencia significativa sí lo hacen de forma colectiva. Perder un pelo no te convierte en calvo, pero si sigues perdiéndolos uno a uno, acabarás siéndolo. Una demostración del hecho de que muchos conceptos tienen contornos borrosos.

Pendiente resbaladiza. Cuando la aceptación de una cosa aparentemente buena o aceptable conduce de manera inevitable a otra mala. Las pendientes resbaladizas son por lo general más psicológicas que lógicas y, por otra parte, con frecuencia no son tan inevitables como sostienen quienes nos advierten de ellas.

Pensamiento en racimo. La tendencia a suponer que creencias lógica y/o **empíricamente** distintas van necesariamente juntas, y que creer una nos exige creer las otras, o que rechazar una requiere rechazar las otras. Un caso tentador de **avaricia cognitiva**.

Pensamiento grupal. La tendencia de la opinión dentro de un grupo a converger hasta tal punto que decir o pensar algo diferente se vuelve extremadamente difícil.

Petición de principio. Asumir en una o más **premisas** de un argumento aquello que se supone que este ha de demostrar.

Premisa. Enunciados (o proposiciones) que forman la base de los argumentos. Han de establecerse como verdaderas por medio de la experiencia o mediante otro argumento **sólido**.

Principio de caridad. Al considerar un argumento o una creencia, pensemos en la mejor versión de ello que seamos capaces de imaginar. Por lo demás, cualquier rechazo puede ser prematuro.

Psicologización. Atribución de las creencias o acciones de una persona a motivos psicológicos habitualmente ocultos. Casi siempre especulativa, en general debe ser evitada, incluso por los terapeutas.

Redefinición alta y baja. La redefinición alta cambia el uso de una palabra para hacer su aplicación más restringida de lo que cabría esperar de manera razonable. Por ejemplo, al decir que un auténtico amigo debería arriesgarse a ir a la cárcel para evitar que su pareja se entere de una aventura, elevamos de forma irrazonable el listón de la amistad. La redefinición baja hace que la aplicación de una palabra sea más amplia de lo que cabría esperar de forma razonable. Llamar a alguien asesino porque no ha donado mucho dinero en un llamamiento de emergencia, por ejemplo, supone ir demasiado lejos.

Reduccionismo. Explicaciones basadas en descomponer algo en sus componentes más pequeños. Potente en ciencia, pero inapropiado en casos en los que la descomposición de una cosa elimina justo aquello que requiere explicación. Por ejemplo, no podemos explicar la belleza de una fotografía examinándola en el nivel de los píxeles individuales.

Reductio ad absurdum. Un intento de demostrar que una creencia es errónea aduciendo que conduce lógicamente a una conclusión absurda. Por ejemplo, si crees que es aceptable suspender el juicio acerca del cambio climático porque no está demostrado al cien por cien, entonces debes suspender el juicio sobre cualquier asunto, porque no hay nada seguro. Eso es un disparate, por lo que debes de estar equivocado respecto de tus razones para suspender el juicio sobre el cambio climático.

Regresión a la media. La tendencia de numerosos sistemas a regresar de forma natural a un estado de equilibrio. La incapacidad de tener esto en cuenta lleva a las personas a atribuir falsas causas a cosas como el final de una racha ganadora o la recuperación de una enfermedad.

Sesgo de confirmación. La tendencia a observar y recordar evidencias que respaldan nuestra opinión y a ignorar u olvidar cualquier cosa que la cuestione. También conocido como *sesgo de mi lado.*

Sesgo de mi lado. Véase **sesgo de confirmación**.

Sesgo de optimismo. Una tendencia humana no universal a esperar lo mejor, o al menos algo mejor.

Sesgo implícito. Prejuicio inconsciente, que también puede afectar a aquellos que son víctimas del sesgo, pues tienden a interiorizar las normas sociales.

Significación. Un término escurridizo. Algo es estadísticamente significativo si resulta improbable que sea el resultado de un error. Que sea o no significativo en cualquier otro sentido es otra cuestión. Puede existir una diferencia estadísticamente significativa en los resultados en materia de salud entre dos comportamientos, por ejemplo, pero esta puede ser tan pequeña que no influya para nada en nuestra manera de actuar. Si no comer tu plato favorito prolongase tu vida por término medio un mes, ¿dejarías de comerlo?

Significado como uso. La idea de que los significados de las palabras no suelen ser estrictamente especificables en las definiciones, sino que han de hallarse en las formas de usarlas.

Sii. «Si y solo si» o el bicondicional. Las lógicas del *si* y del *sii* son muy diferentes, por lo que merece la pena tener claro a cuál nos referimos. Véase la **afirmación del antecedente** y la **afirmación del consecuente**.

Sinceridad. La otra de las dos principales «virtudes de la verdad» de Bernard Williams, junto con la **exactitud**. La sinceridad requiere la comunicación de nuestras creencias a otras personas de una manera honesta y, en general, que seamos buscadores de la verdad.

Sólido. Un argumento **deductivo** es sólido si es **válido** y sus **premisas** son verdaderas.

Teoría del error. Una explicación de por qué un argumento o punto de vista erróneo es creído sin embargo por personas por lo demás sensatas.

Tragarse un sapo. Aceptar una consecuencia contraintuitiva o inverosímil de un argumento o una posición. No debe hacerse a la ligera.

Tu quoque. Tú también. No es un argumento decisivo contra una posición, sino un indicador de inconsistencia en el argumentador. Por ejemplo, si alguien dice que eres inmoral por comer carne, pero él lo hace, *tu quoque!* En todo caso, eso no significa que no sea inmoral comer carne. Tan solo quiere decir que es un hipócrita.

Válido. Un argumento **deductivo** es válido si su conclusión se sigue por necesidad de sus **premisas**. Pero eso no lo convierte obligatoriamente en **sólido**. Si tienes algo de sensatez, ahora irás a comprarte el resto de mis libros. Tienes algo de sensatez; por tanto, ahora irás a comprarte el resto de mis libros. Válido, pero, por desgracia, no sólido.

LOS ENTREVISTADOS

Este libro se basa en entrevistas a filósofos y a otros cultivadores de la filosofía que he realizado a lo largo de las dos últimas décadas. Este elenco te cuenta más cosas sobre ellos, cuándo y para qué fueron entrevistados, y por dónde empezar si estás interesado en conocer mejor cómo piensan. Se trata de recomendaciones personales y tal vez no sean sus obras más conocidas, que te será fácil descubrir por ti mismo. Los libros de los entrevistados que podrían resultar complejos para el público en general están marcados con el signo de advertencia Φ, quizá a veces de modo injusto; es complicado saber qué les parece difícil a unos y a otros no.

Muchas de las entrevistas se hicieron para *The Philosophers' Magazine* (*TPM*) durante mi dirección desde 1997 hasta 2010. En ese periodo, las mujeres estaban todavía lamentablemente infrarrepresentadas en filosofía, sobre todo en los puestos más altos, y la situación ha ido mejorando desde entonces solo de manera gradual. Por desgracia, en esta lista se refleja ese desequilibrio, al igual que la relativa ausencia de diversidad étnica. Para apreciar los progresos en diversidad en la filosofía, véanse los vídeos del Royal Institute of Philosophy (Real Instituto de Filosofía) en YouTube desde cuando yo fui nombrado director académico en 2019, o el pódcast del Instituto *Thinking Hard and Slow*.

Muchas de estas entrevistas fueron editadas e incluidas en las antologías *What Philosophers Think* (trad. cast.: *Lo que piensan los filósofos*, Barcelona, Paidós, 2011) y *What More Philosophers Think*, editadas por mí mismo y por Jeremy Stangroom (Continuum, 2005 y 2007). Varios de los entrevistados lo fueron para el libro *New British Philosophy: The Interviews*, editado de nuevo con Jeremy Stangroom (Routledge, 2002).

Kwame Anthony Appiah es un filósofo político y moral con intereses en el cosmopolitismo y la historia intelectual africana. Entrevistado en el número 53 de *TPM*, 2.º trimestre de 2011. Empieza con *The Lies That Bind: Rethinking Identity — Creed, Country, Color, Class, Culture* (Profile Books, 2018, trad. cast.: *Las mentiras que nos unen: replanteando la identidad; creencias, país, color, clase, cultura*, Barcelona, Taurus, 2019).

Joan Bakewell es una presentadora de televisión y escritora que ha dedicado su carrera a relacionarse con intelectuales. Entrevistada en el número 72 de *TPM*, 4.º trimestre de 2005. Empieza con *The Centre of the Bed: An Autobiography* (Hodder & Stoughton, 2003).

Simon Blackburn ha trabajado principalmente en ética y filosofía del lenguaje. Entrevistado en el número 15 de *TPM*, 3.er trimestre de 2001, con una versión en *Lo que piensan los filósofos*. Empieza con *Truth: A Guide for the Perplexed* (Penguin, 2005, trad. cast.: *La verdad: guía de perplejos*, Barcelona, Crítica, 2006).

David Chalmers es un filósofo de la mente conocido sobre todo por sus trabajos sobre el problema de la conciencia. Entrevistado en el número 43 de *TPM*, 4.º trimestre de 2008, y en *Prospect*, en línea, febrero de 2022. Empieza con *Reality+:*

Virtual Worlds and the Problems of Philosophy (Penguin y W. W. Norton, 2022).

Patricia Churchland es una neurofilósofa que trabaja en filosofía de la mente y en los fundamentos neuronales de la moralidad. Entrevistada en el número 61 de *TPM*, 2.° trimestre de 2012, y en *Prospect*, noviembre de 2019. Empieza con *Touching a Nerve: Our Brains, Our Selves* (W. W. Norton, 2013).

Tim Crane es un filósofo de la mente que también está interesado en la naturaleza de la creencia. Entrevistado en *New British Philosophy*. Empieza con *The Meaning of Belief: Religion from an Atheist's Point of View* (Harvard University Press, 2017).

Roger Crisp es un filósofo moral. Entrevistado en *New British Philosophy*. Empieza con *The Cosmos of Duty: Henry Sidgwick's Methods of Ethics* (Oxford University Press, 2017). Φ

Simon Critchley trabaja en campos como la filosofía continental, la filosofía y la literatura, el psicoanálisis, la ética y la teoría política. Entrevistado en el número 40 de *TPM*, 1.er trimestre de 2008. Empieza con *Infinitely Demanding: Ethics of Commitment, Politics of Resistance* (Verso, 2007, trad. cast.: *La demanda infinita: ética del compromiso, política de la resistencia*, Barcelona, Marbot, 2010). Φ

Daniel Dennett es filósofo de la mente. Entrevistado para el número 6 de *TPM*, 2.° trimestre de 1999, y el número 30, 2.° trimestre de 2005. Entrevistado también para mi libro *Freedom Regained: The Possibility of Free Will* (Granta, 2015). Empieza con *Intuition Pumps and Other Tools for Thinking* (Penguin y W. W. Norton, 2013, trad. cast.: *Bombas de intuición y otras herramientas de pensamiento*, México, Fondo de Cultura Económica, 2015).

Roger-Pol Droit es un filósofo que ha escrito mucho sobre cuestiones de la vida cotidiana. Entrevistado para el número 34 de *TPM*, 2.º trimestre de 2006. Empieza con *How Are Things? A Philosophical Experiment with Unremarkable Objects* (Faber & Faber, 2006, orig. francés: *Dernières nouvelles des choses*, París, Odile Jacob, 2003).

Michael Dummett fue un filósofo del lenguaje. Entrevistado para el número 15 de *TPM*, 3.er trimestre de 2001, con una versión en *Lo que piensan los filósofos*. Empieza con: una respiración profunda. Su filosofía es extremadamente densa. Pero también tenía un profundo interés en la historia del tarot y escribió *A History of the Occult Tarot* con Ronald Decker (Duckworth, 2002).

Jerry Fodor trabajó sobre todo en filosofía de la mente. Entrevistado para el número 49 de *TPM*, 2.º trimestre de 2010. Empieza con *LOT 2: The Language of Thought Revisited* (Oxford University Press, 2008). Φ

Philippa Foot fue una de las filósofas morales más perspicaces e importantes del siglo XX. Entrevistada para el número 21 de *TPM*, 1.er trimestre de 2003, con una versión en *What More Philosophers Think*. Empieza con *Natural Goodness* (Oxford University Press, 2001, trad. cast.: *Bondad natural: una visión naturalista de la ética*, Barcelona, Paidós, 2002).

Michael Frayn es novelista, dramaturgo y autor de dos obras de filosofía. Entrevistado para el número 47 de *TPM*, 4.º trimestre de 2009. Empieza con su obra maestra, su pieza teatral *Copenhagen* (1998), adaptada para un telefilme en 2002 (trad. cast.: *Copenhague*, Madrid, Centro Cultural de la Villa de Madrid, 2003).

Simon Glendinning es especialista en filosofía europea. Entrevistado en *New British Philosophy*. Empieza con *The Idea of Continental Philosophy* (Edinburgh University Press, 2006). Φ

Anthony Gottlieb es periodista y autor de una historia de la filosofía occidental en dos volúmenes. Entrevistado para el número 16 de *TPM*, 4.° trimestre de 2001. Empieza con *The Dreams of Reason: A History of Philosophy from the Greeks to the Renaissance* (Penguin, 2016, trad. cast.: *El sueño de la razón: una historia de la filosofía, desde los griegos hasta el Renacimiento*, Barcelona, Biblioteca Buridán, 2009).

A. C. Grayling es un académico y prolífico filósofo público. Entrevistado para el número 26 de *TPM*, 2.° trimestre de 2004, con una versión en *What More Philosophers Think*. Empieza con *The Challenge of Things: Thinking Through Troubled Times* (Bloomsbury, 2016).

John Harris es bioético y filósofo. Entrevistado para el número 13 de *TPM*, 1.er trimestre de 2001, con una versión en *Lo que piensan los filósofos*. Empieza con *Enhancing Evolution: The Ethical Case for Making Better People* (Princeton University Press, 2007). Φ

Sam Harris es neurocientífico y filósofo. Entrevistado para el *Independent*, 11 de abril de 2011. Empieza con *Waking Up: Searching for Spirituality Without Religion* (Simon & Schuster/Transworld, 2014, trad. cast.: *Despertar: una guía para una espiritualidad sin religión*, Barcelona, Kairós, 2015).

Jonathan Israel es historiador de las ideas. Entrevistado para el número 43 de *TPM*, 4.° trimestre de 2008. Empieza con *A Revolution of the Mind: Radical Enlightenment and the Intellectual Origins of Modern Democracy* (Princeton Unversity

Press, 2011, trad. cast.: *Una revolución de la mente: la Ilustración radical y los orígenes intelectuales de la democracia moderna*, Pamplona, Laetoli, 2015).

Dale Jamieson es un filósofo que trabaja principalmente en ética ecológica y derechos de los animales. Entrevistado para el número 3 de *TPM*, 3.er trimestre de 1998. Empieza con *Reason in a Dark Time: Why the Struggle Against Climate Change Failed — and What It Means for Our Future* (Oxford University Press, 2014).

Anthony Kenny ha trabajado en filosofía de la mente, filosofía antigua y escolástica, la filosofía de Wittgenstein y filosofía de la religión. Entrevistado para el número 37 de *TPM*, 1.er trimestre de 2007. Empieza con *Brief Encounters: Notes from a Philosopher's Diary* (SPCK, 2019).

Yasuo Kobayashi es uno de los principales intermediarios entre la filosofía europea y la japonesa. Entrevistado para mi libro *How the World Thinks: A Global History of Philosophy* (Granta, 2018). ¿Por dónde empezar?: se ha traducido muy poco al inglés, pero hay ensayos en inglés y francés en *Le Cœur/La Mort* (University of Tokyo Centre for Philosophy, 2007). **Φ**

Christine Korsgaard es una filósofa que ha trabajado en temas de filosofía moral, razón práctica, agencia, identidad personal y relaciones entre humanos y animales. Entrevistada para el número 58 de *TPM*, 3.er trimestre de 2012. Empieza con *Self-Constitution: Agency, Identity, and Integrity* (Oxford University Press, 2009). **Φ**

Oliver Letwin es un antiguo miembro conservador del Parlamento británico y doctor en Filosofía. Entrevistado para el número 32 de *TPM*, 4.º trimestre de 2005. Empieza con *Hearts and*

Minds: The Battle for the Conservative Party from Thatcher to the Present (Biteback, 2017).

Alexander McCall Smith es un novelista de éxito y antiguo profesor de Derecho Médico. Entrevistado para el número 29 de *TPM*, 1.er trimestre de 2005, con una versión en *What More Philosophers Think*. Empieza con cualquier libro de la serie *The Sunday Philosophy Club*.

Tony McWalter es un antiguo miembro laborista del Parlamento británico y licenciado en Filosofía. Participó en una mesa redonda para el número 17 de *TPM*, 1.er trimestre de 2002, con una versión en *What More Philosophers Think*. Empieza admirando a un hacedor, no a un escritor.

Howard Marks fue un traficante internacional de cannabis. Entrevistado para el número 54 de *TPM*, 3.er trimestre de 2011. Empieza con su autobiografía, *Mr Nice* (Vintage/Secker & Warburg, 1996).

Michael Martin se ha centrado sobre todo en la filosofía de la percepción. Entrevistado en *New British Philosophy*. Empieza con: tendrás que esperar, ya que su sitio web dice que está «terminando eternamente un libro sobre el realismo ingenuo en la teoría de la percepción, titulado *Uncovering Appearances*».

Guillermo Martínez es un novelista y cuentista argentino. Entrevistado para el número 37 de *TPM*, 1.er trimestre de 2007. Empieza con *The Oxford Murders* (Abacus, 2005, orig. cast.: *Los crímenes de Oxford*, Barcelona, Destino, 2004).

Mary Midgley es conocida sobre todo por sus trabajos sobre ciencia, ética y el lugar de la humanidad en el mundo natural. Entrevistada para el número 7 de *TPM*, 3.er trimestre de 1999. Empieza con *Beast and Man: The Roots of Human Nature* (Routledge, 1978; edición revisada de 1995, trad. cast.: *Bestia y hombre: las raíces de la naturaleza humana*, México, Fondo de Cultura Económica, 1989).

Ray Monk es biógrafo filosófico. Entrevistado para el número 14 de *TPM*, 2.º trimestre de 2001, y en *New British Philosophy*. Empieza con: *Ludwig Wittgenstein: The Duty of Genius* (Vintage/The Free Press, 1990, trad. cast.: *Ludwig Wittgenstein: el deber de un genio*, Barcelona, Anagrama, 1994).

Stephen Mulhall es un filósofo cuyos intereses incluyen a Wittgenstein, la filosofía postanalítica, y el cine y la filosofía. Entrevistado en *New British Philosophy*. Empieza con *On Film*, 3.ª ed. (Routledge, 2015).

Mylo (Myles MacInnes) es músico electrónico y productor. Entrevistado para el número 36 de *TPM*, 4.º trimestre de 2006. Empieza con su innovador álbum *Destroy Rock & Roll* (2004).

Jesse Norman es filósofo y miembro conservador del Parlamento británico. Entrevistado para el número 55 de *TPM*, 4.º trimestre de 2011. Empieza con *Edmund Burke: The Visionary Who Invented Modern Politics* (Basic Books, 2013).

Martha Nussbaum es una filósofa moral y política cuya obra más conocida trata de las capacidades humanas y la importancia filosófica de las artes y las humanidades. Entrevistada para el número 5 de *TPM*, 1.er trimestre de 1999, y el número 11, 3.er trimestre de 2000. Empieza con *Not For Profit: Why Democracy Needs the Humanities* (Princeton University Press, 2010, trad. cast.: *Sin fines de lucro: por qué la democracia necesita de las humanidades*, Buenos Aires, Madrid, Katz, 2010).

Onora O'Neill es filósofa moral y miembro independiente de la Cámara de los Lores. Entrevistada para el número 21 de *TPM*, 1.er trimestre de 2003, con una versión en *What More Philosophers Think*. Empieza con *A Question of Trust: The BBC Reith Lectures 2002* (Cambridge University Press, 2002).

Michel Onfray es un filósofo francés y fundador de la Université Populaire (Universidad Popular) de Caen. Entrevistado para el *Times Higher Education Supplement*, 3 de agosto de 2007. Empieza con *In Defence of Atheism: The Case Against Christianity, Judaism and Islam* (Serpent's Tail, 2007, trad. cast.: *Tratado de ateología: física de la metafísica*, Barcelona, Anagrama, 2008).

Philip Pullman es novelista. Entrevistado para el número 24 de *TPM*, 4.° trimestre de 2003, con una versión en *What More Philosophers Think*. Empieza con *The Good Man Jesus and the Scoundrel Christ* (Canongate, 2010, trad. cast.: *El buen Jesús y Cristo el malvado*, Barcelona, Reservoir Books, 2017).

Hilary Putnam fue una de las figuras más destacadas de la filosofía analítica del siglo XX y contribuyó a las filosofías de la mente, el lenguaje, las matemáticas y la ciencia. Entrevistado para el número 15 de *TPM*, 3.er trimestre de 2001, con una versión en *Lo que piensan los filósofos*. Empieza con: *The Threefold Cord: Mind, Body, and World* (Columbia University Press, 1999, trad. cast.: *La trenza de tres cabos: la mente, el cuerpo y el mundo*, Madrid, Siglo XXI de España, 2001). Φ

Janet Radcliffe Richards es una filósofa conocida sobre todo por su trabajo en bioética. Entrevistada para el número 3 de *TPM*, 1.er trimestre de 2001, con una versión en *Lo que piensan los filósofos*. Empieza con *Human Nature After Darwin: A Philosophical Introduction* (Routledge, 2000).

Jonathan Rée es filósofo e historiador. Participó en una mesa redonda para el número 17 de *TPM*, 1.er trimestre de 2002, con una versión en *What More Philosophers Think*. Empieza con *Witcraft: The Invention of Philosophy in English* (Allen Lane, 2019).

Alex Rosenberg es filósofo de la ciencia y novelista. Entrevistado para un evento del Festival de Ideas de Bristol en la librería Foyles el 23 de febrero de 2012, y editado para la segunda temporada, episodio 6, del pódcast de microfilosofía *Science as a Guide to Life* («La ciencia como una guía para la vida»). Empieza con: *The Atheist's Guide to Reality: Enjoying Life without Illusions* (W. W. Norton, 2012).

Michael Sandel es filósofo moral y político. Entrevistado para el número 48 de *TPM*, 1.er trimestre de 2010. Empieza con *The Tyranny of Merit: What's Become of the Common Good?* (Farrar, Straus and Giroux/Allen Lane, 2020, trad. cast.: *La tiranía del mérito: ¿qué ha sido del bien común?*, Barcelona, Debate, 2020).

Ziauddin Sardar es académico, escritor, presentador, futurista, crítico cultural e intelectual público. Entrevistado para el número 48 de *TPM*, 1.er trimestre de 2010. Empieza con *A Person of Pakistani Origins* (C. Hurst & Co., 2018).

T. M. (Tim) Scanlon es uno de los filósofos morales y políticos más importantes de la actualidad. Entrevistado para el número 41 de *TPM*, 2.º trimestre de 2008. Empieza con: *Why Does Inequality Matter?* (Oxford University Press, 2018, trad. cast.: *¿Por qué importa la desigualdad?*, Madrid, Avarigani Editores, 2020). Φ

Roger Scruton escribió con profusión sobre filosofía política y estética. Entrevistado para el número 42 de *TPM*, 3.er trimestre de 2008. Empieza con *A Political Philosophy: Arguments for Conservatism* (Continuum, 2006).

John Searle es filósofo de la mente y del lenguaje. Entrevistado para el número 8 de *TPM*, 4.° trimestre de 1999, con una versión en *Lo que piensan los filósofos*. Empieza con: *Mind, Language and Society: Doing Philosophy in the Real World* (Basic Books, 1998, trad. cast.: *Mente, lenguaje y sociedad: la filosofía en el mundo real*, Madrid, Alianza, 2001).

Peter Singer es probablemente el filósofo moral más famoso del mundo y un defensor de los derechos de los animales. Entrevistado para el número 4 de *TPM*, 4.° trimestre de 1998, con una versión en *Lo que piensan los filósofos*, y el número 47, 4.° trimestre de 2009. Empieza con *Ethics in the Real World: 82 Brief Essays on Things That Matter* (Princeton University Press, 2016, trad. cast.: *Ética para el mundo real: 83 artículos sobre cosas que importan*, Barcelona, Antoni Bosch, 2017).

Alan Sokal es un físico cuyo falso artículo que parodiaba los estudios «posmodernos» de ciencia y tecnología causó sensación internacional. Entrevistado para el número 4 de *TPM*, 4.° trimestre de 1998, con una versión en *Lo que piensan los filósofos*, y el número 41, 2.° trimestre de 2008. Empieza con *Intellectual Impostures*, con Jean Bricmont (Profile, 1999), publicado en Estados Unidos como *Fashionable Nonsense: Postmodern Intellectuals' Abuse of Science* (Picador, 1999, trad. cast.: *Imposturas intelectuales*, Barcelona, Paidós, 1999).

Peter Vardy es un filósofo de la religión que ha escrito docenas de libros para estudiantes de secundaria. Entrevistado para el número 10 de *TPM*, 2.° trimestre de 2000, con una versión en *Lo que piensan los filósofos*. Empieza con *The Puzzle of God* (Routledge, 1997).

Nigel Warburton es filósofo y autor de algunas de las introducciones más populares a la filosofía de las últimas décadas. Entrevistado en *New British Philosophy*. Empieza con: *A Little History of Philosophy* (Yale University Press, 2011, trad. cast.: *Una pequeña historia de la filosofía*, Barcelona, Galaxia Gutenberg, Círculo de Lectores, 2013).

Mary Warnock fue filósofa moral, bioética y miembro de la Cámara de los Lores. Entrevistada para el número 7 de *TPM*, 3.er trimestre de 1999, con una versión en *Lo que piensan los filósofos*, y el número 20, 4.º trimestre de 2002, con una versión en *What More Philosophers Think*. Empieza con: *Making Babies: Is There a Right to Have Children?* (Oxford University Press, 2002, trad. cast.: *Fabricando bebés: ¿existe un derecho a tener hijos?*, Barcelona, Gedisa, 2004).

Bernard Williams fue uno de los filósofos morales más destacados de su generación. Entrevistado para el número 21 de *TPM*, 1.er trimestre de 2003, con una versión en *What More Philosophers Think*. Empieza con: *Ethics and the Limits of Philosophy* (Routledge, 2006, trad. cast.: *La ética y los límites de la filosofía*, Madrid, Cátedra, 2016).

Timothy Williamson es el catedrático Wykeham de Lógica de la Universidad de Oxford, uno de los puestos más prestigiosos en la disciplina. Entrevistado para el número 45 de *TPM*, 2.º trimestre de 2009. Empieza con: *Tetralogue: I'm Right, You're Wrong* (Oxford University Press, 2015, trad. cast.: *Yo tengo razón y tú te equivocas: filosofía en un tren*, Madrid, Tecnos, 2017).

Jonathan (Jo) Wolff es filósofo político. Entrevistado en *New British Philosophy*. Empieza con: síguele en Twitter @JoWolffBSG.

Tony Wright es un antiguo miembro laborista del Parlamento británico y teórico político. Entrevistado para el número 46 de *TPM*, 3.er trimestre de 2009. Empieza con: *British Politics: A Very Short Introduction*, 3.ª ed. (Oxford University Press, 2020).

Slavoj Žižek atrae multitudes con las que cualquier otro filósofo solo puede soñar. Entrevistado para el número 25 de *TPM*, 1.er trimestre de 2004, con una versión en *What More Philosophers Think*. Empieza con: el documental *Žižek!* de Astra Taylor (2005).

AGRADECIMIENTOS

Bella Lacey, Linden Lawson, Kate Shearman, James Jones, Simon Heafield, Noel Murphy y Rosie Morgan, Lamorna Elmer, Isabella Depiazzi, Sarah Wasley, Christine Lo, Lizzy Kremer, Maddalena Cavaciuti, Antonia Macaro, Kellie Balseiro, Sam Brown, Luke Crabb, Sarah Davison-Aitkins, Richard Evans, Richard Fortey, Sue Jackson, Rosy Locke, John McColgan, Mel Tyrrell, Jeremy Wood, Amelie Burchell, Viki Cheung, Mallory Ladd, Bridget Lane, Phil Alsop, Vladimir Antimonov, Valerie Bosworth, John Boyd, Paul Breach, Mark Cohen, Susan Costello, Harry Davies, Paul Devine, Matt Evans, James Flux, Elisabetta Geromel Lister, Timo Hannay, Carlien Hillebrink, Spencer Hyman, Rune Isene, Carol Jefferson-Davies, Dan Kettmann, Kris Krimel, Michael Lawton, Michael Lawton, Michael Leigh, Janet Lentzos, Robert Little, Rosmarie Maran, Marilyn Mason, James Nathan, Brian Pagano, John Park, Keith Robinson, Magdalena Rogier, Bill Singleton, David Sutherland, Windsor Viney, Anthea Windsor, Frank Yeary.

NOTAS

Introducción

1. El sitio web de su Facultad de Filosofía tiene dedicada una página web a las «destrezas transferibles»: <www.phil.cam.ac.uk/curr-students/ugrads-after-degree-folder/ugrads-trans-skills>.

1. Presta atención

1. René Descartes, *Principles of Philosophy* (1644), primera parte, sección 9, en *Selected Philosophical Writings*, trad. John Cottingham, Robert Stoothoff y Dugald Murdoch, Cambridge University Press, 1988, pág. 163 (trad. cast.: *Los principios de la filosofía*, Madrid, Alianza, 1995, pág. 26).

2. David Hume, *A Treatise of Humane Nature* (1739), libro 1, parte 4, sección 6 (trad. cast.: *Tratado de la naturaleza humana*, Madrid, Tecnos, 1992).

3. David Hume, «Letter from a Gentleman to His Friend in Edinburgh: containing Some Observations on A Specimen of the Principles concerning Religion and Morality, said to be maintain'd in a Book lately publish'd, intituled, A Treatise of Human Nature, &c.» (1745).

4. Edmund Husserl, *Logical Investigations* (2.ª ed. 1913) (trad. cast.: *Investigaciones lógicas*, Madrid, Alianza, 1999).

5. Edmund Husserl, *The Crisis of European Sciences and Transcendental Phenomenology* (1936) (trad. cast.: *La crisis de las ciencias europeas y la fenomenología trascendental*, Barcelona, Crítica, 1990).

6. <https://youtu.be/bh_9XFzbWV8>.

7. <https://youtu.be/FWSxSQsspiQ>.

8. <https://youtu.be/vJG698U2Mvo>.

9. Plato [Platón], *Theaetetus*, 173d-174a (trad. cast.: «Teeteto», en *Diálogos*, vol. V, Madrid, Biblioteca Clásica Gredos, 1988).

10. *The Listener*, 1978.

11. Leah Kalmanson, «How to Change Your Mind: The Contemplative Practices of Philosophy», The Royal Institute of Philosophy, the London Lectures, 28 de octubre de 2021. <https://youtu.be/OqsO2nNrUiI>.

2. Cuestiónatelo todo (incluidas tus preguntas)

1. *Behind the Curve* (2018), dir. Daniel J. Clark.

2. Immanuel Kant, *Critique of Pure Reason* (1787) A548/B576 (trad. cast.: *Crítica de la razón pura*, Barcelona, Taurus, 2005).

3. A. M. Valdes, J. Walter, E. Segal y T. D. Spector, «Role of the gut microbiota in nutrition and health», *BMJ*, 2018; n.º 361, k2179 doi:10.1136/bmj.k2179.

3. Cuida tus pasos

1. «We're told we are a burden. No wonder disabled people fear assisted suicide», Jamie Hale, *Guardian*, 1 de junio de 2018, <https://www.theguardian.com/commentisfree/2018/jun/01/disabled-people-assisted-dying-safeguards-pressure>.

2. <https://www.scope.org.uk/media/press-releases/scope-concerned-by-reported-relaxation-of-assisted-suicide-guidance/>.

3. <https://www.unep.org/resources/report/unep-food-waste-index-report-2021>.

4. Una de las preguntas favoritas del programa muy recomendable de BBC Radio *More or Less*.

5. <https://www.eu-fusions.org/index.php/about-food-waste/280-food-waste-definition>.

6. Household Food and Drink Waste in the United Kingdom 2012, <https://wrap.org.uk/sites/default/files/2020-08/WRAP-hhfdw-2012-main.pdf>.

7. Food surplus and waste in the UK – key facts, 2021, <https://wrap.org.uk/resources/report/food-surplus-and-waste-uk-key-facts>.

8. <https://www.usda.gov/foodwaste/faqs>.

9. Steven Pinker, *Rationality*, Allen Lane, 2021, pág. 225 (trad. cast.: *Racionalidad*, Barcelona, Paidós, 2021).

4. Sigue los hechos

1. David Hume, *An Enquiry Concerning Human Understanding* (1748/1777), Section X, «Of Miracles» (trad. cast.: *Investigación sobre el conocimiento humano*, Madrid, Alianza Editorial, 1988).

2. William Paley, *Natural Theology or Evidences of the Existence and Attributes of the Deity* (1802).

3. *An Enquiry Concerning Human Understanding*, Section XI, «A Particular Providence and a Future State» (trad. cast.: *Investigación sobre el conocimiento humano*, Madrid, Alianza Editorial, 1988).

4. G. Gigerenzer, «Out of the frying pan into the fire: Behavioral reactions to terrorist attacks», *Risk Analysis*, abril de 2006, vol. 26, n.º 2, págs. 347-351, doi: 10.1111/j.1539-6924.2006.00753.x. PMID: 16573625.

5. B. F. Hwang, J. J Jaakkola y H. R. Guo, «Water disinfection by-products and the risk of specific birth defects: A population-based cross-sectional study in Taiwan», *Environmental Health*, 2008, vol. 7, n.º 23, <https://doi.org/10.1186/1476-069X-7-23>.

6. Jo Macfarlane, «Chlorine in tap water "nearly doubles the risk of birth defects"», *Daily Mail*, 31 de mayo de 2008.

7. Existe al respecto un buen informe acerca de las teorías de la conspiración sobre el 11S desmentidas. David Oswald, Erica Kuligowski y Kate Nguyen, *The Conversation*, <https://theconversation.com/9-11-conspiracy-theories-debunked-20-years-later-engineering-experts-explain-how-the-twin-towers-collapsed-167353>.

5. Cuida tu lenguaje

1. Ludwig Wittgenstein, *Philosophical Investigations* (1953), §38 (trad. cast.: *Investigaciones filosóficas*, Barcelona, Altaya, 1999).

2. Confucius [Confucio], *Analects*, libro 13, capítulos 2-3, en James Legge, *The Chinese Classics Vol. 1*, Oxford University Press, 1893, pág. 102 (trad. cast.: *Analectas*, Barcelona, Herder, 2020).

3. Gracias a Patrick Greenough por identificar la fuente.

4. Ludwig Wittgenstein, *Philosophical Investigations* (1953), § 43 (trad. cast.: *Investigaciones filosóficas*, Barcelona, Altaya, 1999).

5. <https://www.globallivingwage.org/about/what-is-a-living-wage/>.

6. <https://www.livingwage.org.uk/what-real-living-wage>.

7. *Shurangama Sutra*, capítulo 2, <http://www.buddhanet.net/pdf_file/surangama.pdf>.

8. Ludwig Wittgenstein, *Tractatus Logico-Philosophicus* (1922), §7 (trad. cast.: *Tractatus Logico-Philosophicus*, Madrid, Tecnos, 2017).

6. Sé ecléctico

1. David Hume, *A Treatise of Human Nature* (1740), libro 3, parte 1, sección 1 (trad. cast.: *Tratado de la naturaleza humana*, Madrid, Tecnos, 1992).

2. *Cosmopolitan*, julio de 2013.

7. Sé psicólogo

1. Anil Seth, *Being You: A New Science of Consciousness*, Faber & Faber, 2021 (trad. cast.: *La creación del yo: una nueva ciencia de la conciencia*, Madrid, Sextopiso, 2023).

2. Véase el magnífico libro de Kahneman *Thinking, Fast and Slow*, Farrar, Straus and Giroux, 2011 (trad. cast.: *Pensar rápido, pensar despacio*, Barcelona, Debate, 2012).

3. Steven Pinker, *Rationality: What It Is, Why It Seems Scarce, Why It Matters*, Viking, 2021, Prefacio (trad. cast.: *Racionalidad: qué es, por qué escasea y cómo promoverla*, Barcelona, Paidós, 2021).

4. Hugo Mercier y Dan Sperber, *The Enigma of Reason*, Harvard University Press, 2017.

5. David Hume, *An Enquiry Concerning Human Understanding* (1748/1777), sección V, parte I (trad. cast.: *Investigación sobre el conocimiento humano*, Madrid, Alianza Editorial, 1988).

6. S. L. Beilock, R. J. Rydell y A. R. McConnell, «Stereotype threat and working memory: Mechanisms, alleviation, and spillover», *Journal of Experimental Psychology: General*, 2007, vol. 136, n.º 2, págs. 256-276, <https://doi.org/10.1037/0096-3445.136.2.256>.

7. <https://beingawomaninphilosophy.wordpress.com/2016/04/28/its-the-micro-aggressions/>.

8. A. C. Grayling, «A booting for Bertie», *Guardian*, 28 de octubre de 2000.

9. Rachel Cooke, entrevista, Amia Srinivasan: «Sex as a subject isn't weird. It's very, very serious», *Guardian*, 8 dc agosto de 2021, <https://www.theguardian.com/world/2021/aug/08/amia-srinivasan-the-right-to-sex-interview>.

8. Reconoce lo que importa

1. Robert Heinaman, «House-Cleaning and the Time of a Killing», *Philosophical Studies: An International Journal for Philosophy in the Analytic Tradition*, 1983, vol. 44, n.º 3, págs. 381-389, <http://www.jstor.org/stable/4319644>.

2. Nicholas Rescher, «Importance in Scientific Discovery», 2001, <http://philsci-archive.pitt.edu/id/eprint/486>.

3. Jerry Fodor, «Why would Mother Nature bother?», *London Review of Books*, 6 de marzo de 2003.

4. Para una explicación más cabal de mi posición, véase *Freedom Regained*, Granta, 2015.

5. <https://twitter.com/nntaleb/status/1125726455265144832?s=20>.

6. <https://drug-dev.com/management-insight-antifragile-nassim-taleb-on-the-evils-of-modern-medicine/>.

9. Pierde tu ego

1. David Papineau, «Three scenes and a moral», *The Philosophers' Magazine*, n.º 38, 2.º trimestre de 2007, pág. 62.
2. <https://bostonreview.net/articles/ned-block-philip-kitcher-misuderstanding-darwin-natural-selection/>.
3. David Hume, «Whether the British Government inclines more to Absolute Monarchy, or to a Republic», en *Essays, Moral, Political, and Literary*, parte 1 (1741, 1777).

10. Piensa por ti mismo, no en solitario

1. <https://www.philosophyexperiments.com/wason/>. Creo que un problema del experimento es la ambigüedad entre «si» y «si y solo si».
2. Véase David Hume, *A Treatise of Human Nature* (1739) (trad. cast.: *Tratado de la naturaleza humana*, Madrid, Tecnos, 1992).
3. Janet Radcliffe Richards, *The Sceptical Feminist: A Philosophical Enquiry*, Routledge, 1980.
4. Véase *A Short History of Truth*, Quercus, 2017 (trad. cast.: *Breve historia de la verdad*, Barcelona, Ático de los Libros, 2018).

11. Conecta

1. Steven Pinker, *Enlightenment Now*, Penguin/Viking, 2018 (trad. cast.: *En defensa de la Ilustración: por la razón, la ciencia, el humanismo y el progreso*, Barcelona, Paidós, 2018).
2. *Human Action: A Treatise on Economics*, Ludwig von Mises Institute (1949, 1998), pág. 33 (trad. cast.: *La acción humana: tratado de economía*, Madrid, Unión Editorial, 2020).
3. Véase Anne-Lise Sibony, «The UK Covid-19 Response: A behavioural irony?», *European Journal of Risk Regulation*, junio de 2020, vol. 11, n.º 2, <doi:10.1017/err.2020.22>.
4. <https://www.bi.team/blogs/behavioural-insights-the-who-and-Covid-19/>.

12. No te rindas

1. David Hume, *A Treatise of Human Nature* (1739), libro 1, parte 4, sección 7 (trad. cast.: *Tratado de la naturaleza humana*, Madrid, Tecnos, 1992).

2. En efecto. <https://www.efsa.europa.eu/en/efsajournal/pub/2809>.

3. Anil Seth, *Being You: A New Science of Consciousness*, Faber & Faber, 2021, pág. 274 (trad. cast.: *La creación del yo: una nueva ciencia de la conciencia*, Madrid, Sextopiso, 2023).

4. Carlo Rovelli, *Helgoland*, Allen Lane, 2021 pág. 168 (trad. cast.: *Helgoland*, Barcelona, Anagrama, 2022).